# 새 환경경제학

박 환 재

비앤엠북스

# 새 환경경제학을 펴내며

우리는 물과 공기, 음식물만 있으면 살아갈 수 있다. 물과 공기는 자연이 주는 선물이고, 음식물은 직접 땅에서 채소를 재배하고 쌀농사를 지어 얻을 수 있다. 이것만 있어도 우리가 살아가기에 충분한데도 사회에서는 돈과 물질을 향한 우리의 욕구가 점점 더 커지는 것이 사실이다. 그러나 역으로 우리의 욕구는 돈과 물질에 의해 제약된다. 따라서 돈과 물질에 대한 욕구가 커지면 커질수록 환경을 많이 이용하여 환경이 파괴되고 오염되어 오히려 우리의 삶이 힘들어지고 있다.

나는 학창시절 경제학을 공부하면 빈곤에서 탈출하고, 물질적 욕구에서 해방될 수 있다고 믿었다. 그러나 경제학이 주로 걸어온 길은 빈곤에서는 탈출시킬 수 있을지 모르지만 오히려 인간에게 부질없는 허영심만 키우고 정작 중요한 파란 하늘과 맑은 시냇물을 오염시키고 있다. 이러한 문제에 경제학이 답을 찾기 시작한 것은 그리 오래되지 않았다. 이제 우리는 심각한 도전을 받고 있고 문제가 무엇인지 이해하기 시작했으나 그 해답을 찾지 못하고 있다. 모든 현상이 교과서에 배운 대로 진행되는 것도 아니었다. 새롭게 발생하는 현상들, 특히 환경문제는 종합과학적 접근이 필요하여 이해하기도 어렵고 그래서 더욱 인류의 환경문제를 해결하기 어려워 낙담하게 된다. 많은 사람들은 원시적으로 깨끗한 환경수준을 가장 바람직한 환경이라고 하지만, 우리는 끊임없이 성장하고 개발하여 물질적 풍요를 누리고 있기에 다시 이 모든 풍요를 내던지고 원시시대로 돌아갈 수는 없을 것이다.

그렇다면 경제학의 한 분야로서 부상한 환경경제학이 인류의 환경문제를 풀 수 있는 단서나 열쇠를 제공할 수 있을까? 나는 확신할 수 없지만 적어도 환경문제의 원인이 무엇인지 이해하는 열쇠는 제공할 수 있다고 믿는다. 학창시절에 느끼는 감정과 이제 와서 느끼는 감정이 많이 달라진 듯하다. 누군가 나이가 들면서 인생과 학문의 진수를 느끼게 된다고 하는데, 어쩌면 모든 학문이 경험을 통해 얻는 지식의 산물일지 모른다.

환경경제학의 주제들은 종합예술에 가깝게 느껴진다. 그리고 그 구체적인 내용을 보면 그야말로 상황과 가정에 따라 원인과 결과가 뒤바뀌는 반전의 예술에 가깝다. 바로 이러한 환경문제와 경제학의 조화가 오히려 우리를 매료시키고 우리의 사고방식을 바꿀지도 모른다. 나도 이러한 생각과 희망으로 환경경제학을 집필하게 되었다.

참으로 오랫동안 환경과 경제의 조화를 꿈꾸어 왔지만 정작 나의 희망과 다르게 환경경제학 입문서를 쓰지 못하고 주저하고 있었다. 이 세상에 나와 있는 환경경제학 입문서도 많으므로 그 정도의 좋은 책을 쓸 수 있을지 자신이 없었기 때문이다. 그러나 많은 시간이 흘러 날로 심각해지는 환경문제를 보면서 이제 독자들에게 읽을 만한 환경경제학 입문서를 쓰고 싶다는 강렬한 욕망이 가슴을 뛰게 했다. 내가 처음 집필한 정석 재정학, 정석 미시경제학, 정석 거시경제학, 정석 교양경제론에서도 이런 고민을 했지만 입문서로서 세상에 모습을 드러낸 다른 입문서와 무엇이 달라야 할까, 무엇이 더 좋은 점일까 고민했다. 고민한 끝에 이 책은 두 가지 점에서 다른 경제학 입문서와 크게 다르다. 첫째, 환경문제에 대한 미래의 전망을 비관론과 낙관론을 대비시켜 보여줌으로써 독자들이 스스로 비판과 결론을 내리게 하려고 노력하였다. 둘째, 여러 환경문제의 사례를 통하여 얻을 수 있는 정보와 환경에 대한 경제이론을 조화시키려고 노력하였다. 매일매일 벌어지는 환경오염과 환경파괴, 자원고갈문제 등의 무수한 현상을 경제학적 사고로 유추할 수 있는 이론구조와 함께 환경과 자원문제에 대한 정보를 알뜰히 담아 독자들에게 해설해주려고 노력하였다.

사람들은 모두 자신만의 색안경을 끼고 이 세상을 바라본다. 이 책도 많은 독자들의 색안경에 조금이라도 맞는 세상을 보여줄 것을 기대해본다. 이러한 기대와 열망이 있기에 중간에 멈추지 않고 즐겁고 행복한 마음으로 책을 쓰기 시작했다. 내가 쓰는 책이 정말 독자들의 색안경에 맞아 조금이라도 그 진가를 볼 수 있다면 더 없는 영광이다. 그러나 이 모든 것은 온전히 독자의 몫으로 남겨둔다.

추운 겨울이라는 환경 속에서 따뜻한 히터라는 문명의 혜택을 받아가며 열심히 책을 쓰기 시작했지만 시간에 쫓기기도 하고 게으름 때문에 부족한 점이 여전히 많아 아쉬움을 느낀다. 이 모든 부족한 점은 전적으로 저자의 책임이지만 꾸준히 노력해서 개선해 나갈 것을 약속드린다. 그리고 이 책을 집필하는 동안 관심과 사랑을 소홀히 하여 부정적 외부효과를 끼친 많은 분들께 용서를 구한다. 특히 이 책의 원고를 검토하고 교정해준 비앤엠북스의 편집부, 부장과 사장께 고마운 마음을 전한다. 마지막으로 이 책의 마지막 페이지를 덮을 즈음 독자들이 새로운 세상과 새로운 희망을 품기 시작하기를 바라며, 끝까지 책을 쓰도록 격려하고 채찍질해준 내 가족에게 진심으로 고마움을 표하며 이 책을 바친다.

2019년 9월
경산 연구실에서
저자 박환재

# 차례

## 제1편 | 환경경제학의 기초

## 제4편 | 환경의 국제경제학

# 제1편 환경경제학의 기초

# 제1장
# 환경경제학의 정의와 방법

우리는 매일 식사도 하고, 버스도 타고, 공부도 하고, 여러 가지 필요한 물건도 산다. 우리는 필요한 모든 것을 혼자 해결할 수 없는 사회에 살기 때문에 누군가 우리에게 필요한 것을 만들어 시장에 팔기도 하고 이를 시장에서 구매하기도 한다. 이와 같은 우리의 삶을 위한 행위가 하나의 규칙을 형성할 때 사회가 형성된다. 그런데 한 번쯤 좋은 사회에 대해서 생각해 보지 않은 사람은 드물 것이다. 그러나 무엇이 좋은 사회인지 정의하기란 쉽지 않다.

갤브레이스는 무엇이 좋은 사회인지 설명하고 있다. 특히 좋은 사회의 환경은 어떻게 되어야 하는지 설명하고 있다. 좋은 사회에서의 환경은 광고나 얄팍한 상술에 휘둘려 허영심이 자극되지 않도록 우리에게 꼭 필요한 물건만 생산하고 그렇게 자원을 아껴 현재세대와 미래세대 모두에게 복지가 감소하지 않도록 하여야 하는 점을 강조한다. 이것은 우리가 앞으로 계속 배워야 할 지속가능성의 개념과도 같다. 이러한 환경문제에 가

# 제1장 환경경제학의 정의와 방법

장 중요한 것은 바로 깨어 있는 시민들의 관심이라고 한다. 좋은 사회를 바라지 않는 사람은 없지만 우리의 미래는 현재 어디로 가고 있는 것일까? 여기에는 우리의 미래를 낙관적으로 보는 견해가 있는가 하면 비관적인 견해도 있다.

이 장은 환경경제학의 도입부분이지만 환경경제학의 역할과 내용, 방법에 대한 가장 핵심적인 내용을 설명한다. 우선 좋은 사회의 토대와 환경을 살펴보고 우리의 미래에 대한 낙관론과 비관론을 대조하여 설명한다. 환경의 중요성을 전 세계에 일깨워준 미국 최악의 해상오염 사고를 사례로 살펴볼 것이다. 이어서 환경과 생태의 관계를 인간중심적 기술중심주의와 생태중심주의라는 두 관점에서 살펴보고, 환경경제학은 어떻게 정의되며 그 연구방법들은 어떤 것이 있는지 자세히 알아볼 것이다.

**이 장에서 배울 것**

- 좋은 사회의 토대는 무엇인가?
- 좋은 사회의 환경은 어떤 것인가?
- 미래의 환경은 어떻게 될 것인가?
- 환경과 생태는 어떻게 다른가?
- 환경경제학의 정의는 무엇인가?
- 환경경제학의 연구방법에는 무엇이 있는가?

# 제1절 좋은 사회

## 1. 좋은 사회의 토대

이 절의 제목은 갤브레이스(J. K. Galbraith, 1996)에서 유래한다. 좋은 사회에 대해서 한 번쯤 생각해 보지 않은 사람은 드물 것이다. 그러나 무엇이 좋은 사회인지 딱히 정의하기가 쉬운 것은 아니다. 갤브레이스에 따르면 어떤 사회든 공통적으로 적용할 수 있는 윤리적 기준이 있다고 본다.[1)]

그는 완전한 정의(what might be perfect)와 실현가능한 정의(what is achievable) 사이를 구분하여 현실제약하에서의 좋은 사회를 정의하고 있다. 실현가능한 좋은 사회가 현실제약을 가지긴 하지만 타협할 수 없는 부분도 있다고 본다. 예를 들어 모든 시민은 개인의 자유를 누릴 권리가 있고, 기본적 복지를 누리고 인종적, 종교적 차별을 받지 않으며, 보상의 기회를 공정히 누릴 수 있다.

오랜 역사 속에서 선과 악의 양분법으로 존재해온 자본과 노동이라는 분해는 이제 의미가 없다. 현대사회에서는 부자와 빈자의 분해법만이 있다. 두 그룹을 나누는 문제는 정부의 역할이다. 정부가 가난한 자들의 복지에 신경을 쓰게 된 것은 산업화가 되면서부터였다. 농촌에 있으면 항상 일할 것이 있으므로 실업문제가 보이지 않고, 가난도 먼 나라의 일로 보이기도 한다. 도시화와 산업화는 결국 빈자의 문제를 경제, 정치, 사회의 관심사로 끌어내게 된 것이다. 더 큰 역사 속에서 좋은 사회의 성격은 무엇이며, 미래는 어떻게 전개될 것인지 생각해 보자.

### (1) 실용주의적 판단

이제 사회주의니 자본주의니 하는 이데올로기의 시대, 독트린의 시대는 갔다. 지금 시대에 좋은 사회에 적용될 수 있는 법칙이 한 가지 있다. 의사결정은 개별적 특수성을 고려한 사회적, 경제적 장점에 따라 이루어져야 한다는 것이다. 즉 독트린의 시대가 아니라 실용주의적 판단의 시대가 온 것이다.

좋은 경제의 목적은 상품을 생산하고 서비스를 효과적으로 제공하고 사회적, 경제적으로 받아들일 수 있는 방식으로 수입을 소비하는 것이다. 선진국의 시장경제는 상품과 서비스를 효율적이다 못해 무분별하게 생산한다. 심지어 소비자의 만족과 욕구를 창조해내기까지 한다.

자본의 소유권을 가지고 있으면 파워를 가지기는 하지만 오늘날의 소유권과 통제권은 대기업 내에서도 분산되어 있지 집중되어 있지는 않다. 독점력도 국제경쟁 앞에서는 마치 중소기업처럼 왜소해진다. 게다가 기술혁신이 폭발적으로 진행되므로 항상 내일의 기술력과 경쟁해야 한다. 즉 잠재적 경쟁을 해야 한다. 오늘 유명하고 경제적 영향력이 있다고 말하는 것은 내일 퇴보하여 사라진다는 것을 의미한다. 그리고 기업들의 목소리도 예전 같지 않아서 학계, 언론계, 방송계, 법조계, 학생, 의료계 등의 한 부분에 불과하다는 것이다.

이제 사회주의는 더 이상 선의 토대일 수도 없으며, 가능한 좋은 사회의 토대가 될 수도 없다. 물론 그에 상응해서 자본주의도 과거의 고전적인 형태를 잃어가고 있다. 사실을 말하자면 시장경제가 발전하고 규모가 커짐에 따라 점점 더 국가의 할 일이 커지고 있다고 말할 수 있다. 한 가지 재미있고 단적인 예를 들면 상당히 많은 책들이 서점에서는 구할 수 있지만 공공도서관에서는 구해볼 수가 없는 경우가 허다하다는 것이다. 유사한 예로서 사립학교와 공립학교의 재정과 프로그램의 질은 점점 차이가 난다. 또한 경제가 발전함에 따라 더 많은 고속도로가 필요하고, 더 많은 소비에 따른 더 많은 쓰레기 처리장이 필요하고, 더 많은 여행을 위해 더 많은 공항건설이 필요하다.

사회주의가 남긴 빈 공간을 사유화와 시장경제가 재빠르게 메우고 있다. 그러나 이러한 것들이 사회주의보다 더 나은 통제력을 가지는 것도 아니다. 이러한 점에서 좋은 사회에는 한 가지 규칙이 있다. 그 규칙이란 개별 특수경우를 고려하여 사회적, 경제적으로 유리하도록 결정이 이루어져야 한다는 것이다. 따라서 좋은 사회에서는 정책과 행동이 이데올로기나 독트린에 종속되어서는 안 된다.

### (2) 공평한 보상체계

남성과 여성, 종교, 인종과 관계없이 모든 사회구성원은 보상체계를 향유할 수 있어야 한다. 좋은 사회는 경제적 보상이 동일하도록 하는 것이 아니다. 이것은 현실적이지도 않으며 사회적으로 바람직하지도 않다. 보상은 노력과 능력, 자질에 따라 차이가 있어야 한다. 개개인들은 육체적으로나 정신적으로 차이가 있기 마련이고 이러한 차이로부터 성취와 경제적 보상에 차이가 나는 것이다. 모든 사람은 경제적 보상의 기회를 가져야 하고 특히 사회를 준비하는 청년들에게는 육체적 건강의 보호와 교육훈련이 똑같이 주어져야 한다.

좋은 사회에서는 경제시스템이 모든 사람에게 잘 작동되도록 하여야 하는 것이다. 그때서야 성취의 기회가 모든 사람에게 골고루 주어질 수 있다. 다시 말해서 좋은 사회는 매년 상당한 정도의 생산증가와 고용증가가 이루어지는 경제성장을 해야 한다. 이것은 바로 더 좋은 경제적 후생을 누릴 수 있는 인간의 필요와 욕구이기 때문이다. 이러한 경제성장은 범죄(마약, 폭력)와 사회이변을 막는 데에도 큰 도움을 준다. 왜냐하면 범죄와 사회이변이 가난을 외면하는 사회구조와 가난의 산물이기 때문이다.

### (3) 안정된 경제구조

좋은 사회의 토대로서 또한 중요한 것은 강하고 안정된 경제구조 그리고 기회의 제공이다. 나이가 많아서 일을 못 하게 되면 충분한 퇴직소득으로 여생을 마치게 해야 한다. 미혼모나 장애자 그 모두에게 일자리와 소득을 보장해주어야 한다. 일하기 싫어하는 사람들까지도 굶어죽게 해서는 안 된다. 여가가 사회적으로 나쁘지 않은 것과 마찬가지이다.

좋은 사회에서는 정부의 큰 역할, 특히 사회에서 불운한 사람들을 위한 역할이 필요하다. 이렇게 운이 따르지 않는 개인들에게는 개인들의 지불능력에 따라 보상을 받아야 한다. 동일한 소득의 손실이라도 부유한 자와 덜 부유한 자의 고통의 정도가 다르기 때문이다. 이것은 또한 경제가 효율적으로 작동되도록 하는 데 도움을 준다. 평균 또는 평균소득이하를 버는 개인들은 그들이 버는 수입에서 소비를 하지만 부자들은 그렇지 않다. 따라서 누진세 제도는 일정한 소득을 다시 시장으로 환원시켜서 경제안정에 도움을 준다.

### (4) 강력한 국제관계

좋은 사회는 강력한 국제관계를 가져야 한다. 이 말은 국가가 지구상의 다른 무역파트너와 평화적이면서 상호보완적인 보상체계에서 존재해야 한다. 세계평화와 국가 간 협력관계를 가져야 한다. 전쟁은 가장 용서받지 못할 인간의 비극이다.

이제까지의 관점에서 좋은 사회가 가져야 할 특징은 다음과 같다. 고용과 신분의 상승기회, 그러한 고용을 유지할 경제성장, 교육, 사회적 무질서로부터의 자유, 성공하지 못하는 개인들을 위한 사회안전망, 능력과 야망에 따른 성취의 기회, 국제적으로 동반자적이고도 협력적인 파트너십의 확립 등이다.

**정석 사고** 좋은 사회는 실용주의적 판단을 하며, 공평한 보상체계를 가지고, 안정된 경제구조, 강력한 국제관계를 가지고 있어야 한다.

## 2. 좋은 사회의 환경

좋은 사회에서 갤브레이스가 말하는 환경문제를 살펴보기로 한다. 갤브레이스는 환경에 대해서 세 가지 경제적 판단조건으로 좋은 사회인지 알 수 있다고 한다. 그 조건들을 직접 살펴보기로 한다.

첫째, 좋은 사회에서는 사회에 꼭 필수불가결한 소비재와 서비스만을 제공할 필요가 있다.

둘째, 좋은 사회에서는 생산과 소비가 전체적으로 현재 공공후생과 복지를 저해하지 않아야 할 필요가 있다.

셋째, 좋은 사회에서는 생산과 고용, 소비 등이 현재세대뿐만 아니라 미래세대의 후생과 복지를 저해하지 않아야 할 필요가 있다.

첫 번째 조건에 대해서 보면 광고산업과 현대 통신수단들, 특히 TV와 라디오들이 개인들의 욕망을 자극해서 낭비적으로 소비를 조장하는 경향이 있다. 환경문제들은 이러한 생산과 소비활동들이 현재와 미래사회의 건강과 복지에 영향을 미치면서 나타난다. 현재사회에 미치는 영향은 대기와 수질오염, 쓰레기문제, 도시환경의 파괴 등을 들 수 있다. 또한 이러한 문제들이 인간들의 건강을 해치게 된다. 대규모 철강생산의 시절에는 미국의 피츠버그, 영국의 미드랜드, 독일의 루르지방들이 이러한 대표적인 문제를 발생시켰다. 현재뿐만 아니라 미래에도 영향을 미치는 문제는 지구온난화, 폐암, 산림의 고갈로 인한 홍수와 기후의 대

변동, 자원고갈, 쾌적한 주거지역의 고갈, 공용지와 공원부지의 축소, 그린벨트의 해제 등을 들 수 있다. 이러한 문제들에 대해서 좋은 사회는 어떻게 반응하는가? 이에 대해서 갤브레이스는 무엇보다 먼저 "강력하고 계몽된 시민들의 관심"이라고 말한다. 환경보호는 당장의 경제적 보상을 주지 않을 수도 있고, 아주 작게 평가될 수도 있다. 따라서 환경에 대해서, 그리고 그 가치에 대해서 시민들의 지속적인 정치적 반응이 있어야 한다. 물론 좋은 사회는 경제적인 동기와 현재와 미래의 환경효과 사이의 충돌을 부정하지는 않는다. 합리적인 방식으로 그 충돌을 완화시켜야 하며, 그 타협점은 보다 넓게 사회구성원과 미래세대들의 이익을 우선하여야 한다. 두 번째와 세 번째 조건은 지속가능성과 연관되어 있다. 지속가능성은 자원이 자신을 재생할 수 있는 비율보다 더 빠르지 않게 자원을 사용하면 자원의 총량은 줄지 않고 유지될 수 있다는 것이다.

**정석 사고**

좋은 사회에서의 환경은 인간의 필수불가결한 상품만 생산하고 현재세대와 미래세대 모두에게 복지가 감소하지 않도록 하는 지속가능성의 유지가 중요하며 계몽된 시민의 관심이 중요하다.

## 제2절 미래의 환경과 인류의 미래

새 환경경제학

### 1. 경제모형의 사용과 미래의 환경

인간은 자연에의 적응에서 자연을 관리하는 방향으로 발전해왔다. 활동의 규모도 점점 커져서 지구의 생명 과정에 영향을 미치고 있다. 문제는 우리가 어느 방향으로 가고 있는지 알 필요가 있다.

몇십 년 동안 경제학자들이 자원고갈과 공해문제에 관심을 가져왔지만 지난 10년의 짧은 기간 동안 쏟아진 관련교재와 연구논문은 실로 엄청난 것이었다. 결과적으로 우리는 인간과 환경, 환경과 경제를 보다 잘 이해할 수 있게 되었다.

대부분의 경제학자들은 세계를 보는 견해를 모형을 사용하여 만들어낸다. 물론 모형의 가정들이 비현실적일 수도 있고 현실을 너무나 단순화할 수도 있다. 수많은 환경과 경제변수들이 상호 간에 영향을 주고받으며 변화하고 있는 것이 현실이다. 이러한 현실세계에서 변화하는 모든 인과관계를 규명하고 일정한 법칙을 찾아낸다는 것은 인간능력의 한계를 벗어나는 일일지도 모른다. 따라서 현실을 단순화하여 하나의 장난감 같은 모형으로 만들 필요가 있는 것이다. 이것은 사람들이 2차원 그림은 잘 이해하지만 3차원 이상의 그림은 잘 이해하지 못하는 것과 동일하다.

물론 단순화, 추상화 자체가 바람직한 것은 아니다. 또한 현실의 환경과 경제가 몇 가지 특성으로 요약될 수 있는 것도 아니다. 그러나 만일 그러한 방법으로 전개된 이론이 우리가 현실에서 접하고 있는 현상들을 잘 설명할 수 있다면, 비록 우리가 세세한 모든 상황을 고려하지 않았다 하더라도 그 이론은 훌륭한 가치를 지니는 것이다. 모든 것을 다 얻으려고 하다가 아무 것도 얻지 못하는 것보다는 과감한 단순화의 과정을 통하여 많은 지식을 얻는 것이 바람직할 것이다.

환경경제의 이론을 만드는 목적은 여러 가지 복잡한 환경과 경제현상을 단순화함으로써 환경과 경제변수들 사이의 보편적이고 본질적인 규칙성과 법칙성을 밝혀내고, 그 법칙성을 이용하여 다른 경제현상을 효율적으로 설명하자는 것이며, 나아가 경제현상의 여러 가지 변화를 예측하고자 하는 것이다. 이러한 환경경제의 이론은 일반적으로 가정의 설정, 가설의 정립, 가설의 검증이라는 단계를 거쳐 성립이 된다.

경제학자들은 어떤 경제현상을 설명하고자 할 때 먼저 가정(assumption)을 설정한다. 가정이란 복잡한 경제현상을 단순화 또는 추상화하기 위한 것으로, 중요한 일부의 경제변수들을 제외한 나머지 변수들은 존재하지 않는 것으로 간주하거나 또는 일정불변이라고 간주하는 등의 방법을 사용한다. 이러한 방법으로 단순화시킨 분석의 틀을 경제모형이라고 한다. 이 모형으로부터 경제변수들 사이의 보편적이고 본질적인 인과관계를 추론해낼 수 있는데, 이렇게 추론된 인과관계를 가설(hypothesis)이라고 한다. 이 가설이 실증적인 검증절차를 거쳐 현실경제를 잘 설명하는 것으로 인정이 되면, 이것을 경제이론이라고 한다. 가설의 검증은 일반적으로 통계적인 검증방법을 사용한다.

다음 항에서는 서로 상반되면서도 중요한 두 가지 환경경제모형을 소개하고 그 모형이 예측하고 있는 미래에 대하여 논의를 시작하려고 한다. 모형 중 하나는 미래를 비관적으로 보는 예측모형이고 다른 하나는 미래를 낙관적으로 보는 예측모형이다.

## 2. 미래의 경제와 환경: 비관모형

환경경제의 비관모형은 로마클럽 보고서로서 1972년 출판된 〈성장의 한계(*The Limits to Growth*)〉라는 야심찬 연구와 1992년에 이 책을 다시 개작한 〈한계를 넘어서(*Beyond the Limits*)〉라는 연구에 잘 나타나 있다. 이 모형은 MIT교수 제이 포레스터(Jay Forrester)가 개발한 동태시스템이라는 기법을 사용하여 세계경제의 미래를 예측하고자 했다. 인구, 산업생산, 환경오염, 자연자원이용, 식량생산의 다섯 가지 변수를 중심으로 방대한 범지구모형을 구축하여 인류의 미래를 예측해본 것이다. 동태시스템의 가장 인상적인 특징은 행동을 설명하기 위하여 피드백루프(feedback loop)를 사용했다는 것이다. 이 피드백루프는 행동을 그 행동에 영향을 미칠 주변환경에의 영향과 연결하는 통로를 말한다.

이 연구들은 다음 세 가지 중요한 결과를 설명하고 있다. 먼저 전통적으로 세계발전을 지배해온 경제적, 사회적, 물리적 관계에 변화가 없다고 할 때 100년 이내에 사회에서 산업기반이 되는 재생불능자원이 고갈되고 만다는 것이다. 자원이 고갈될 때 대량실업, 식량생산의 감소, 인구의 감소 등을 통하여 경제시스템은 붕괴되고 만다. 이러한 경제시스템의 특징적 행동이 다음 **그림 1-1**에 나타나 있다.

**그림 1-1** **비관모형의 동태시스템의 특징**

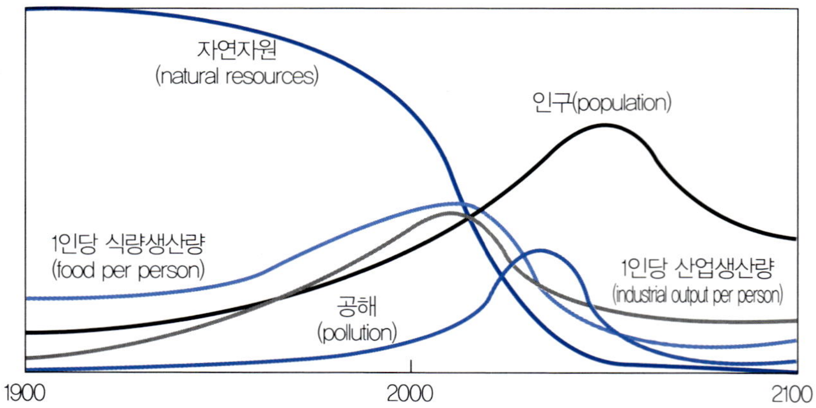


이 연구의 두 번째 결론은 개별적인 문제들을 푸는 데 개별사안에 따른 개별접근방법은 성공할 수 없다는 것이다. 이 점을 증명하기 위하여 이 연구는 자원저량을 두 배로 하고 모

형이 그 과정을 추적하도록 하였다. 이러한 대안적 과정에서도 여전히 경제가 붕괴되거나 과잉반응현상(overshooting)을 발생시켰다. 그러나 이 과정에서는 자원이 더 풍부한 만큼 산업화의 속도가 빨라져서 지나치게 심한 공해발생으로 인하여 붕괴하게 된다는 것이다. 그리고 만일 고갈되는 자원과 공해문제를 함께 풀 수 있다고 하더라도 인구증가가 빨라지고 이로 인한 식량부족으로 경제가 붕괴할 수 있다고 한다.

이 연구의 마지막 결론은 인구와 공해를 즉시 제한하고 경제성장을 끝내는 것만이 경제의 붕괴와 과잉반응을 막을 수 있다고 제안하고 있다. 경제가 스스로의 발목을 잡는 자기제약조건으로 작용하는 경제성장을 끝내거나 자연제약조건인 자연자원의 고갈을 닥기 위해 경제성장을 끝내야 한다는 것이다. 20년 후의 1992년판에서는 1972년도에 주장한 많은 결론들이 확인되고 있다고 한다. 산림은 벌목으로 줄어들고, 지나친 어획으로 어종이 줄어들었으며, 토양도 척박해지고, 몇몇 도시의 공해는 호흡기장애를 일으키고 있다는 것이다. 그러나 이 연구는 지금 당장 올바른 선택을 한다면 경제의 붕괴를 막을 수 있다고 결론을 내리고 있다. 마이어스(N. Myers)와 같은 환경보전론자들도 환경파괴가 인류에게 큰 재앙으로 닥쳐오고 있다고 경고하고 있다. 그리고 신속히 대처하면 대부분의 재앙이 예방가능하다는 데에 동의하고 있는 듯하다.

이제 이러한 결론들을 가져온 모형의 성질과 구조에 대해서 살펴보기로 하자. 모형의 특성을 확인하기 위해서 그 현실성을 보면, 경제변수와 인구변수들은 지수적으로 성장하며(예를 들어 매년 3% 성장), 자연자원은 고정된 값으로 제한되어 있다. 지수적 성장은 변수들의 절댓값이 매년 점점 더 크게 증가한다는 것을 의미한다. 그리고 자원이 현재사용량의 100배 정도 있다고 하면 자원의 소비가 증가하지 않아도 100년 후가 되면 고갈된다. 만일 매년 2% 소비가 증가하면, 자원의 저량은 55년 후에 고갈이 된다. 따라서 수요의 지수적 성장과 공급의 고정은 필연적으로 어느 기간 후에는 자원공급이 고갈된다는 것을 의미한다.

모형의 또 다른 특징은 많은 피드백루프(고리)가 자기강화기능과 자기억제기능을 복합적으로 수행한다는 것이다. 자기강화기능의 예는 자본축적과정과 같은 것으로 신규투자가 산출량을 늘리고 판매가 된다면 이윤을 높인다. 늘어난 이윤은 추가로 신규투자를 가능하게 한다. 성장과정에서도 이러한 자기강화기능이 작용한다. 세계온난화도 이러한 기능이 작용하는데, 메탄이 그린하우스 가스이므로 메탄의 방출이 증가하면 지구의 온도가 올라가고 이에 따라 메탄의 양이 증가하고 또다시 지구의 온도가 올라간다. 인간의 행동이 이러한 자기강화현상을 발생시키는 것이다. 만일 상품공급이 모자랄 때 소비자들은 상품을 모으기 시작하게 되고 이러한 가수요가 상품공급을 더욱 모자라게 하는 것이다.

모형에서 피드백루프의 자기억제기능은 인구성장을 제한하는 사망률의 역할과 같은 예이다. 경제가 성장하면 산출량이 늘어나고 이것이 심한 공해현상을 일으킨다. 이러한 공해의 증가는 사망률을 높임으로써 인구성장을 제한하는 것이다. 이와 유사한 예로서 영국경제학자 제임스 러브로크(James Lovelock)의 가이아가설(Gaia hypothesis)을 들 수 있다. 가이아는 어머니 지구(Mother Earth)라는 그리스 어원으로서 지구는 물리적으로, 화학적으로 최적의 환경을 추구하는 복합 피드백시스템을 가진 생명체라는 것이다. 이러한 최적의 환경을 벗어나면 균형을 복원하려는 자연의 반응과정 내지는 자기억제과정이 시작된다. 즉, 지구환경은 그 자체의 한계 내에서 변화한다는 것이다. 그러나 〈성장의 한계〉 저자들은 피드백루프의 자기강화기능이 지배적이어서 인간행동이 자연과 충돌하게 된다고 한다.

이러한 비관모형이 우리에게 주는 메시지는 무엇일까? 경제성장의 좋고 나쁨을 떠나 이 유한한 지구에서 끊임없는 경제성장이란 그 자체가 물리적으로 불가능하거나 햄버거 장사꾼들끼리 서로 사고파는 햄버거 한 조각에 불과한지도 모른다. 고전경제학자 리카도와 맬더스 등의 주장이나 이어서 나타난 엔트로피(이용불능에너지의 지수)이론에 의하더라도 인간의 모든 행동은 엔트로피를 높이는 요인이 되고 있다. 따라서 우리가 할 수 있는 일이란 경제성장을 최소한으로 줄임으로써 되도록 지구의 엔트로피를 천천히 높이는 것이다.[2)]

**정석 사고**

환경의 비관모형은 인구, 산업생산, 환경오염, 자연자원이용, 식량생산의 다섯 가지 변수를 중심으로 방대한 범지구모형을 구축하여 인류의 미래를 예측해본 것이다. 이 모형은 다음 세 가지 중요한 결과를 설명하고 있다. 첫째, 자원이 고갈될 때 대량실업, 식량생산의 감소, 인구의 감소 등을 통하여 경제시스템은 붕괴되고 만다. 둘째, 개별적인 문제들을 푸는 데 개별사안에 따른 개별접근방법은 성공할 수 없다. 셋째, 인구와 공해를 즉시 제한하고 경제성장을 끝내는 것만이 경제의 붕괴와 과잉반응을 막을 수 있다.

## 3. 미래의 경제와 환경: 낙관모형

〈한계를 넘어서〉에 묘사된 세계경제의 모습은 정확한 것일까? 성장과 환경보전의 조화를 믿는 대부분의 사람들은 고개를 갸우뚱거릴 수 있다. 많은 경제학자들도 이러한 세계경제의 모습에 반론을 제기하였는데, 그 대표적인 예가 Passell and Roberts(1973), Cole(1973),

Kahn(1976), Tobin and Nordhaus(1973), Simon(1981) 등이다. 그중에서 인구경제학자인 사이먼(J. Simon)은 《궁극적 자원(*The Ultimate Resource*)》에서 미래의 모습을 다음과 같이 요약하고 있다.[3)]

> 유사 이래 세계는 인구증가와 함께 생활수준이 계속 상승해왔다. 소득과 인구의 증가와 함께 환경도 개선되고 자연휴양소에 더 쉽게 접근할 수 있었고, 공급부족현상이 완화되고, 비용도 낮아지고 자원의 이용가능성도 증가해왔다. 더 나은 생활과 더 낮은 원료가격을 향한 이러한 추세가 미래에도 무한히 계속되지 않을 이유는 없다.(p. 344)

이러한 사이먼의 주장에 대한 근거는 ① 역사적으로 경제활동과 관련한 자원의 희소성과 환경문제가 인간에 의해 극복되어왔고, ② 이러한 추세가 미래에도 무한히 계속되지 않을 이유를 찾을 수 없다는 것이다. 사이먼이 제시하는 몇 가지 증거 중 첫째는 농업용 토지가 여전히 증가하고 있다는 것이며, 농업용 토지가 감소하고 있는 지역조차 농업생산은 증가하고 있다. 둘째는 일반적인 믿음과 달리 자연자원은 더 이상 희소해지지 않았다는 것이다. 공급부족현상은 물리적인 양의 부족이 아니라 인간행동과 관련한 문제에 기인한다. 셋째는 인구와 소득이 증가함에 따라 공해수준은 오히려 감소하고 있다는 점이다. 공해가 경제활동의 피할 수 없는 결과가 아니라 오히려 자원이 투자되는 방법에 대한 사회적 선택의 결과라는 것이다.

위와 같은 낙관적 견해는 현실의 희소성에 대한 피드백루프의 자기억제기능이 자기를 제한하는 과정을 발생시킨다고 본다. 그러한 피드백의 한 가지 예는 현실의 희소성이 시장에서 가격을 높이고, 높아진 가격은 공급자들이 더 많은 자원을 발견하게 하고 덜 사용하게 하는 동시에 대체자원을 모색하게 한다. 이러한 반응이 희소성을 감소시키는 경향이 있다고 본다. 그의 낙관적인 견해는 공해문제에도 적용된다. 소득이 증가하여 더 나은 환경에 대한 수요와 지불능력이 상승하면 공해는 감소한다는 것이다. 이러한 공해와 소득의 관계는 1992년 세계은행에 의해서도 수량화된 적이 있다. 그 결과가 **그림 1-2**에서 **그림 1-5**에 요약되어 있다.

제1편
제2편
제3편
제4편

### 그림 1-2 안전식수 없이 사는 인구

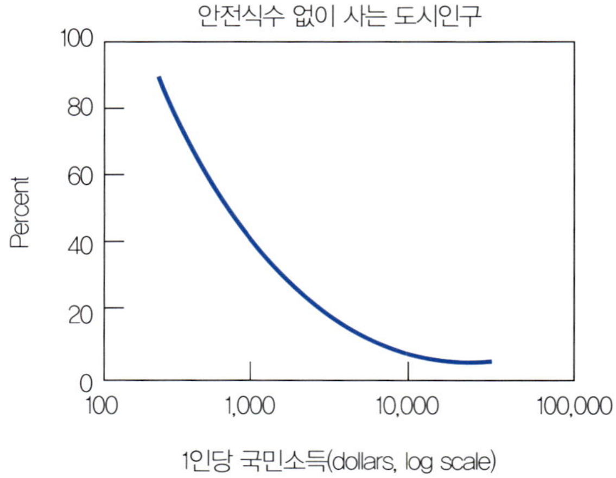


자료: T. H. Tietenberg, *Environmental and Natural Resource Economics*, 2000, p. 9.

### 그림 1-3 도시의 위생시설 없이 사는 인구

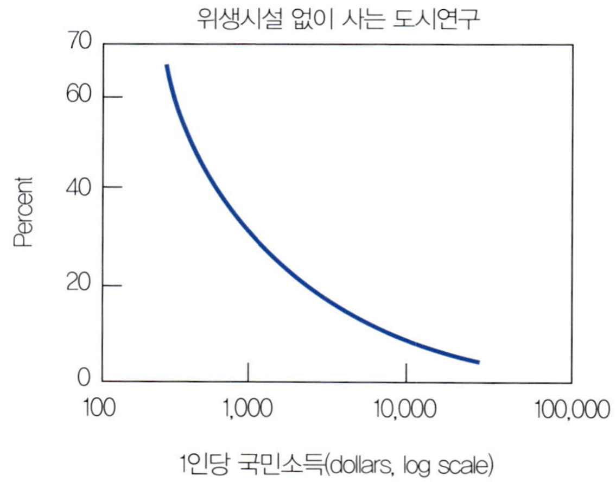


자료: T. H. Tietenberg, *Environmental and Natural Resource Economics*, 2000, p. 9.

**그림 1-4** **도시의 미세먼지 집중도**

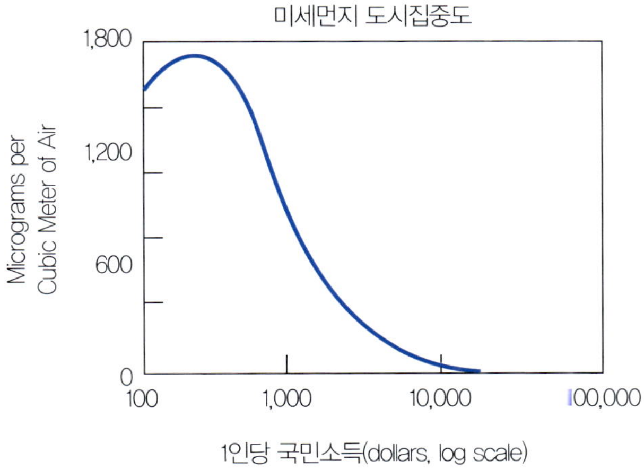


자료: T. H. Tietenberg, *Environmental and Natural Resource Economics*, 2000, p. 9.

**그림 1-5** **도시의 아황산가스 집중도**

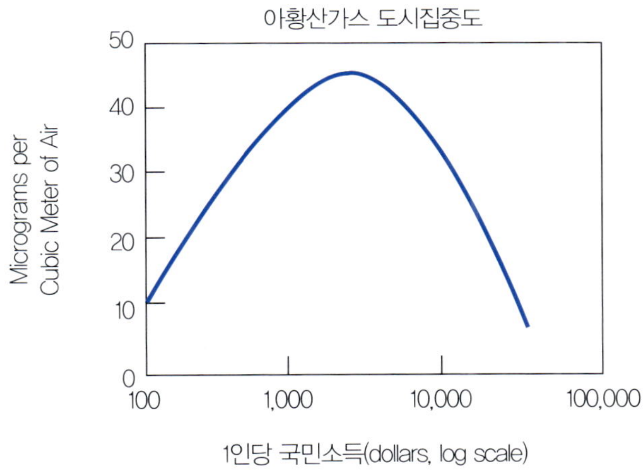


자료: T. H. Tietenberg, *Environmental and Natural Resource Economics*, 2000, p. 9.

사이먼은 모든 미래의 활동이 궁극적으로 의존하는 한 가지 자원 즉, 궁극적 자원이 제한되어 있지 않기 때문에 이러한 추세는 미래에도 계속된다고 본다. 로마클럽의 제로성장의 견해는 극히 근시안적이며, 환경과 희소성문제에 반응하는 인간의 상상력과 지식의 힘을 이해하는 데 실패했다고 여긴다. 사이먼은 이를 다음 구절을 통하여 웅변적으로 설명하고 있다.

자연이 허용하고, 문명세계가 한 걸음 후퇴하면 1,001걸음 전진하는 방식으로 시장과 인간의 필요와 공급부족에 대하여 반응하면서 발전하고 있다. 이것으로 충분히 생명을 지속시키고 유지시키는 방향으로 나아갈 수 있다. 우리의 진보를 추진하는 원동력은 축적된 지식이며, 우리의 진보를 막는 제동장치는 상상력의 부족이다. 궁극적인 자원은 인간들(자신의 편익을 위해 의지와 상상력을 발휘하여 결국 우리 모두를 이롭게 하는 기술과 정신, 희망을 가진 인간들)이다.

**정석 사고**

환경의 낙관모형은 역사적으로 경제활동과 관련한 자원의 희소성과 환경문제가 인간에 의해 극복되어왔고, 이러한 추세가 미래에도 무한히 계속되지 않을 이유를 찾을 수 없다는 것이다. 로마클럽의 제로성장의 견해는 극히 근시안적이며, 환경과 희소성문제에 반응하는 인간의 상상력과 지식의 힘을 이해하는 데 실패했다고 생각한다.

## 4. 환경의 미래

우리는 낙관적인 견해와 비관적인 견해의 두 가지 다른 세계관을 보았다. 이러한 차이는 부분적으로 인간행동이 어떻게 인식되는가에 의존하며, 인간행위가 환경에 긍정적인 영향을 미치는지 부정적인 영향을 미치는지에 따라 낙관적이거나 비관적인 것으로 나타난다.

대체로 이러한 두 견해 사이 충돌의 축을 이루는 부분 중 하나는 기술진보에 대한 생각일 것이다. 앞에서 본 사이먼은 인간의 능력에 대해서 매우 낙관적이며 기술진보에 대하여 깊은 신뢰와 찬사를 보낸다. 그러나 역사적으로 환경문제가 악화되어온 것을 보면 우리의 기술진보가 환경오염문제보다 더 느리게 발전하고 있는 것이 아닌지 의문이 드는 것도 사실이다. 우리의 하찮은 욕망을 충족시키기 위하여 한정된 지구의 자원을 급속도로 고갈시키고 또한 지구의 환경오염을 가속화시키고 있는 상황에서 사후약방문처럼 기술로 환경문제를 처리하고 있는 것일지도 모른다.

우리의 미래는 어떤 모습일까?[4] 낙관론자와 비관론자뿐만 아니라 많은 미래학자들이 이 질문에 대한 해답을 구하고자 하였다. 그러나 환경이나 자원 문제 등에 대한 학자 또는 전문가들의 예측이 터무니없이 빗나간 사례들도 많다. 먼저 비관론적 관점에서 미래를 전망했던 경우를 살펴보자. 19세기를 대표하는 경제학자 중 한 명인 스탠리 제본스(Stanley Jevons)는 1865년 출간한 《석탄 문제(*The Coal Question*)》를 통해 영국 산업 성장의 근간이 되었던 석탄이 결국 영국 경제의 발목을 잡을 것이라고 경고했다. 석탄 수요의 폭발적 증가와 50년치 채굴량밖에 남지 않은 석탄 공급의 한계 사이에 괴리가 생길 것이라는 주장이었다. 그러나 이는 석탄 매장량을 과소 추정하고, 석유와 같은 대체 에너지원을 간과한 오류였다. 심지어 제본스는 종이의 원료가 되는 펄프가 부족해질 것을 고민하다 못해 종이를 모으기 시작할 정도였다. 그의 사후 50년이 지난 뒤에도 그의 자손들은 선조가 모아 둔 종이를 다 쓰지 못했다.

또한 독일의 엔지니어인 카를 벤츠(Karl Benz)는 세계 최초로 휘발유 엔진을 개발한 기술자이다. 그의 이름이 붙여진 고급 차들이 지금도 세계 곳곳에서 판매되고 있다. 그러나 1901년 그는 "향후 전 세계의 자동차 시장은 150만 대를 넘지 못할 것"이라고 예측했다. 자동차 운전이 가능한 전문기사를 100만 명 이상 훈련시키는 것이 사실상 불가능하다는 근거에서였다. 그러나 현재 세계 자동차 보유 대수를 생각하면 터무니없는 예측이었다. 1920년 미국 지질 조사소(geological survey)는 당시 시점으로 미국 석유 매장량이 70억 배럴에 불과하다고 발표했다. 연간 소비량을 감안하면 정확히 14년 후면 고갈될 것으로 예측했다. 그러나 실제로 1934년에 도달했을 때 미국은 14년간 총 120억 배럴의 석유를 생산하였으며, 나아가 120억 배럴이 추가로 매장되어 있는 것으로 조사되었다. 2000년 기준 지구상에는 약 3조 배럴의 석유가 저장되어 있는 것으로 추산되었다. 반대로 과학기술에 대한 지나친 낙관론에 기울어 미래를 잘못 전망한 경우도 적지 않다. 영사기를 발명한 에디슨(A. Edison)은 1913년에 쓴 글에서 "책은 더 이상 사용되지 않을 것이다. 인류의 모든 지식은 영화를 통해 가르칠 수 있다. 10년 안에 학교 교육은 완전히 바뀌게 될 것"이라고 말했다. 그의 예측은 기술진보를 너무 과신하였고 현재에도 이루어지지 않고 있다. 미래 세계에 대한 극단적 낙관론자로 미국 랜드(RAND)연구소의 핵 전략가이자 미래학자인 허먼 칸(Herman Kahn)은 1967년 출간한 《서기 2000년(*The Year 2000*)》을 통해 향후 33년간 기술 혁신이 확실시되는 100가지를 나열하였다. 이 중에는 가정용 비디오 기기의 보급이나 기업의 컴퓨터 활용 일상화 등 실현된 기술도 있다. 그러나 핵폭탄을 이용한 굴착과 채굴, 해저 도시, 기후와 환경을 제어하는 기술 등을 포함하는 80개 정도의 예측은 이루어지지 않았다. 그의 예측대로 기술진보가 이루어졌다면 오늘날의 환경문제는 해결되었을지도 모른다.

다시 근본적인 의문점으로 돌아가서 생각해 보면, 우리가 알고 있는 것처럼 사회가 근시안적이어서 경제의 파멸로 갈 수 있는 길을 선택하는 것일까? 이러한 질문에 답을 찾고자 한다면 경제시스템과 정치시스템이 어떠한 선택을 하는지, 그러한 선택들이 환경에 어떠한 영향을 미치고 또한 영향을 받는지에 대한 보다 많은 이해와 지식을 축적해야 할 것이다. 이제 우리는 이러한 긴 과정을 시작하려고 한다.

## 제3절 엑슨 발데즈호의 비극과 환경의 중요성

1989년 미국에서 미국 최악의 해상오염 사고가 발생했다.[5] 1989년 3월 24일 다국적 석유회사인 엑슨(Exxon) 소유의 거대한 유조선 발데즈(Valdez)호가 암초에 부딪혀 좌초된 사고가 발생한 것이다. 사고가 난 지역은 알래스카 주 남쪽 해안지역인 프린스 윌리엄 사운드(Prince William Sound) 지역이었다(그림 1-6 참조). 이 사고로 약 3만 7,000톤에 달하는 원유가 미국의 대표적인 어장이자 관광지인 이 해안지역을 기름으로 뒤덮었다. 이 사고로 2,080km에 이르는 연안이 오염되어 바다새 25만 마리, 수달 2,800마리, 물개 300마리, 대머리 독수리 250마리, 고래 22마리 등이 죽었다.

**그림 1-6** 엑슨 발데즈호의 기름유출사고

사건 발생 직후 회사 측의 책임규명 및 피해보상 문제가 초미의 관심사가 되었다. 알래스카 지역의 어민들, 자연 위락시설 소유자, 관광업자 등 직간접적으로 피해를 입은 당사자들

에 대한 경제적 피해뿐만 아니라, 자연환경에 내재하는 고유의 가치를 파괴한 행위에 대한 피해보상까지도 감안한다면 그 액수는 막대할 것으로 예상됐다. 이 사고를 계기로 미 의회는 1990년 해양기름오염방지법(Oil Pollution Act)을 통과시켰다. 이 법에 따라 미 상무부 산하 연방해양대기국(National Oceanic and Atmospheric Administration, NOAA)은 기름유출 피해를 화폐가치로 산정하는 작업에 착수하였다. 시장에서 거래되는 재화나 서비스는 수요와 공급을 통해 가격이 결정된다. 따라서 어업이나 관광산업에 미치는 피해는 어획량 및 관광수입 감소로 인해 발생할 것으로 예상되는 소득의 감소분을 통해 추정이 가능하다. 그러나 시장에서 거래되지 않는 자연환경과 같은 비시장재의 가치를 측정하는 것은 방법론적으로 쉬운 작업이 아니다. 그래서 연방해양대기국은 환경에 미친 피해규모를 보다 엄밀하게 추정하기 위한 학술적 검토를 학계에 의뢰하였다. 이에 따라 노벨경제학상을 수상한 애로(K. J. Arrow)와 솔로(R. M. Solow)를 공동위원장으로 하는 6인의 소위 '노아 패널(NOAA Panel)'이 구성되어 경제학적으로 타당한 연구방법론에 대한 심도 있는 평가를 수행하였다. 그 결과물이 1993년 정부 공식문건으로 발표된 〈노아 패널 보고서〉이다. 이 보고서는 환경이 갖고 있는 고유의 '존재가치'를 추정하기 위하여 환경경제학계에서 개발된 직접 설문방식을 적용할 수 있다고 제안했다. 즉 일반 국민을 대상으로 한 설문조사를 통해 "이번과 같은 기름유출 사고를 막기 위해 정부가 일정한 재정이 소요되는 해양오염 방지 프로그램을 가동하고자 한다면 당신은 얼마의 돈을 지불할 의향이 있는가"를 묻는 것이다. 이 방법은 '조건부가치측정법(contingent valuation method)'으로 알려져 있다.

노아 패널은 환경이라는 것이 실제로 시장에서 거래가 이루어지는 재화가 아니고, 해양오염 방지 프로그램 가동을 위해 국민이 실제로 정부에 세금을 납부하는 것도 아니기 때문에 응답자의 답변에 신뢰성을 부여하기 힘들다는 문제점을 보완하기 위해 철저하고도 세심하게 설문지를 작성하고 과학적 분석을 진행하였다. 이 사고로 촉발된 환경가치 추정과 피해보상 규모에 대한 논란은 당시 경제학계는 물론, 미국 사회 전체의 비상한 관심을 모았다. 엑슨은 노아 패널 보고서가 나온 뒤 일군의 유명 경제학자들에게 조건부가치측정법의 방법론적 문제점을 지적해 달라는 연구를 발주하였다. 당시 미국석유협회(API) 회장은 조건부가치측정법 관련, 가상적 상황에 대한 설문응답을 신뢰할 수 없다고 주장하였다.

그러나 알래스카 주정부는 300만 달러의 연구비를 들여 엑슨 발데스호 기름유출사고의 환경 피해규모 추정 작업을 조건부가치측정법에 따라 진행하였다. 그 결과 미국 국민이 생각하는 피해액은 약 28억 달러에 달하는 것으로 추정되었다. 그러나 이 연구결과가 법정증거로 채택되기 전에 엑슨은 10억 달러 정도로 환경피해의 책임을 졌다. 그럼에도 불구하고 여전히 엑슨의 금전적 부담은 천문학적인 수치였는데, 기름제거비용 21억 달러와 어민과 지역주민에 대한 직접적 피해보상금 2억 9천만 달러를 지불하였다. 또한 1994년 알래스카 주 법정이 징벌적 피해보상금 50억 달러를 부과하였다. 이와 유사한 국내사례로서 태안반도 기름유출사고를 들 수 있다. 2007년 12월 태안에서 국내 사상 최대의 해양오염 사고가 발생했다. 미국 엑슨 발데즈호 사고의 1/3 정도 이하이기는 하지만 정부와 기업, 국민 모두 환경의 중요성을 일깨워주는 사건이었다. 정부의 대응 및 관련 기업의 피해보상 책임과 관련하여 미국의 엑슨 발데즈호 사례는 많은 시사점을 제시하고 있다.

**정석 사고**

1989년 미국 최악의 해상오염 사고가 엑슨 발데즈호의 비극이다. 환경피해비용, 환경정화비용, 주민의 소득보상 등의 금액은 천문학적이었다. 이러한 사고는 정부와 기업, 국민 모두 환경의 중요성을 일깨워주는 사례였다.

## 제4절 환경과 생태

환경과 생태는 어떻게 다른 것인가? 요즘 우리가 가장 많이 듣는 단어 중의 하나가 바로 '생태'라는 말이다. '생태하천', '생태체험', '생태축제' 또는 '에코토피아', '에코시티' 등 수많은 단어 앞에 '생태'라는 말을 붙여 사용한다. 생태라는 말이 대중화되기 전에는 '환경'이라는 단어가 귀에 익숙하였다. 사실 보통 사람들은 생태와 환경의 의미를 따로 생각하지 않고, '환경주의자'와 '생태주의자'를 구분하지 못한다.[6)]

'환경'은 말 그대로 주변을 뜻하며 중심이 필요하다. 여기서 주변이란 '자연'을 말하고 중심에는 '인간'이 자리 잡고 있다. 따라서 우리가 말하는 환경보호란 결국 인간의 이익을 위해 자연을 보호해야 한다는 결론에 도달하게 된다. 하지만 '생태'라는 단어는 '환경'과는 전혀 다른 속뜻을 내포하고 있다.

'**생태학**'이라는 개념은 1866년 독일의 동물학자인 헤켈(E. Haeckel)이 처음 사용한 용어로 '유기체나 유기체의 무리가 자신을 둘러싼 환경과 맺는 관계에 관한 학문'이라고 정의할 수 있다. 이 생태의 개념에서는 중심이란 존재할 수 없다. 세상의 모든 종들이 각자 동등한 위치에서 존재하게 된다.

생태계에서 인간은 만물의 영장이 아니라 지나가는 날파리와 같은 하나의 종에 불과하다. 인간중심사상에 박혀 있는 우리가 선뜻 이해할 수 없는 부분이다. 생태사상에서 자연은 더 이상 인간의 이익을 위해 존재하는 것이 아니라 자연 자체에 고유한 가치를 가지고 있다. 그래서 인간은 자연을 훼손할 자격이 없게 된다.

장자는 '제물론'에서 "사람들은 모장과 여희가 아름답다고 하지만, 물고기는 이들을 보자마자 물속 깊이 들어가 숨고, 새들은 그들을 보자마자 높이 날아가고, 사슴은 다급하게 도망간다"라는 우언을 통해 인간들의 자기중심적인 사고를 비꼬고 있다. 모장과 여희는 춘추전국시대 왕들이 총애했던 미인들이다. 하지만 이들은 인간들의 눈에나 미인으로 보이는 것뿐이다. 물고기, 새, 사슴에게는 모장, 여희 그리고 추녀 사이의 구별은 없다. 도두가 자신들의 존재를 위협하는 나쁜 대상일 뿐이다.

자기가 믿고 있던 진리가 더 이상 진리가 아닐 수도 있다고 사고의 폭을 확대해야 한다. 180cm의 키는 소인국에 가면 멋있는 몸매가 아니라 괴물이 될 수도 있다는 말이다. 이 세상은 다양한 생명체로 구성된 유기적인 세계이다. 어떤 한 종의 단독적인 세상만으로는 존재할 수가 없는 것이 세상의 이치다.

따라서 우리는 어떤 한 부분의 우등함을 가지고 전체를 평가해서는 안 된다. 내가 누군가에게 가진 우등함은 또 다른 이에게는 열등함이 될 수 있다. 인간이 만물의 영장이라고 하지만 사실 다른 도구 없이는 개보다도 더 빨리 달릴 수 없는 존재인 것이다.

《원은 닫혀야 한다(*The Closing Circle*)》의 저자이자 생태학자인 배리 커머너(Barry Commoner)는 자연생태계가 네 가지 생태계법칙에 의하여 움직이고 있다는 주장을 다음과 같이 설명한다.

**생태학 제1의 법칙**: 모든 것은 모든 것에 연결되어 있다.

생태계 내에 존재하는 모든 것은 상호 밀접한 순환적인 인과관계의 그물 속에서 존재하며 이들 스스로가 전체적으로 안정적인 관계를 구축하려는 힘을 갖고 있다는 것이다. 예를 들어 캐나다에서 덫을 이용한 사냥기록을 보면 토끼와 살쾡이의 개체수가 10년 정도의 주기로 오르내리는 것을 볼 수 있다. 토끼의 개체수가 많아지면 이를 먹고 사는 살쾡이의 개체수가 증가하고 늘어난 살쾡이들이 토끼를 너무 많이 잡아먹으면서 토끼의 개체수가 감소하고

제1편
제2편
제3편
제4편

그러고 나면 먹이인 토끼가 줄어들어 살쾡이의 개체수가 다시 감소하고 토끼의 개체수는 늘어나는 오르내림을 반복한다. 이러한 오르내림은 매우 단순한 상호작용에 기초하고 있다.[7] 불교의 연기론처럼 세상 모든 것은 서로 연결되어 관계를 맺는다는 것이다. 따라서 콘크리트를 걷어내고 물을 흘려보낸다고 해서 생태하천이 될 수 없고, 나비를 수만 마리 풀어 놓고 사람들에게 구경시킨다고 해서 함부로 '생태체험'이라는 말을 써서는 안 된다.

**생태학 제2의 법칙**: 모든 것은 어디론가 가게 되어 있다.

자연에 존재하는 물질은 영원히 없어지지 않고 어디론가 갈 뿐 사라지는 것은 결코 아니라는 의미이다. 예를 들어 환경문제를 일으키는 수은을 함유한 건전지를 생각해 보자. 구입하고 다 쓰고 나면 건전지는 쓰레기통으로 들어갈 것이고 다시 소각로로 옮겨질 것이다. 소각로에서 태워지면서 수은은 수은증기로 바뀌어 굴뚝을 통해 날아간다. 수은증기는 바람에 실려 다니다가 결국 비와 눈에 씻겨 땅으로 돌아온다. 만약 수은이 호수로 들어가면 호수의 물고기에 흡수되고 이를 잡아먹는 인간의 장기에 축적된다.

**생태학 제3의 법칙**: 자연이 가장 잘 안다.

이는 자연에 맡겨두는 것이 가장 낫다는 것을 의미한다. 이 말은 인간의 우월성을 부정하므로 많은 반대에 직면할 것이다. 그러나 시계의 법칙을 생각해 보자. 손목시계 뒷뚜껑을 열고 눈을 감은 채 연필로 그 안을 찌른다고 생각해 보자. 아마 십중팔구 시계는 고장 날 것이다. 예외로 꼭 그렇지 않을 수도 있는데, 시계의 톱니바퀴가 어긋나 있는데 우연히 연필이 그 어긋난 것을 제자리로 돌아가게 할 수도 있기 때문이다. 하지만 이것은 거의 불가능에 가깝다. 시계 속에는 수많은 기술자들의 연구결과가 들어 있다. 그 결과물은 가장 나은 부품들로 구성된 시계라고 생각하면 된다. 따라서 연필로 어디를 찌른다는 것은 예전에 시도되거나 실패한 결과물로 돌아갈 가능성이 가장 크다. 시계의 법칙은 바로 '시계공이 가장 잘 안다'라고 할 수 있다. 같은 이유로 자연의 법칙은 '자연이 가장 잘 안다'라고 할 수 있다.

**생태학 제4의 법칙**: 공짜 점심 따위는 없다.

이 법칙은 원래 경제학에서 유래한 것이며 경제학자가 가장 즐겨 인용하는 법칙 중의 하나다. 예를 들어 토양의 비옥도를 유지시키기 위해 자연은 식물의 뿌리나 흙 주변에 서식하는 질소고정 박테리아에 의존한다. 이런 자연적 메커니즘에서는 윤작이나 필수적인 토양관리로도 토양의 비옥도를 유지하는 데 충분하다. 그러나 무기질소비료가 등장하면서 자연이 제공하던 질소고정 박테리아는 무기질소가 존재하는 곳에서는 박테리아의 질소합성을 중지한다. 무기질비료의 공급은 질소고정 박테리아를 잃는 대가를 지불하게 되는 것이다.

결국 생태란 말은 '더불어 살아가기'가 된다. 인간과 인간, 인간과 동물, 인간과 식물, 동물과 동물, 동물과 식물 등 다양한 생명체들이 서로의 관계 속에서 서로를 존중하고 살아가는 세상이 러브로크(J. Lovelock)가 말하는 '가이아의 세계'인 것이다.

**정석 사고**

흔히 환경과 생태를 구분하지 않지만 엄밀히 들여다보면 환경은 주변으로서 인간중심주의적 사고에 기반하고 생태는 중심이 없고 모든 것이 중심이 되는 개념이다. 생태학의 제1법칙은 모든 것은 모든 것에 연결되어 있다. 생태학 제2의 법칙은 모든 것은 어디론가 가게 되어 있다. 생태학 제3의 법칙은 자연이 가장 잘 안다. 생태학 제4의 법칙은 공짜 점심 따위는 없다.

## 제5절 환경경제학의 정의와 연구방법

### 1. 환경경제학과 생태경제학

우리가 살고 있는 지구는 햇빛, 공기, 물, 흙, 나무, 생물 등 수많은 환경요소의 집합으로 구성되어 있다. 이러한 환경요소들은 자연의 순환과정을 통해 재생과 소멸을 반복하며 환경시스템을 이루고 있다. 과거의 경제학은 환경과 경제를 별개의 것으로 취급하였다. 환경시스템이 제공하는 토지와 천연자원은 별도로 경제시스템에 투입되는 생산요소로만 보아왔다. 그러나 맑은 공기, 물 등이 아무런 경제적 비용 없이 관리될 수 없다는 사실을 깨달았을 때 이미 이러한 것들은 자유재가 아닌 경제재인 것이다.

이제 더 이상 자유재가 아닌 물, 공기, 자연자원, 생물 등을 경제시스템과 통합하여 경제활동을 연구할 필요성이 있으며, 이를 연구하고 분석하는 것이 **환경경제학**(environmental economics)이라고 말할 수 있다. 다시 말해서 환경경제학은 삶을 영위하고자 하는 인간이라는 특정 주체의 행위를 연구하는 동시에 인간의 욕망을 충족시켜 주기 위하여 제한된 자원인 환경을 효율적으로 소비, 관리, 분배하는 개인 및 사회적 행위에 관한 연구라고 볼 수 있을 것이다. 경제시스템을 통해 나타나는 인간행동과 그 행동들의 환경적 결과들 사이의 관계를 살펴보면 환경경제의 의미를 보다 더 명확히 할 수 있다.

환경문제가 날로 심각해지면서 오늘날 자연과학뿐만 아니라 사회학, 보건학, 법학, 철학 등 수많은 분야에서 환경문제를 고민하고 있다. 그러나 환경문제를 고민하는 대표적 분야가 **생태학**(ecology)이다. 생태학은 살아있는 유기체(생체)와 유기체 사이의 관계, 유기체와 이를 둘러싸고 있는 무기체 사이의 관계를 연구하는 학문이다. 두 학문 모두 환경문제를 중요하게 다루지만 논리와 주장은 매우 다르다.

### 경제학과 생태학

경제학이나 생태학은 모두 구성요소들 사이의 상호의존적 체계를 가지고 설명하고 있다. 경제학이 다루는 체계는 크게 생산자, 소비자, 정부로 구성된 체계, 즉 경제체계 혹은 경제시스템이다. 이 체계 내에서 구성요소들은 한쪽에서 재화와 서비스의 흐름을, 다른 쪽에서 돈의 흐름을 나타내고 이 두 종류의 흐름을 지배한 법칙을 규명하는 학문이다. 반면에 생태학은 소위 생태계라는 체계를 가지고 생산자와 소비자로 구성된 경제체계와 더불어 이것이 먹이그물로 대표되는 각종 에너지와 영양소의 흐름을 연결하여 이들 사이에 지배하는 법칙을 규명하는 학문이다.

경제학과 생태학은 모두 균형이라는 개념을 핵심적인 내용으로 다룬다. 그러나 경제학에서 말하는 균형과 생태학이 말하는 균형은 유사한 듯 매우 다르다. 경제학에서 말하는 균형은 재화와 서비스의 수요와 공급의 흐름이 서로 일치하는 상태를 말한다. 뒤에서 살펴보겠지만 수요는 인간의 상품에 대한 욕망이 표출된 것이고 공급은 그 상품의 생산비, 즉 상품생산에 소요되는 자원의 양과 가치를 표출하고 있는 것이다. 따라서 경제학에서의 균형은 한정된 자원의 양의 범위 내에서 꼭 필요로 하는 사람들에게만 공급되고 소비되도록 가격이 설정되어 모두에게 유용하다고 모두에게 공급되지는 않는 인간의 욕망 정도를 제한하는 상태이다. 생태학에서는 생태계를 구성하는 구성요소들의 개체수 혹은 생물량(biomass)에 적용되는 개념이다. 어떤 생태계가 풀, 토끼, 호랑이로 구성되어 있다고 한다면 풀의 양, 토끼의 수, 호랑이의 수 사이에 어떤 비율이 성립하고 그 비율이 장기적으로 지속되는 상태가 균형 혹은 평형이 된다.

경제학과 생태학 모두 어떤 외부충격에 균형으로 화복이 되는지를 보는 안정성의 문제를 다룬다. 경제학에서 안정성은 수요가 많아지면 가격이 올라가서 수요를 제한하고 공급을 촉진하여 가격이 다시 원래대로 돌아가는 안정을 말한다. 반면에 생태학은 생태계를 구성하는 구성요소가 다양할수록 균형은 안정적이고 단순할수록 불안정하다고 본다. 예를 들어 갑자기 토끼가 사라지면 나머지 개체들도 사라지기 때문에 불안정해진다. 또한 어떤 이유로 한 개체수가 증가하면 다른 개체에 의해 그 수가 다시 원래대로 돌아간다고 본다.

이상과 같이 경제학과 생태학은 유사한 듯하면서도 매우 다르다. 특히 두 학문이 생각하는 최적상태의 성격이 판이하게 다르다. 경제학은 인간중심적 혹은 기술중심적으로 사고하지만 생태학은 인간중심주의나 기술중심주의를 배척하고 인간이든 다른 생물체든 모두 동등하며 인간도 다른 생물체와 마찬가지로 생태계를 구성하는 한 구성요소에 불과하다고 보는 생태중심주의를 취한다. 따라서 두 학문에서 바라보는 대자연에 취하는 태도, 즉 대자연관은 다음 두 사고로 나뉜다. **기술중심주의**는 대자연을 하나의 재화로 보고, 자연을 이용하는 과정에서 자연적으로 발생하는 환경문제는 기술진보와 제도개선으로 얼마든지 해결해 나갈 수 있다는 낙관적 사고이다. 반면에 **생태중심주의**는 대자연의 한 구성요소가 인간이며 인간이 대자연과 유기적으로 연결되고 상호의존성을 가진다고 보는 사고이다.

### 환경 관련 학문의 분류

다음 **그림 1-7** 과 같이 전통적 경제학과 전통적 생태학, 환경경제학 및 자원경제학을 분류해 보았을 때, 전통적 생태학, 환경경제학 및 자원경제학을 아우르는 새로운 학문분야로서 생태경제학이 부상하고 있다. **생태경제학**(ecological economics)은 생태학에 기반을 두고 생태계의 일부로서 경제계를 생각하는 학문분야이다. 이 분야에서 핵심적인 개념은 진화와 자연선택이다. 진화란 한 종의 개체가 새로운 환경에 계속 적응하면서 개체의 형태를 바꾸어 나가는 것을 말한다. 자연선택은 한 종의 개체가 새로운 환경에 더 잘 적응하는 다른 종의 개체에 의해 대체되는 것을 말한다.

**그림 1-7 환경 관련 학문분야**

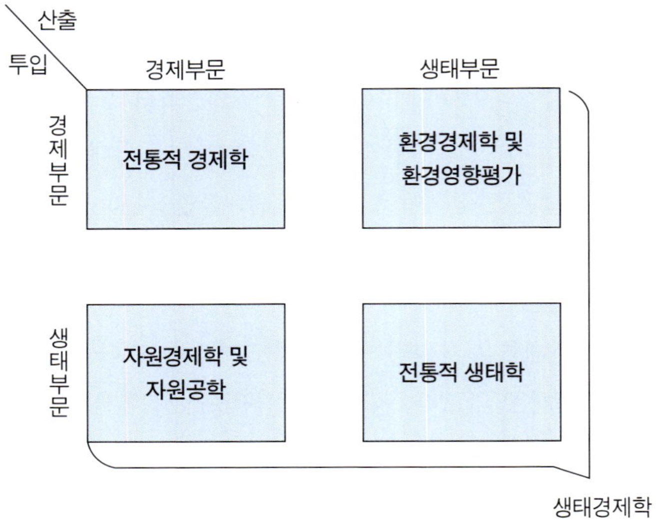


앞에서 생태학과 경제학의 차이를 설명했는데, 생태계와 경제계는 상당히 다른 체계이다. 생태계에서는 초식자와 잡식자로 구성되는 피라미드체계를 이루며, 체계 내에서 **음(−)의 피드백효과**가 작용한다. 예를 들어 개구리의 개체수가 갑자기 증가하면 먹이가 늘어나서 뱀의 수도 증가하게 된다. 그러나 곧 늘어난 뱀의 수 때문에 개구리의 수가 다시 줄게 되어 원상태로 회복되는 자기억제기능이 작용한다. 그러나 경제계는 체계 내에서 오히려 **양(+)의 피드백효과**가 작용한다. 예를 들어 빈곤한 사람은 빈곤하기 때문에 교육을 제대로 받지 못하고 영양도 충분히 공급받지 못하여 낮은 임금을 주는 직장에 다니게 되어 이로 인해 다시 가난해지는 빈곤의 함정에 빠지게 되는 자기강화기능이 작용한다.

## 2. 환경경제학의 연구방법

1950년대 이전까지는 환경문제가 경제학 내에서 심각하게 논의되지 않았으나 Carson(1963), Boulding(1966), Forrester(1971), Meadows et al.(1972), Schumacher(1973) 등에 의해 진지하게 논의되기 시작했다. 처음에는 자원보존을 위해 시간경과에 따라 자원을 어떻게 최적으로 사용할 것인가에 대한 문제들을 주로 다루었다. 예를 들면 자원과 에너지의 고갈에 초점을 맞추었고, 가격의 역할과 대체재 개발, 기술혁신 등을 주로 다루었다. 이러한 시장접근법은 생산자원의 실질비용이 계속 하락한다는 증거를 통해 지지를 받아왔다. 그러나 홀과 홀(Hall and Hall, 1984)은 시장접근법에 강한 의문을 제기하면서 가격대체와 기술혁신은 재활용자원의 사용이 가능한 정도를 결정하는 요소들로 보았다.

### (1) 실증분석과 규범분석

이제 환경경제학은 점점 더 포괄성을 가질 뿐만 아니라 전통적으로 경제학에서 사용되어 온 수요와 공급의 원리와 사적비용과 편익에 기초한 시장분석에 도전하고 있다. 그러나 전통적인 두 가지 형태의 경제분석방법인 실증경제학과 규범경제학이 경제와 환경의 관계를 더 잘 이해하는 데 도움을 줄 수 있다. 실증분석은 무엇인가를 설명하려는 방법론을 말하는 반면, 규범분석은 무엇이어야 하는가를 다루는 방법론이라고 할 수 있다. 실증분석은 사실과 얼마나 잘 부합하는가에 따라 지지를 받을 수 있으며, 규범분석은 가치판단과 관련되어 있다. 다시 말해서 실증분석의 가치는 그 이론이 현실을 얼마만큼 잘 설명할 수 있느냐와 그 이론의 예측능력에 달려 있다고 할 수 있으며, 규범분석은 당시의 사회적 양식에 비추어 타당성 여부의 기준이 결정되고 가치판단의 기준이 시대와 장소에 따라 달라질 수 있다.

양쪽 모두 유용하게 사용될 수 있는 방법론임에 틀림없다. 예를 들어 무역과 환경 사이의 관계를 살펴본다고 하자. 실증분석은 무역이 경제와 환경에 미치는 다양한 영향을 설명하지만 무역이 바람직한 것인지에 대해서는 아무런 답을 주지 않는다. 그러한 판단은 규범분석을 사용해야 할 것이다. 규범분석적 방법을 사용하는 또 다른 예를 들면, 우리가 그린하우스 매연을 얼마나 많이 통제해야 하는지 그리고 목표한 통제의 정도를 어떻게 달성할 수 있는지에 대해 묻는 것이다. 혹은 얼마나 많은 종류의 숲과 자연이 보존되어야 하는지에 대해 묻는 것이다.

이처럼 공해문제와 자원고갈문제를 경제학체계 내에 포함시키고자 하는 노력과 함께 환경경제학이 발전하게 되었으며, 자연자원과 인공자원 등에 대한 경제적 가치평가가 가능하게 되었다. 가치평가를 위해 환경경제학에서 사용되는 연구방법들은 상황조건부 평가 방법과 위락가격모형, 여행비용방법 등이 그 대표적 예이다. 상황조건부 평가 방법을 소개하고 있는 대표적 교과서로는 미첼과 칼슨(R. C. Mitchell and R. T. Carson, 1989)을 들 수 있으며, 위락가격모형은 윌리스와 가롯(K. G. Willis and G. D. Garrod, 1993a), 여행자비용법은 클로슨과 네치(M. Clawson and J. L. Knetsch), 맥코넬(K. E. McConnell), 박스텔(N. E. Bockstael) 등의 연구를 들 수 있다.

위에서 논한 실증분석과 규범분석 이외에 다른 종류의 기초적인 접근법들을 살펴보면 다음과 같다.

### (2) 정태분석과 동태분석

환경경제학은 환경문제와 경제현상을 분석함에 있어서 여건의 변동 또는 시간의 변화를 고려하느냐의 여부에 따라 정태분석과 동태분석으로 구분된다. 여건의 변동이 없고 시간의 변화를 고려하지 않는 상태하에서 환경과 경제 사이의 상호의존관계, 즉 함수관계를 밝히려는 것이 정태분석(static analysis)이다. 이와 유사하지만 약간 다른 하나의 경제분석방법으로 비교정태분석(comparative static analysis)이 있다. 이것은 여건이나 변수가 변화할 때 시간의 경과에 따른 변수들의 변화과정은 설명하지 않고 단지 그 결과가 어떻게 될 것인가를 설명하는 분석방법이다. 여건이 변화하기 이전의 균형상태와 여건이 변화한 이후의 균형상태를 비교함으로써 여건의 변화가 경제에 어떤 영향을 미치는가를 분석하는 접근방법이다.

이와는 달리 여건의 변동과 시간의 변화를 인정하면서 시간의 경과에 따라 변화하는 변수들 사이의 상관관계를 밝히려는 분석을 동태분석(dynamic analysis)이라 한다. 따라서 정태분석은 환경의 역할과 기능을 단기간으로 잘라 경제와의 상호관계를 분석하는 것이며 동태분석은 시간경과에 따라 환경과 경제 사이의 관계를 분석하는 것이다.

### (3) 미시분석과 거시분석

미시분석(microeconomics)은 가계, 기업 등 개별경제단위의 경제행위의 내용과 효과에 초점을 맞추어 이를 연구하고 분석하여 경제법칙을 도출하려는 이론분석이다. 다시 말하면 대표적 가계의 경제행위를 지배하는 원리와 대표적 기업의 경제행위를 지배하는 원리를 관찰하고 분석해서, 이와 관련된 재화나 용역 및 생산요소의 수요량, 공급량, 가격 등이 어떻게 결정되는가를 연구대상으로 하는 분야이다.

거시분석(macroeconomics)은 가계, 기업 등 개별경제주체의 행동을 직접 대상으로 하지 않고, 개별경제주체들의 행동결과에 따라 국민경제에서 발생하는 국민경제 전체의 운동양식을 관찰하여 거기서 성립하는 경제법칙을 도출하려는 이론분석이다.

미시분석을 통해서 한 그루 한 그루의 수목을 관찰하면 거기서 수목의 생성과 사멸의 원리를 알 수 있지만 삼림이라는 전체의 현상은 알 수가 없다. 숲과 삼림 전체의 원리를 알아보려면 거시분석을 실행해야 하는 것이다. 그러므로 미시분석과는 별도로 대자연, 강, 숲 등 전체를 지배하는 원리를 이해하기 위해서는 이를 연구대상으로 하는 거시분석이 필요한 것이다.

### (4) 일반균형분석과 부분균형분석

균형(equilibrium)이란 물리학에서 유래된 개념인데, 그것은 두 개 또는 그 이상의 상반된 힘이 상호작용하여 대등한 상태를 이루는 것을 의미하며, 일단 이것이 이루어지면 서로 이탈하지 않으려는 성향이 지속적으로 존재한다는 개념이다.

생태계나 경제계에서 주어진 조건하에서 어떤 바람직한 상태에 도달하게 되면 더 이상의 변화를 바라지 않게 되고, 그 바람직한 상태를 유지하려 할 것이다. 그러한 상태가 바로 균형상태이며 균형상태의 조건이 어떠한 것인가를 분석하려는 것이 균형분석이다. 균형분석은 부분균형분석과 일반균형분석으로 나누어진다. 부분균형분석은 개별부문의 균형상태를 다루는 분석이고, 일반균형분석은 전체의 동시적 균형상태를 다루는 분석이다. 하나의 숲이 균형을 이루고 있는 것은 부분균형이며 전 국토의 숲이 균형을 이룬다면 일반균형이라 한다.

**정석 사고**

환경경제학은 삶을 영위하고자 하는 인간이라는 특정 주체의 행위를 연구하는 동시에 인간의 욕망을 충족시켜 주기 위하여 제한된 자원인 환경을 효율적으로 소비, 관리, 분배하는 개인 및 사회적 행위에 관한 연구이다. 생태경제학은 생태학에 기반을 두고 생태계의 일부로서 경제계를 생각하는 학문분야이다. 이 분야에서 핵심적인 개념은 진화와 자연선택이다.

## 연습문제

**1.** 갈브레이스가 말하는 좋은 사회에서 갖추어야 하는 '환경'의 조건을 설명하세요.

**정석힌트** 좋은 사회에서의 환경은 인간의 필수불가결한 상품만 생산하고 현재세대와 미래세대 모두에게 복지가 감소하지 않도록 하는 지속가능성의 유지가 중요하며 계몽된 시민의 관심이 중요하다.

**2.** 환경의 미래에 대한 비관론과 낙관론에 대한 설명으로 옳지 않는 것을 모두 고르세요.

**보기**

(가) 환경단체와 환경전문가들로 구성된 로마클럽은 환경의 미래를 비관적으로 본다.
(나) 신자유주의 경제학자들은 주로 환경의 미래를 낙관적으로 본다.
(다) 로마클럽은 식량생산이 줄고 공해도 증가하고 자연자원도 고갈되고 있어서 비관적이라고 주장한다.
(라) 신자유주의 경제학자들은 식량생산이 줄더라도 공해도 감소하고 자연자원도 희소해지지 않아서 낙관적이라고 주장한다.
(마) 줄리안 사이몬은 궁극적 자원이 있는 한 환경의 미래는 낙관적이며 궁극적 자원은 바로 정신, 희망을 가진 인간의 기술이라고 주장한다.
(바) 로마클럽은 자원이 풍부해지더라도 그만큼 산업생산이 빠르게 증가하여 공해와 자원고갈도 증가하여 경제붕괴는 피할 수 없다고 본다.

**정석힌트** 예문 (마)에서 궁극적 자원은 인간 그 자체이며 인간의 기술은 그에 파생되는 것이다.

**3.** 다음 보기를 읽고 빈칸에 적절한 말을 넣으세요.

**보기**

생태학의 제1법칙은 (　　)은 모든 것에 연결되어 있다. 생태학 제2법칙은 (　　)은 어디론가 가게 되어 있다. 생태학 제3법칙은 (　　)이 가장 잘 안다. 생태학 제4법칙은 (　　) 따위는 없다.

**정석힌트** 모든 것, 모든 것, 자연, 공짜 점심

**4.** 다음 그림을 보고 물음에 답하세요

| (a) | (b) |
|---|---|
| 자원경제학 및 자원공학(d) | (c) |

(1) 빈칸에 적절한 말을 넣고, (b),(c),(d)의 영역을 연구하는 학문분야의 정의와 핵심 개념을 설명하세요.

(2) (a)영역과 (c)영역의 가장 큰 차이를 사례를 통해 설명하고 (c)영역의 역할을 설명하세요.

**정석힌트** (1) 전통적 경제학, 환경경제학 및 환경영향평가, 전통적 생태학, 생태경제학은 생태학에 기반을 두고 생태계의 일부로서 경제계를 생각하는 학문분야이다. 이 분야에서 핵심적인 개념은 진화와 자연선택이다. 진화란 한 종의 개체가 새로운 환경에 계속 적응하면서 개체의 형태를 바꾸어 나가는 것을 말한다. 자연선택은 한 종의 개체가 새로운 환경에 더 잘 적응하는 다른 종의 개체에 의해 대체되는 것을 말한다.

(2) 생태계에서는 초식자와 잡식자로 구성되는 피라미드체계를 이루며, 체계 내에서 음(−)의 피드백효과가 작용한다. 그러나 경제계는 체계 내에서 오히려 양(+)의 피드백효과가 작용한다.

# 제2장
# 환경과 경제

이 장에서는 21세기가 환경의 시대라는 이야기로 시작한다. 21세기는 기후의 세기(Century of Climate) 혹은 환경의 시대라고 한다. 이것은 환경문제가 인류의 생존을 위협하고 있다는 경고의 말인 동시에 인류의 생존에 환경이 매우 중요하다는 소망의 말이기도 하다. 1990년대에 적지 않은 전문가들 사이에서 환경문제는 하나의 지나가는 트렌드에 불과하다는 인식이 존재했다. 그러나 그것은 오류임이 드러났다. 2000년대 들어 환경은 21세기를 규정하는 시대정신으로 자리매김하고 있다.[8)]

전 세계적인 환경문제가 날이 갈수록 심각해지고 있는데, 이 중 가장 흔히 듣는 말이 지구온난화 혹은 기후변화이다. 이 장을 통해서 우리는 지구온난화가 어떻게 진행되고 있고, 그 원인이 무엇인지 알아야 하며 국제적 협력도 필요하다는 사실을 알게 될 것이다. 그런데 우리는 왜 환경오염과 환경파괴가 이렇게 심해지고 있는지 그 원인과 처방에 대하여 알아볼 필요가 있다. 여기에는 자연과학적 사고, 환경윤리적 사고, 경제학적 사고 등의 다양한 시각들이 존재하며 그 시각에 따라 원인과 처방도 달라진다. 특히 경제학적 사고로서 시장의 환경문제에 대한 접근을 더 자세히 알아볼 필요가 있다. 환

# 제2장 환경과 경제

경을 하나의 자원으로 본다면 인간사회의 경제적 측면을 물질, 즉 자원, 재화, 폐기물의 흐름이라는 측면에서 파악하는 물질수지분석을 적용할 수 있다. 물질수지분석을 통해, 즉 자원의 흐름과 폐기물의 흐름을 통해서 경제와 환경이 밀접하게 연결되어 있으며, 경제활동이 환경에 이중의 영향을 미친다는 것을 알 수 있다.

이 장에서는 이러한 여러 측면을 차례대로 살펴본다. 우선 전 세계적인 환경문제로서의 지구온난화의 심각성과 원인들에 대해 살펴볼 것이다. 다음으로 환경오염과 환경파괴가 왜 이렇게 급속히 진행되고 있는지에 대한 다양한 시각을 살펴보고 그 원인과 처방을 알아보고자 한다. 그리고 시장이 환경문제를 어떤 방식으르 다루는지를 살펴본다. 마지막으로 환경을 자원으로 볼 때 물질수지분석을 통해 환경에 대해 알아낼 수 있는 사실들을 살펴볼 것이다.

**이 장에서 배울 것**

- 범지구적으로 환경문제는 어떻게 심각해지고 있는가?
- 환경파괴의 심각성의 원인을 자연과학적 사고는 어떻게 생각할까?
- 환경파괴의 심각성의 원인을 환경윤리적 사고는 어떻게 생각할까?
- 환경파괴의 심각성의 원인을 경제학적 사고는 어떻게 생각할까?
- 환경문제의 근원적 처방은 무엇일까?
- 물질수지분석이란 무엇일까?
- 열역학 제1법칙이란 무엇일까?

# 제1절 환경문제



## 1. 인류생존과 환경문제

21세기 들어서 환경은 더 이상 이념의 문제가 아니라 생존의 문제라는 사실에 사람들은 공감하고 있다. 도시 근처의 강들은 오염되어서 안전한 식수원을 찾기 어려워지고 있으며, 우리가 먹는 음식물에는 각종 농약과 화학물질이 들어 있어 안전한 음식물이 없어지고 있다. 황사나 미세먼지 등 대도시의 대기오염도 심각하여 많은 사람들에게 호흡기질병을 일으키고 있다.

우리의 환경문제만 심각해지고 있는 것이 아니다. 전 세계적인 환경문제가 날이 갈수록 심각해지고 있다. 이 중 가장 흔히 듣는 말이 지구온난화 혹은 기후변화이다. 간단히 말해서 지구가 점점 더 뜨거워지고 있다는 것이다. 지질학적 증거를 통해 지구의 온도를 역추적하는 학자들의 연구에 의하면 과거에도 오늘날처럼 지구의 온도가 상승한 적이 있다고 한다. 그러나 그것은 수백만 년에 걸쳐 일어난 변화였다. 지금의 지구온난화 현상은 훨씬 단기간에 발생하고 있다는 데 문제의 심각성이 있다. 변화의 속도가 빨라지고 있다는 말이다.

국제적 노력의 일환으로 지구온난화 방지를 위해 1992년 6월 브라질 리우에서 개최된 유엔환경개발회의에서 “기후변화협약”이 채택되었다. 우리나라는 1993년 12월 세계 47번째로 이 협약에 가입하였다. 우리나라를 포함하여 약 197개국이 본 협약에 서명하였고, 1994년 3월 20일부터 본 협약이 발효되었다.

지구를 둘러싸고 있는 공기층은 지구의 온도를 적절하게 유지하는 역할을 하는데 이러한 현상을 온실효과라고 한다. 온실효과가 없다면 지구상의 모든 생물들은 살아남지 못할 것이다. 하지만 이렇게 고마운 온실효과 때문에 지구가 점점 뜨거워지고 있다. 바로 인간이 만든 공장에서 뿜어내는 매연과 자동차의 배기가스, 냉난방 시설에서 나오는 이산화탄소, 메탄, 이산화질소, 프레온가스, 염불화탄소 같은 물질들이 지구를 더욱 뜨겁게 하고 있기 때문이다.

구체적으로 대기 중의 온실기체는 태양에서 지구로 오는 복사에너지는 잘 통과시키는 반면, 지구 표면에서 밖으로 나가는 적외선 복사에너지를 흡수하여 이를 다시 지구 표면으로 되돌아가게 한다. 이러한 작용을 온실효과라고 한다. 즉 온실기체는 지구 표면에서 외계로 방출되는 복사열을 흡수, 차단하는 온실의 유리창과 같은 역할을 한다. 이산화탄소는 물질이 연소할 때 발생하며, 우리가 숨을 쉴 때 내쉬는 공기에도 많이 섞여 있다. 동물과 사람에게 필요한 모든 영양분은 식물의 광합성으로 만들어지고, 이때 이산화탄소는 광합성의 원료로도 쓰이게 된다. 이산화탄소와 같은 온실기체는 산업이 발달함에 따라 매년 증가하고 있으며, 이에 따라 지구의 대기온도가 점점 높아지고 있다.

기온상승은 이산화탄소($CO_2$), 메탄($CH_4$), 아산화질소($N_2O$), 프레온가스(CFCs) 등의 온실기체에 의한 온실효과로 야기된다(**표 2-1** 참조). 1980년브터 1990년까지 이산화탄소, 프레온가스, 메탄, 아산화질소 등의 온난화 영향은 각각 55%, 17%, 15%, 6%로 나타났다. 그리고 이산화탄소, 메탄, 아산화질소의 대기 중 농도는 1992년 기준으로 각각 30%, 14.5%, 15% 증가하였다.

**표 2-1 온실가스와 기여도**

| 온실가스 | 지구온난화지수 (GWP) | 온난화기여도 (%) | 수명(yr) | 주요 배출원 |
|---|---|---|---|---|
| $CO_2$ | 1 | 55 | 100~250 | 연료 사용/산업 공정 |
| $CH_4$ | 21 | 15 | 12 | 폐기물/농업/축산 |
| $N_2O$ | 310 | 6 | 120 | 산업 공정/소화기/세정제 |
| HFCs | 140~11,700 | 24 | 70~550 | 냉동기/소화기/세정제 |
| PFCs | 6,500~11,700 | | | 충전기 절연가스/반도체/식각용 가스 |
| $SF_6$ | 23,900 | | | |

자료: IPCC 제2차 평가보고서(1995);국가 온실가스 인벤토리 보고서(2013); KATS기술보고서(2018)

**그림 2-1** 1970~2010년 온실가스 배출량

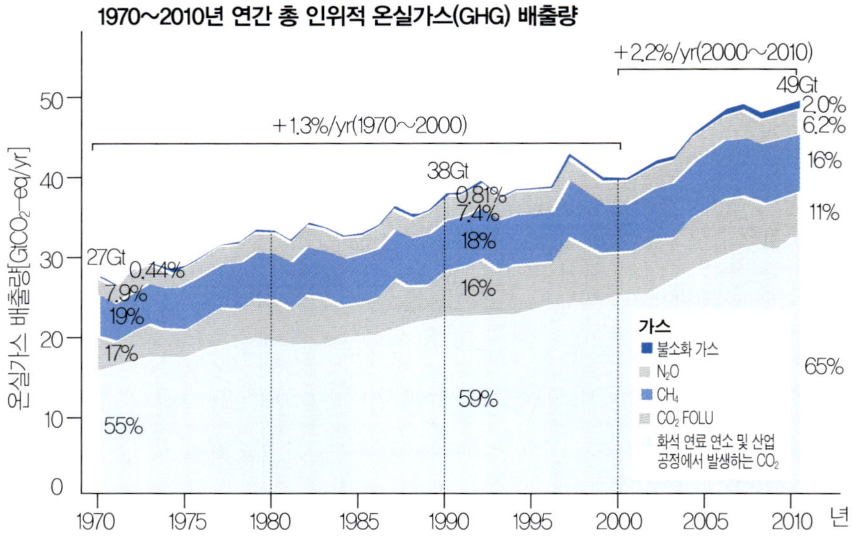


자료: IPCC 제5차 평가보고서(2014)

지구온난화에 가장 큰 영향을 미치는 온실기체는 현재 이산화탄소이며, 온실효과를 일으키는 데 약 60% 이상의 역할을 하고 있다(**그림 2-1** 참조). 그렇다면 대기 중의 이산화탄소 농도는 얼마나 증가하고 있는 것일까?

산업화되기 이전 10,000년간의 이산화탄소 증가는 10% 미만에 불과하였다. 그러나 1800년 이후 200년 동안에는 무려 30%가 증가하였다. 이러한 속도로 계속 증가한다면, 2100년에는 1800년에 비해 그 양이 무려 3배에 이를 것으로 추정된다.

인류가 석탄, 석유, 천연가스를 계속하여 연소시킴으로써 대기 중 이산화탄소의 양이 계속 증가하고 있고, 따라서 더 많은 태양복사열이 방출되지 못하게 되므로, 지구의 기후는 점점 더워지게 되는 것이다.

세계기상기구(WMO)와 유엔환경계획(UNEP)이 공동 추진하고 있는 "기후변화에 관한 정부 간 협정(IPCC)"의 1차 과학보고서(1990)에 의하면 과거 100년 동안 기온이 약 0.5℃ 상승하였으며, 특히 1972년 이후 약 10년 동안 약 0.3℃의 급격한 기온상승이 나타났다. 기후변화에 관한 정부 간 협정 제2차 과학보고서(1995)에 의하면 2100년까지 기온은 약 2℃, 해수면은 약 50㎝ 정도 상승될 것으로 예측되었다. 기후변화에 관한 정부 간 협정 제5차 과학보고서(2014)에 의하면 2100년까지 기온은 약 3.7℃, 해수면은 약 63㎝ 정도 상승할 것으로

예측되었다.

2006년 10월에 발표된 스턴 보고서(Stern, 2006)에 의하면, 지구평균온도는 향후 50년 이내에 산업화 이전 수준(1750~1850년) 대비 2~3℃ 오르는 경우, 전 세계적으로 홍수 위험도를 높이는 한편 물 공급능력이 상당히 위축될 것이며, 곡물수확량이 감소하여, 일부 국가에서는 심각한 식량부족에 직면하게 될 것을 경고하였다. 스턴 보고서는 나아가 2010년 3월 11일 기준 이미 전 세계적으로 2,500만 명에서 5,000만 명 정도의 기후난민이 발생하였다고 한다.[9)]

최근 들어 전 세계적으로 감지되고 있는 지구온난화로 태풍, 호우 · 홍수, 가뭄, 대설, 이상 고온 · 저온 등의 재해기상 현상이 빈발하고 기상재해규모도 대형화되고 있다. UN재해경감기구 자료에 의하면, 국가 차원의 재해 발생빈도가 30년 전(연평균 100여 회)에 비해 5배가량(2000~2005, 연평균 약 500회) 증가하였다. 다음 **표 2-2**는 전 지구적 폭염발생 현황을 보여주고 있다.

**표 2-2** 2018년 7월~8월까지 전 지구 폭염 발생 현황

| 국가 | 폭염 현황 |
|---|---|
| 스웨덴 | 100년만의 폭염, 최고기온 34.6℃ 기록, 관측사상 최고기온 기록 |
| 노르웨이 | 최고기온 33.5℃(마두포스, 7.17.), 북부 밤 최저기온 25.2℃(다카르, 7.18.) 기록 |
| 핀란드 | 최고기온 33.4℃(케보) 기록, 7월 기온 관측사상 최고 기록, 사이마 호수 수심 1m 기온 27℃ 기록 |
| 아일랜드 | 최고기온 25℃ 이상 기록 |
| 영국 | 7월 기온 관측사상 세 번째 기록, 7월 전반 강수량 47mm 기록 |
| 독일 | 최고기온 37℃ 기록 |
| 스페인 | 최고기온 47℃ 기록, 27개 주 폭염특보 발효, 북아프리카의 뜨거운 기단 영향 |
| 포르투갈 | 최고기온 47℃ 기록(알베가, 8.4.), 16개 지역 최고기온 45℃ 기록 |
| 그리스 | 최고기온 40℃ 기록 |
| 러시아 | 서 시베리아 최고기온 30℃ 기록, 평년 대비 7℃ 이상 높은 기온 기록 |
| 알제리 | 사하라사막 최고기온 51.3℃(우아르글라, 7.5.), 관측사상 최고기온 기록 |
| 모로코 | 최고기온 43.4℃ 기록(7.3.), 관측사상 최고기온 기록 |

| 국가 | 폭염 현황 |
|---|---|
| 아르메니아 | 최고기온 42℃ 기록, 평년 대비 최고 9℃ 이상 높은 기온, 7월 최고기온 기록(6.29.~7.12.) |
| 오만 | 최저기온 42.6℃ 기록(6.28.), 최저기온 세계 최고기록 경신 |
| 중국 | 동북부 최고기온 37.3℃ 기록(선양, 8.1.), 20일 연속 고온경보 발령 |
| 대만 | 최고기온 40.3℃ 기록(텐상, 7.9.) |
| 일본 | 최고기온 41.1℃(구마가야), 40.8℃(도쿄) 기록(7.23.), 7월 기온 동부 관측 사상 최고, 서부 두 번째 기록 |
| 미국 | 로스앤젤레스 최고기온 48.9℃ 기록, 데스밸리 52℃ 기록(7.8.), 냉방대피소 설치, 93년만의 최고기록 |
| 캐나다 | 퀘백 폭염, 최고기온 37℃ 기록(여름 평년기온 21℃) |

자료: 기상청, 보도자료, 2018. 08. 17.

지구온난화뿐만 아니라 동식물이 멸종하여 생물다양성이 감소하고, 오존층이 파괴되어 해로운 자외선에 노출되고, 유해폐기물이 확산되어 토지와 대기가 오염되고 있다. 여기에 인구폭발문제도 범지구적으로 심각하다. 어떤 학자의 연구에 의하면 지구의 수용능력에 비추어볼 때 세계의 적정인구는 20억 명 정도인데 2050년 세계인구가 이 적정수준의 5배에 이르게 되면 지구는 인구폭발문제로 생존을 위협하게 된다.[10)]

더 심각한 문제는 인구증가의 대부분이 후진국에서 발생한다는 점이다. 후진국은 빈곤과 환경파괴의 악순환에 빠지고 있는데 그 이유는 빈곤하기에 식량을 얻기 위하여 삼림을 벌채하는 등 환경을 파괴하게 되고, 환경이 파괴되자 식량생산이 감소하므로 더욱 빈곤해지는 것이다. 인구증가를 수용하기 어려운 나라들에서 세계 인구증가가 집중되고 있는 것이 인류의 비극이다.

미래에 후진국의 경제발전으로 소득이 증가하면 이러한 문제가 해결될 수 있다는 희망적인 주장도 있다. 문제는 모든 나라들이 세계에서 가장 부유한 미국처럼 풍요롭게 살고 싶어해서 미국인의 생활양식이 전 세계로 퍼져 나가고 있다는 점이다. 미국의 생활양식은 방마다 에어컨이 설치되어 있는 넓은 주택에 영화관 같은 거실에서 기름진 식사를 하고 각종 첨단 가전제품을 즐기면서 여러 대의 자동차를 타는 생활양식이다. 이러한 생활양식은 기름을 물 쓰듯 사용하는 양식이므로 세계인구의 4.6%밖에 안 되는 미국이 이산화탄소 배출량에서는 세계배출량의 16%나 차지하고 있는 것이다.

세계에서 중국만큼 미국의 생활양식이 빠르게 퍼져나가는 나라도 없을 것이다. 중국 대도시의 모습은 마치 뉴욕 맨하탄의 모습과 별반 다르지 않다. 1인당 국민소득이 미국의 절반도 안 되지만 이산화탄소 배출량은 세계배출량의 28%를 차지하여 미국을 크게 제치고 세계 1위를 기록하고 있다. 중국과 마찬가지로 브릭스(BRICs)의 하나인 인도에서도 미국의 생활양식이 빠르게 퍼져나가고 있다. 인도뿐만 아니라 남미에서도 마찬가지로 미국 생활양식을 모방해가고 있다. 이제 미국의 생활양식은 전 세계의 규범이 되어가고 있다. 모든 나라들이 미국의 생활양식을 따라간다면 자원은 빠르게 고갈되고 대기 속 이산화탄소의 양은 급격히 늘어나서 지구의 온도는 급속히 올라갈 것이다. 자원고갈과 지구온난화의 우려 없이 지구 전체의 모든 사람과 모든 나라의 생활수준을 현재 미국의 평균생활수준으로 끌어올리기 위해서는 지구가 7개는 있어야 한다.

그렇다면 모든 사람들과 모든 나라들은 어떻게 해야 하는가? 공장과 자동차를 모두 멈추게 하고 옛날로 돌아가는 것이 해결책이 될 수 있을까? 그렇지는 않다. 그러나 우리 인류의 생존과 미래를 위해서 더 이상 미국식 생활양식을 모방해서는 안 된다. 미국식 생활양식은 천민자본주의의 물질적 욕망에서 나오는 것이며 그 욕망이 전 인류를 위협하고 있는 것이다.

**정석 사고**

21세기는 기후의 세기(Century of Climate) 혹은 환경의 시대라고 한다. 지구환경문제로서 지구온난화는 이산화탄소($CO_2$), 메탄($CH_4$), 아산화질소($N_2O$), 크레온가스(CFCs) 등의 온실기체에 의한 온실효과로 야기된다. 지구온난화뿐만 아니라 동식물이 멸종하여 생물다양성이 감소하고 오존층이 파괴되어 해로운 자외선에 노출되고 유해폐기물이 확산되어 토지와 대기가 오염되고 있다. 여기에 인구폭발문제도 범지구적으로 심각하다. 더 심각한 문제는 지구 인구증가의 대부분이 후진국에서 발생한다는 점이다. 또 다른 심각한 문제는 모든 나라들이 미국인의 생활양식을 모방해가고 있다는 점이다.

## 2. 환경문제를 바라보는 시각들

앞에서 환경문제의 심각성을 살펴보았다. 그런데 왜 환경오염과 환경파괴가 이렇게 심해지고 있는가? 이에 대한 시각들이 다양하게 존재한다. 다음 이하에서 다양한 시각들을 살펴보자.[11)]

### (1) 자연과학적 사고

환경오염과 파괴와 같은 환경문제가 왜 심해지고 있을까? 보통 환경문제라고 하면 마치 기계가 고장 나듯이 우리의 자연환경이 고장 난 것으로 생각할 수 있다. 즉, 환경용량(환경의 자정능력)이 작아진 자연의 탓으로 보는 것이다. 이러한 관점에서 보면 환경문제는 자연에 대한 지식, 자연과학을 이용하여 고장 난 자연환경을 잘 고치거나 혹은 배출된 오염물질을 잘 처리한다면 완화시킬 수 있다고 볼 수 있다. 따라서 환경오염 방지시설이나 처리시설이 부족하여 환경문제가 심각해지므로 환경문제에 대처하는 방법은 폐수처리시설, 하수종말처리장, 소각장, 매립지 등 환경기초시설을 대폭 확충해야 하는 것이다. 예를 들어 상수원오염이 발생하면 정부나 시민단체는 하수처리시설, 폐수처리시설을 대폭 증설하여 환경문제를 해결해야 한다는 사고에 동의한다. 문제는 이러한 시설의 설치와 운영에 엄청난 돈이 들어가고 정부의 원천적 비능률성으로 인해 시설의 가동률이나 처리효율이 매우 낮을 수 있다는 점이다.

### (2) 환경윤리적 사고

자연과학적 사고처럼 환경문제를 자연의 탓으로 돌리는 사고도 있지만 환경문제를 전적으로 우리 인간의 탓으로 돌리는 사고도 있다. 환경을 오염시키고 파괴하는 행위는 비윤리적인 행위로서 인간이 자제할 수 있는 도덕심이나 도덕적 능력이 부족하기 때문에 환경문제가 발생한다고 보는 사고이다. 환경문제는 인간이 대자연을 오로지 인간의 이익만을 위해 이용하는 대상에 불과하다고 보는 인간중심주의적인 사고방식 때문에 심각해지고 있다고 보는 것이다. 많은 환경운동가나 환경사상가들은 이러한 사고를 지지하고 있다. 이러한 사고의 관점에서 보면 인간중심주의적인 사고방식을 탈피하고 동식물의 생존권도 존중하면서 인간을 포함한 대자연이 하나의 유기체적 생명체라는 사고를 가지고 환경을 대하면 환경문제를 해결할 수 있다고 본다. 따라서 환경문제는 인간의 환경윤리의식이나 환경의식이 결여되어서 발생하므로 인간의 마음속에 환경윤리나 도덕심을 키워주어야 하는 것이 환경문제 해결방안이 된다. 그래서 환경단체가 시민들의 환경의식을 고취시키는 노력을 하고 있고 정부도 환경윤리의식에 대한 홍보를 하고 있으며 학교에서도 환경윤리 교육을 강화하고 있다. 문제는 환경윤리의식의 고취나 환경교육을 통해 환경문제를 해결하려는 사고가 실용성과 효과성에 의문의 여지가 있으며, 환경의식을 높이고 사람들 마음속에 도덕심을 심는 데에는 매우 시간이 많이 걸리는 일이고 이에 따라 교육에 소요되는 경비도 매우 크다는 점이다.

### (3) 경제학적 사고

한국환경정책평가연구원에서 실시한 2017국민환경의식조사에 따르면 절반 이상의 국민이 평소 환경(환경문제)에 '관심이 있다'(54.4%)고 응답했으며, 환경보전이 개인에게 '중요하다'고 응답한 국민은 78.6%로 나타났다. 국민 10명 중 1명 미만이 환경문제에 관심이 없거나(8.9%), 중요하지 않다(2.2%)고 응답했다(**그림 2-2** 참조).

**그림 2-2 환경문제에 대한 관심과 중요성**

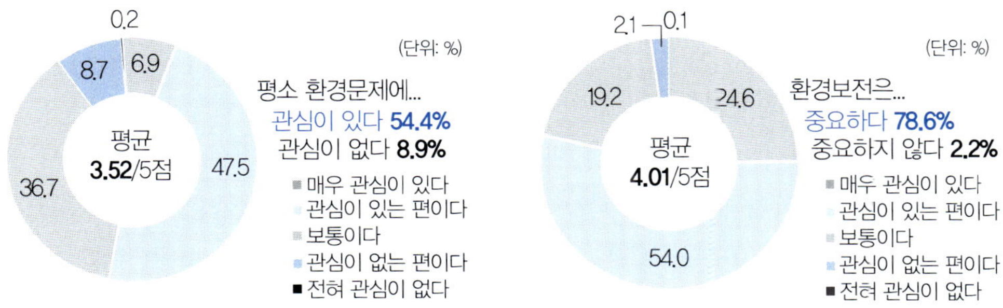


이러한 조사에 의하면 우리 국민이 환경에 관한 한 상당히 교육이 잘 되어 있다는 점을 알 수 있다. 그렇다면 환경의식이 높음에도 불구하고 왜 고속도로 주변에 쓰레기가 쌓이는 등 환경문제가 심각해질까? 경제학자들은 우리의 생각과 행동이 따로 놀기 때문이라고 생각한다. 경제학적 사고에서는 생각을 행동으로 옮기게 하는 가장 좋은 방법은 행동으로 옮기는 강력한 동기를 유발할 수 있는 인센티브를 제공하는 것이라고 강조한다. 특히 인센티브 중에서도 금전적인 인센티브가 가장 강력하게 작용한다고 본다.

환경문제의 가장 직접적인 원인은 우리 인간들의 경제활동 즉, 소비활동과 생산활동에 있다. 기업들은 이윤추구를 하다 보니 가장 저렴한 방법으로 환경폐기물을 버리고 소비자들도 가장 값싼 공해유발적인 제품을 구매하여 가장 편한 방법으로 버리게 된다. 가랑비에 옷 젖듯이 개개인의 소비자들이 조금씩 폐수를 버리면서 수질오염을 유발하며, 각 가정마다 자동차를 타고 다니고 각 기업들이 값싼 공해유발원료를 사용하여 공해유발제품을 대량생산하면서 대기오염을 유발하고 있다. 여기에 더해서 정부와 정부 관련 공기업들이 각종 무모한 개발사업(댐, 도로건설)을 시행함으로써 또 하나의 환경문제의 원인이 되고 있다.

자연현상이 자연의 법칙에 따르듯이 경제현상들은 경제의 법칙을 따르게 되는데 경제활동의 결과로 자연자원의 고갈, 환경오염이 발생하므로 환경문제가 시장의 원리에 따르게 된다고 보는 것이 경제학적 사고이다.

따라서 환경문제는 시장의 탓이라고 보는 것이 경제학적 사고인 것이다. 다시 말해서 환경문제는 시장에서 소비활동과 생산활동이 환경오염물질을 환경의 자정능력을 초과해서 자연에 지나치게 배출하기 때문이라고 보는 것이 경제학적 사고이다. 그렇다면 왜 시장경제가 환경오염물질을 그렇게 지나치게 배출할까? 이에 대한 답은 시장에서 상벌체계가 거꾸로 되어 있기 때문이라고 본다. 법과 관습의 상벌체계처럼 시장도 상벌체계의 일종이다. 시장에서는 질 좋고 값싼 제품을 공급하는 기업은 돈을 많이 벌므로 상을 받고 그렇지 못한 기업은 돈을 벌지 못하므로 벌을 받게 된다. 이처럼 사회가 시장을 통해서 돈으로 상과 벌을 준다는 것이다. 경제학자들은 어떤 인센티브보다 돈이 사람을 움직이는 가장 강력한 수단이라고 믿는다.

그런데 환경에 관해서는 시장이 상과 벌을 거꾸로 주고 있다는 것이 경제학적 사고의 결과이다. 그렇다면 왜 환경에 관해서 시장이 거꾸로 된 상벌체계를 가질까? 이에 대한 구체적인 해답은 다음 항에서 상세하게 다루므로 일단 미루어 두기로 한다. 이러한 사고의 결과로 환경문제의 해결방법은 자연스럽게 도출되는데, 환경에 관해서 시장의 거꾸로 된 상벌체계를 바로 잡는 것이다.

**정석 사고**

환경문제를 바라보는 시각에는 다음 세 가지가 있다. 먼저 자연과학적 사고는 환경문제를 자연의 탓으로 보고 환경기초시설의 확충으로 해결하고자 한다. 다음 환경윤리적 사고는 환경문제를 인간의 탓으로 보고 환경윤리의식의 교육으로 해결하고자 한다. 경제학적 사고는 환경문제를 시장의 탓으로 보고 시장에서 상벌체계를 바로잡아 해결하고자 한다.

**정석 사례연구** 12)

미국 남부 테네시 강 유역에는 텔리코(Tellico)댐이 자리 잡고 있다. 이 댐은 미국 역사에서 경제개발과 환경보전의 딜레마를 확인할 수 있는 상징적인 존재다. 이 댐은 용수와 전력 공급, 수자원 관리를 목적으로 한 다목적 댐으로서 1967년 미 의회의 승인을 받아 지어졌다. 그런데 댐 건설이 한창이던 1973년 여름, 테네시 대학에 재직 중이던 어류학자 에트니어(Etnier) 교수는 이 지역에서만 서식하는 새로운 어종인 담수어 '스네일 다터(snail darter)'를 발견하였다. 이는 길이 8cm 정도 물고기였는데, 이 작은 물고기가 그 뒤 개발론자와 보전론자 간의 기나긴 싸움을 불러오게 된다.

에트니어 교수는 댐이 완공되면 수중 생태계의 변화로 스네일 다터가 멸종하게 될 것이라고 주장했고, 여론이 비등하기 시작했다. 마침 같은 해 미 의회는 '멸종위기에 처한 종 보호법(Endangered Species Act)'을 통과시켰다. 이 법에 근거해 당시 미 내무부 장관은 1975년 스네일 다터를 멸종위기종으로 지정하였다. 문제는 댐 공사가 이미 75%나 진척됐다는 사실이다. 개발론자들은 공사가 상당히 진행된 사업은 종 보호법을 적용받지 않는다고 주장했다. 의회도 댐 건설에 필요한 재원을 계속 승인하고 있었다. 이에 보전론자들은 텔리코 댐 개발주체인 '테네시 강 유역공사(TVA)'를 상대로 댐 건설을 중단시키기 위한 소송을 제기했다. 이 소송은 항소와 상고를 거쳐 결국 연방대법원까지 가게 된다. 1978년 연방대법원은 6 대 3으로 보전론자의 손을 들어 주었다. 판결문에는 '어떤 비용을 감수하고서라도 종의 멸종은 막아야 한다'라는 문구가 포함됐다. 1억 달러를 투입해 95%나 공사가 진척된 댐 건설 사업이 일시에 중단되는 듯했다. 그러나 대법원 판결이 나오자 개발론자들은 분노했다. 결국 1979년 미 의회를 통해 에너지 및 용수공급에 관한 법안을 통과시키면서 '텔리코 댐을 종 보호법에 저촉되지 않는 예외사업으로 한다'는 수정조항을 포함시켰다. 마침내 1979년 11월 텔리코 댐이 완공됐고 상류는 수몰되었다. 이 모든 논란을 불러온 스네일 다터는 어떻게 되었을까? 당시 스네일 다터를 근처의 강으로 집단 이주시키는 프로젝트가 진행되어 성공했다. 수몰 이후에도 멸종되지 않았다는 말이다. 더욱 아이러니한 것은 후에 텔리코 댐 자체가 경제적 타당성이 없는 사업이라는 사후 평가가 내려졌다는 점이다. 애초에 경제성 평가가 올바로 이루어졌다면 12년에 걸친 공사와 법정소송, 공사 중단과 재개와 같은 혼란과 갈등은 피할 수 있었던 것이었다. 이 이야기에서 우리가 얻을 수 있는 교훈은 무엇일까? 첫째, 생물다양성(biodiversity)에 대한 존중이다. 사실 다목적 댐과 효용가치가 불확실한 물고기를 단순 비교한다면 전자의 손을 들어 주는 게 상식이다. 그러나 미국의 법체계는 인간의 개발 행위로 인해 지구상에서 사라질지 모를 한 어종을 보호해야 한다는 결정을 내렸다. 특정 생물의 고유가치와 인간의 복리후생에 기여할 미래의 불확실한 가치까지 안정하는 것이다. 둘째, 개발과 보전이 충돌할 때 이를 해결하기 위한 명확한 기준을 설정하는 것이 중요하다. 만약 명확한 기준을 설정하기 어렵다면 생태학의 제3법칙처럼 자연에 맡겨두는 것이 가장 좋은 방법인 것이다.

## 3. 시장과 상벌체계

어느 사회가 잘 되려면 상벌체계가 잘 확립되어야 한다. 사회적으로 바람직한 행동은 그에 상응하는 충분한 상을 받고, 도둑질과 같은 나쁜 행동은 그에 상응하는 벌을 받아야 좋은 사회가 된다. 물론 사회에는 여러 종류의 상벌체계가 존재한다. 법과 관습이 대표적인 상벌체계인데 폭행, 도둑질 등에 대한 징벌이 그 예이다. 그런데 앞 항에서 말했듯이 시장도 상벌체계의 일종이라고 하였다. 시장에서 성공한 기업은 돈으로 상을 받고 실패한 기업은 돈을 잃는 벌을 받는다. 우리가 시장이라고 말할 때 그 시장은 이상적 시장인 완전경쟁시장을 일컬으며 가격조작이 없고, 상호 이익이 되는 거래만 가능한 시장이다. 따라서 완전경쟁시장은 경제를 발전시키고 물질적 풍요를 가져오는 것이다. 물론 현실의 시장은 완전경쟁시장과 괴리가 있을 수 있는데, 이 차이로 인해 시장에서 상과 벌이 과다 혹은 과소하게 된다. 경제학자들은 두 시장 간의 괴리감 극복을 위해 정부개입 혹은 규제완화를 추진하는 것이다.

현실시장을 완전경쟁시장이라고 가정하더라도 환경문제에 대해서는 시장이 상과 벌을 거꾸로 주고 있다는 것이 가장 큰 문제점이다. 따라서 환경문제는 시장이 상과 벌을 거꾸로 주기 때문에 발생한다고 볼 수 있다. 다음 환경에 관한 시장의 두 경향을 살펴보도록 하자.

### (1) 환경오염행위에 상을 주는 경향

시장에서 돈을 버는 것은 시장으로부터 상을 받는 것과 같다. 그런데 근처 유원지나 강이 흐르는 상류에 가보면 각종 음식점과 러브호텔들이 자리 잡고 있으며, 이런 업소들이 많은 폐수를 방출하여 강을 오염시키는 한편 많은 돈을 벌어들이고 있다. 환경을 오염시키고 있는 이런 업소들이 돈을 벌고 있으니 시장이 벌 대신 오히려 상을 주고 있는 셈이다.

### (2) 환경개선행위에 벌을 주는 경향

도시거리에 담배꽁초와 쓰레기가 수북할 때 어떤 착한 업체가 자사의 청소차를 동원하여 거리를 깨끗이 청소한다고 생각해 보자. 그런데 이런 업체는 많은 경비를 들여 청소를 했지만 아무도 돈을 지불하지 않는다. 즉 시장은 그 업체에 상을 주는 것이 아니라 오히려 벌을 주는 셈이다. 다른 예로서 어떤 기업이 물을 정화하고 물고기 서식을 돕는 합성세제를 개발했는데, 기본 생산비와 개발비를 따져볼 때 가격이 기존 세제의 2배 이상이라면 시장에서 제품을 제대로 팔지 못해 망하고 만다. 이 좋은 기업은 시장에서 상 대신 벌을 받는 것과 같다.

환경을 오염시키고 환경오염물질을 배출하는 행동은 분명히 사회적으로 바람직하지 못한데도 상을 받는 이유는 정당한 대가를 지불하지 않고 환경을 이용하여 경제적 이익(환경용익)만을 취하기 때문이다. 반면에 환경을 개선시키는 행동들은 분명히 사회적으로 바람직한데도 벌을 받는 이유는 대가를 지불하고 환경을 개선시키지만 그 혜택은 남들에게 공짜로 돌아가고 정작 그 행동을 한 업체에게는 아무런 보상이 돌아가지 않기 때문이다. 이를 경제학에서는 환경이 시장에서 상과 벌을 거꾸로 받는 **시장실패의 문제**라고 한다.

**정석 사고**

시장은 환경에 대하여 상과 벌을 거꾸로 주고 있다는 것이 가장 큰 문제점이다. 시장에서는 환경오염행위에 상을 주는 경향과 환경개선행위에 벌을 주는 경향을 가진다. 이를 시장실패의 문제라고 한다.

## 4. 환경문제의 근원적 해법

이상과 같이 시장은 환경에 관해서 상과 벌을 거꾸로 주기 때문에 환경개선보다 환경오염에 대한 강력한 동기를 가지게 된다. 그렇다면 환경문제의 경제학적 해결책은 단순해 보인다. 환경문제의 근원적 해법은 바로 환경문제에 관해서 이러한 시장의 상벌체계를 바로잡는 것이다.

환경문제에 관해서 시장이 상벌을 거꾸로 주기 때문에 시장의 외부자로서 정부가 나서서 이를 바로잡아야 한다. 이때 정부가 개입하더라도 시장의 원리를 최대한 살리는 방향으로 개입해야 한다는 것이 경제학적 사고의 결과이다. 그렇다면 시장의 원리는 무엇인가? 시장의 원리는 크게 세 가지 핵심내용을 담고 있다. 첫째, 서로의 이익을 최대한 보장하는 '거래를 통한 상호이익증진의 원리'이다. 예를 들어 (탄소)배출권거래제도는 각자 가진 오염물질배출권을 시장에서 사고팔면서 가장 효율적인 오염물질배출량을 각자가 조절하는 방식이다. 둘째, 상과 벌의 확실한 정착을 위한 '경제적 인센티브의 원리'이다. 예를 들어 배출부과금의 실행인데, 오염물질배출량을 줄이면 배출부과금이 줄어들고 배출량을 늘리면 배출부과금이 늘어나는 방식이다. 셋째, 최소비용으로 최대효과를 달성하게 하는 '경쟁의 원리'이다. 시장에서는 경쟁이 있어야 효율이 있다. 예를 들어 경쟁하는 기업들은 목재 3개로 만들 수 있는 제품을 목재 4개를 사용해서 만들면 경쟁에서 이길 수 없다. 마찬가지로 정부가 환경개선사업을 할 때 완전경쟁시장처럼 가장 효율적인 방식으로 환경개선을 해야 한다는 것으로서 막대한 세금만 축내지 않도록 공공사업의 경제적 타당성을 입증하는 방식이어야 한다는 것이다.

**정석 사고**

환경문제의 근원적 해법은 환경문제에 대한 시장의 상벌체계를 바로잡는 것이다. 이때 정부가 개입하더라도 시장의 원리를 최대한 살리는 방향으로 개입해야 한다. 시장의 원리는 거래를 통한 상호이익증진의 원리, 경제적 인센티브의 원리, 경쟁의 원리이다.

**정석 사례연구**

도덕성원리와 시장원리를 간단한 사례를 통해 비교해 보자. 일반적으로 인간이 도덕, 윤리라고 부를 때 그것은 남을 배려하여 자신에게 제약을 가하는 행위라고 할 수 있다. 그러나 좀 더 폭넓게 말해서 우리가 공평한 입장에 섰을 때 느끼게 될 가상적 감정을 도덕감정이라고 할 수 있다. 한 가지 예로 우리가 자신을 유혹하는 항구를 향해 배로 떠나가는데 배 돛대에 자기 몸을 밧줄로 묶고 유혹을 뿌리치며 항해하는 모습을 연상할 수 있다. 이때 자기 행동에 제약을 가하는 선택은 합리적인 것이며, 단기적으로 이득이 있는 것을 거부하고 장기적 관심과 목표를 더 중시하는 태도라고 볼 수 있다. 우리의 약한 의지는 장기적인 목표성취와는 정반대로 아주 편한 것을 택하는 경향을 가진다. 따라서 우리에게 익숙하지 못한 상황(올바른 결과를 예측하기 어려운 상황)이 닥칠 때는 고정된 규칙 또는 제약성을 채택하는 것이 훨씬 합리적이라고 볼 수 있다. 이러한 제약성 또는 규칙도 성질상 도덕, 윤리라고 할 수 있다.

개인과 사회의 관계에 대해서 보면, 그러한 도덕감정은 타인의 감정에 동감할 수 있는 능력이며, 사회도덕의 기초가 된다. 자신의 억누를 수 없는 자유행동에 대해 제약을 가하는 것은 다른 사람들과의 계약조건하에서 약속을 지키기 위한 것이며, 그러한 행동제약을 자기와 계약을 맺은 다른 사람도 똑같이 취하는 것이다. 이때의 제약성은 지급해야 할 '가격'으로 받아들여야 하고, 싫고 나쁘지만 그 가격은 꼭 치러야 할 희생적 비용이며, 그들 행동에 호혜적인 제약을 가함으로써 얻을 수 있는 좋은 것을 보장받기 위한 가격이다.

도덕성원리는 상호계약을 특징으로 하는 시장에도 그대로 적용할 수 있다. 이는 바로 시장원리로도 볼 수 있다. 하나의 예를 들어보기로 하자. 상대방은 사과 한 개를 가지고 있고 나는 동전 2개를 가지고 있다고 하자. 나는 배가 고파서 상대방이 사과를 주기를 바라고, 반대로 상대방은 내가 가지고 있는 동전을 바랄지도 모른다. 그러나 내가 가장 만족하는 상황은 동전을 그냥 가지고 있으면서 상대방에게서 사과만을 얻는 경우이다. 그러므로 나의 경제적 관심은 내게 유리하도록 상대방의 행동을 변화시키는 데 있다.

만일 상대방이 나에게 사과를 주고 돈을 받지 않는다면 심적 갈등을 느낄 것이고, 그 갈등을 소화하자면 윤리적 규범에 의해 자제하는 도리밖에 없다. 분명히 나는 상대방이 심리적으로 그런 형태의 윤리적 제약성을 가하는 요구에 관심을 가질 것이고, 그러한 결과를 보장하는 모든 수단을 동원해서 투자할 용의가 있다. 물론 내가 가지고 있는 동전보다 적게 들여서 그렇게 하기를 바란다. 이러한 경우를 다음 상황으로 정리하여 실험해 보자.

| 상황 | 내 용 |
|---|---|
| 1 | 상대방이 나에게 사과를 준다. |
| 2 | 상대방은 사과를 주고 동전을 받는다. |
| 3 | 상대방은 사과, 나는 동전을 소유한다. |
| 4 | 나는 상대방에게 동전을 준다. |

당연히 나는 상황 1을 가장 선호한다. 물론 이 경우 상대방의 자기희생이 필요하다. 반대로 상대방은 상황 4를 가장 선호할 것이며 나의 자기희생이 필요하다. 그런데 모든 당사자들이 바람직한 행동변화를 가져오기 위해 상대방의 선호를 이해하고 폭넓게 수용하는 자기희생과 투자를 아끼지 않는 것이 유리하며, 역사적으로도 도덕적, 윤리적 설득을 위한 제도가 이 방향으로 나아가고 있다.

상호 바람직한 결과를 생산하기 위해서는 상당수준의 윤리적 제약성이 필요한데 바로 교환과 교역이라는 행동이 일어나면 이러한 윤리적 제약성의 사회적 역할은 크게 줄어들 것이 틀림없다.

첫째, 교환이 불가능하면 개인은 자신의 행동에 윤리적 제약성을 가할 필요성이 있다. 이때 서로 호혜적인 결과를 가져올 수 있다.

둘째, 교환이 가능하면 개인은 사회관계에 있어서 다른 사람들의 선호체계에 큰 신경을 쓸 필요가 없다. 이때에는 윤리 그 자체가 사람들 간에 계약적인 성질을 지니게 된다.

경제학자가 관심을 기울여야 한다면 그것은 바로 교환과정이며 또한 새로운 교환의 기회를 위해 문호를 개방할 수 있는 제도적 개선이라고 볼 수 있다. 이러한 사실은 역사적으로 계속 시장이 확대되고 있는 데서 그 증거를 찾을 수 있다.

# 제2절 물질수지분석

새 환경경제학

## 1. 자원으로서의 환경

경제학에서 환경은 다양한 서비스를 제공하는 복합자산으로 간주된다. 환경이 인간의 존재를 가능케 하는 생태시스템이기 때문에 매우 특별한 자산이다. 환경은 경제에 생산원료를 제공하고 이러한 원료들은 폐기물이 되어 환경으로 되돌아간다. 환경은 또한 소비자들에게도 직접적인 서비스를 제공하는데, 자연의 즐거움과 함께 안락한 휴식처를 제공한다. 또한 우리가 마시는 공기, 음식물의 영양분, 물 등은 우리의 생명부양기능을 한다. 그리고 우리가 버리는 모든 폐기물은 다시 환경으로 돌아가는데 환경이 이를 수용하는 쓰레기통 역할을 한다.

만일 환경이 충분히 광의로 해석된다면, 환경과 경제 사이의 관계는 완전시스템으로 표현될 수 있다. 이 말은 에너지와 물질 등이 이러한 완전시스템 밖에서 투입되는 일이 없다는 것을 의미한다. 그리고 산출물도 시스템 바깥으로 이전되는 일이 없다(그림 2-3 참조).

그림 2-3 환경시스템[13)]

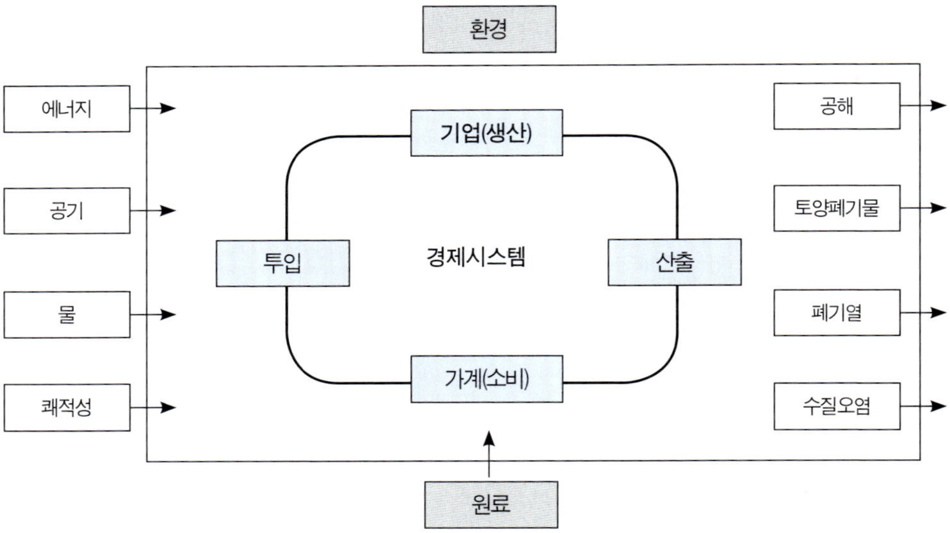

우리의 지구와 환경을 완전시스템으로 보는 것은 중요한 의미를 갖는데, 그 이유는 열역학의 첫 번째 법칙이 성립할 수 있기 때문이다. 이 법칙은 에너지와 물질이 창조되거나 파괴될 수 없다는 것이며, 환경에서 경제로 흘러 들어가는 질량이 경제에 축적되거나 폐기물로 환경으로 돌아간다는 것을 의미한다. 이러한 축적과정이 멈출 때 경제로 들어온 자원의 질량과 환경으로 나간 폐기물의 질량이 같다는 것이다.

자연의 자정능력을 초과한 과도한 폐기물은 물론 환경에서 나오는 자산가치를 떨어뜨릴 것이다. 예를 들면 공해가 호흡기장애를 가져오고 오염된 식수는 암을 유발할 수 있다. 그리고 매연은 아름다운 경관을 나쁘게 만들 수도 있다. 다음 물질수지분석을 통해 환경의 역할과 자원고갈과 환경오염 사이의 양적 상응관계를 살펴볼 것이다.

## 물질수지분석

1960년대 전후로 경제학계에 도입된 **물질수지분석**은 인간사회의 경제적 측면을 물질, 즉 자원, 재화, 폐기물의 흐름이라는 측면에서 파악하는 이론이다. 물질수지분석은 자원의 흐름과 폐기물의 흐름을 통해서 경제와 환경이 밀접하게 연결되어 있는데, 경제활동이 환경에 이중의 영향을 미친다는 것을 알 수 있다. **그림 2-4**에서 알 수 있듯이 경제활동을 위해서 자연으로부터 자연자원을 많이 채취하면 할수록 그 부존량이 감소하는 자원고갈의 문제를

**그림 2-4** **환경과 경제의 순환**[14)]

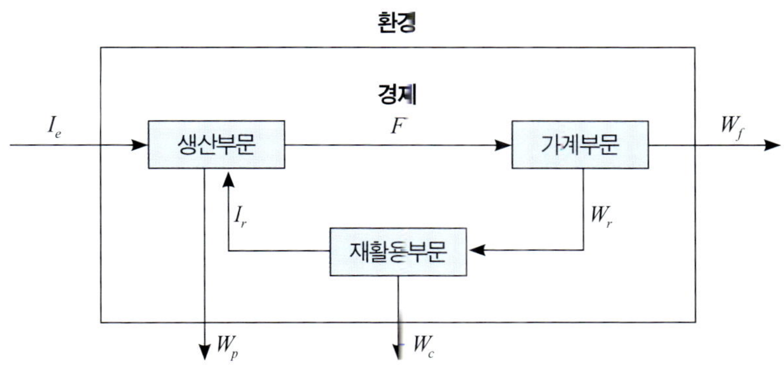


$I_e$ = 자연자원량
$F$ = 재화
$W_c$ = 재활용부문폐기물
$W_f$ = 가계부문폐기물
$I_r$ = 재활용자원량
$W_p$ = 생산부문폐기물
$W_r$ = 재활용

일으키고 환경의 자정능력을 초과해서 많은 폐기물을 환경에 버리면 버릴수록 환경이 오염되는 환경오염의 문제를 일으킨다. 따라서 자원고갈문제와 환경오염문제는 일대일 대응관계로서 한 덩어리의 문제라는 사실을 알 수 있다.

이러한 분석에서 양적으로 볼 때 투입물량과 폐기물량이 일치해야 한다. 폐기물은 여러 가지 형태를 취할 수 있지만 그 총량이 자연자원의 채취량과 같아진다는 사실은 변하지 않는다. 즉,

자연자원 투입량=자연에 버려지는 폐기물총량
=가계부문 폐기물+재활용부문 폐기물+생산부문 폐기물 총량

이를 두고 **열역학의 제1법칙**(the first law of thermodynamics)이라고 한다. 이 법칙에 따라 환경문제는 단순히 환경오염의 문제만이 아니라 자원고갈의 문제도 포괄하는 문제인 것이다. 즉, 채취단계에서 자원고갈의 문제는 배출단계에서 환경오염의 문제와 하나로 묶인 문제로서 환경문제를 해결하려면 이 두 단계의 문제를 종합적으로 관리하는 것이 요구된다.

**정석 사고**

물질수지분석은 인간사회의 경제적 측면을 물질, 즉 자원, 재화, 폐기물의 흐름이라는 측면에서 파악하는 이론이다. 이를 통해 투입물량과 폐기물량이 일치해야 하는 열역학의 제1법칙이 도출된다.

## 2. 자원고갈과 환경오염

앞 항에서 열역학의 제1법칙에 의한 자원고갈과 환경오염의 관계는 일대일 대응관계라고 하였다. 그런데 양만이 문제가 되는 것이 아니라 질도 문제가 된다. 자연으로부터 채취되는 자연자원의 물량을 줄이지 않고 그 종류만 바꾸어도 자원고갈과 환경오염의 문제를 상당한 정도로 해결할 수 있다. 자연자원의 종류는 크게 두 종류로 나누어 볼 수 있다. 하나는 재생가능자원이고 다른 하나는 재생불능자원이다.

## (1) 재생가능자원과 재생불능자원

재생가능자원은 어떤 일정기간 동안에 이용할 수 있는 물량이 유동적인 자원인데, 생물학적으로 재생 즉, 번식과 성장이 가능한 자원이라고 할 수 있다. 예를 들면 바다나 강의 물고기, 숲속의 나무, 수자원 등은 우리가 일부 이용하더라도 시간이 지나면 다시 그 저량(stock)을 회복할 수 있고 더 많아질 수도 있다. 그러나 재생가능자원도 지나친 이용으로 고갈될 수 있으며 현재 일부 어종들은 계속 고갈되고 있다.

자연과학의 연구에 따르면 동식물자원에는 임계역이라는 것이 존재하는데, 개체수가 임계역보다 더 크면 증식할 수 있지만 지나치게 이용하여 개체수가 임계역 이하로 떨어지면 감소하다가 결국 멸종하게 된다. 다음 **그림 2-5**는 어종 고등어의 임계역과 임계역 이하의 개체수에서 멸종하는 것을 보여준다. *X*는 임계역을 나타내며 그 점보다 개체수가 작아지면 증가율이 음수이므로 감소하다가 멸종하게 된다.

**그림 2-5 어류의 임계역과 멸종**

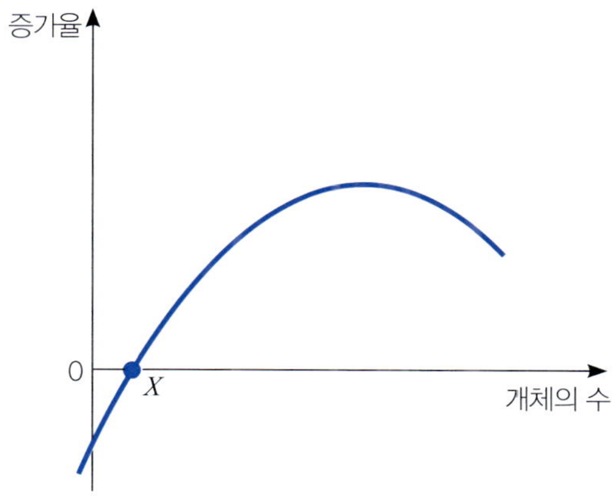


한편 재생불능자원은 시간이 지나도 부존량이 고정되어 있는 자원을 말하는데, 우리가 채취하는 만큼 감소하는 자원이다. 이러한 이유로 고갈성자원이라고도 한다. 예를 들면 석유, 석탄 등은 우리가 채취하는 만큼 그 부존량이 계속 감소한다.

### (2) 자원고갈과 환경오염의 자원이용양태

자연자원의 종류를 살펴보았는데, 상식적으로 생각할 때 재생불능자원의 이용을 가능하면 줄이고 재생가능자원의 이용을 늘리는 것이 환경문제의 해결에 바람직하다. 그러나 역사적으로 우리의 자원이용양태는 그런 상식과 정반대의 길을 걸어왔다. 먼저 산업혁명을 기점으로 전후를 나누어보면 18세기 이전에는 주로 재생가능자원이 이용되었으나 18세기 말엽 산업혁명 이후 재생불능자원이 더 많이 이용되는 방향으로 자원이용양태가 변화하였다. 무수히 많은 사례들이 존재하지만 몇 가지 사례를 들면, 먼저 과거 에너지원으로 주로 이용되던 동물의 힘, 풍력, 수력 등의 재생가능자원은 석유, 석탄, 천연가스 등의 재생불능자원으로 바뀌어 왔다. 이들 연료 중 특히 석유의 이용은 급증했다. 우리의 의복 역시 목화, 삼베, 모시 등에서 나일론, 폴리에스테르 등의 화학섬유로 재질이 바뀌었다. 식량생산에서도 퇴비에서 화학비료로 바뀌어 왔고 대나무 빗자루, 대 바가지 등도 모두 플라스틱제품으로 바뀌었다. 이러한 모든 자원이용양태가 재생불능자원의 고갈을 촉진하고 있다.

한편 산업혁명 이후 재생불능자원이 더욱 많이 이용됨에 따라 환경오염문제도 더 심화되거나 악화되고 있다. 자원이 이용되고 나서 버려지는 환경오염물질이 산업혁명 이후 급증하였으며, 더욱이 산업혁명 이전에는 자연 상태에서 생물화학적으로 분해 가능한 것이었지만 산업혁명 이후 환경오염물질들은 비닐, 플라스틱, 중금속 등과 같이 자연 상태에서 쉽게 분해되지 않는 것들로 바뀌어 왔다. 이러한 물질들은 자연에 생소한 것들이어서 오랫동안 자연에 남아서 축적되기 때문에 더 많은 환경피해를 발생시키는 것이다. 이는 환경피해를 일으킬 뿐만 아니라 그런 물질에 오염된 음식물을 먹음으로써 우리의 체내에 축적되기도 하여 괴질, 암 등을 유발하게 되고 공해병도 나타나게 된다.

**정석 사고**

자연자원의 종류에는 크게 두 종류로 재생가능자원과 재생불능자원이 있다. 환경문제의 해결은 재생불능자원의 이용을 줄이고 재생가능자원의 이용을 늘리는 것이다. 그러나 산업혁명 이후 재생불능자원의 이용이 더 늘어 자원고갈이 가속화되고, 오염물질이 분해되기 어려워져 환경오염이 악화되고 있다.

# 3. 환경문제에 대한 처방

앞 항에서 보았듯이 자원이 고갈되고 환경이 악화되는 자원이용양태로의 변화가 현실이라면 물질수지분석을 통해서 우리가 생각할 수 있는 근원적 처방은 명확해진다. 즉 근원적 처방은 자연자원의 이용량, 특히 재생불능자원의 이용량을 줄여 폐기물총량을 감소시킴으로써 자연자원의 고갈을 완화하고 환경오염을 감소시키는 것이다.

경제성장이 꼭 필요한 많은 나라들에서는 근원적 처방 대신 대증적 처방을 선택하고 있다. 대증적 처방은 다음 세 가지로 나누어 생각해 볼 수 있다.

## (1) 배출양태조절방법

환경오염물질 배출형태를 조절해서 오염피해를 최소화하는 방법이다. 예를 들어 환경오염물질의 형태를 변화시키는 방식이 있을 수 있다. 고체나 액체인 폐기물을 태워서 기체로 바꾸는 소각, 고체인 폐기물을 땅에 묻는 매립 등이 여기에 해당된다. 또 다른 방식은 환경오염물질을 배출하는 시간과 장소를 조절하는 것이다. 예를 들어 수질오염물질은 비가 많이 올 때 대량 배출한다거나 대기오염물질은 바람이 많이 불 때 배출하는 방식이다.

## (2) 배출처리방법

환경오염물질이 환경에 도달하기 전에 사전 차단하는 방법이다. 예를 들어 수질오염물질이 강이나 바다에 도달하기 전에 하수처리장, 폐수처리시설로 모아서 처리한 후 방류하는 방식이다. 이 방법은 보편적인 처방이기는 하지만 돈이 많이 들고 운영이 약간만 부실해도 그 효과가 거의 없어져서 예산 낭비의 위험성이 높다는 약점을 가지고 있다. 일례로 1994년 환경부에 따르면 벙어리하수처리장 문제가 나타났는데, 하수를 모아서 하수처리장에 연결시키는 하수관거가 잘못 설치된 하수처리장을 말한다. 하수처리시설에 하수관 대신 우수관이 설치되어 버리면 그 기능을 상실하는데 이를 오접이라고 한다(그림 2-6 참조). 시화호오염사건도 우수관을 하수처리장에 잘못 연결한 결과였다.

**그림 2-6** **하수관거**[15)]

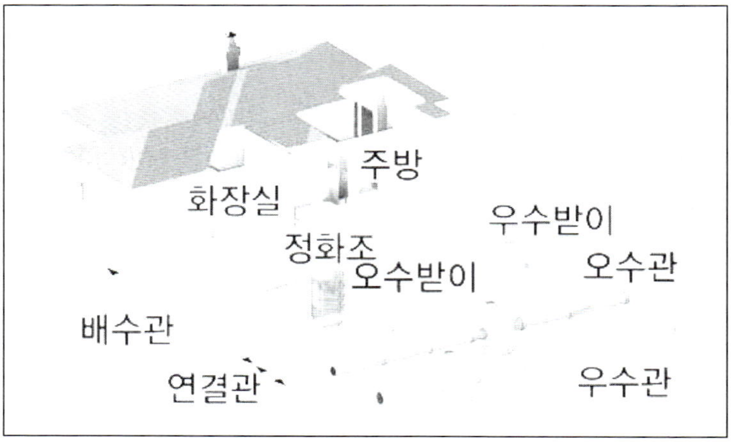


### (3) 재활용방법

환경에 버려질 폐기물의 일부를 회수해서 재활용하는 방법을 말하는데, 폐기물 활용으로 환경으로부터 경제에 투입되는 자연자원의 이용량을 줄일 수 있다는 축면에서 근본적 처방에 가장 가까운 방법이다. 폐기물이 재활용되는 만큼 자연자원도 절약하고 환경오염도 감소시키는 일석이조의 사회적 이득이 발생한다. 그러나 문제는 재활용을 위해 수거하고 분류하는 절차가 복잡하며 재활용 기술에 한계가 있어서 품질이 낮아지고, 재활용 과정에서 또 다른 환경오염의 문제가 발생할 수 있다.

**정석 사고**

물질수지분석을 통해서 알 수 있는 환경문제의 근원적 처방은 자연자원의 이용량, 특히 재생불능자원의 이용량을 줄여 폐기물총량을 감소시킴으로서 자연자원의 고갈을 완화하고 환경오염을 감소시키는 것이다.

그러나 경제성장이 꼭 필요한 많은 나라에서 근원적 처방 대신 대증적 처방을 하고 있다. 대증적 처방에는 환경오염물질의 배출형태 및 배출시간과 배출장소를 조절하는 배출양태조절방법, 환경오염물질이 환경에 도달하기 전에 사전 차단하는 배출처리방법, 환경에 버려질 폐기물의 일부를 회수해서 재활용하는 재활용방법이 있다.

**정석 사례연구** 16)

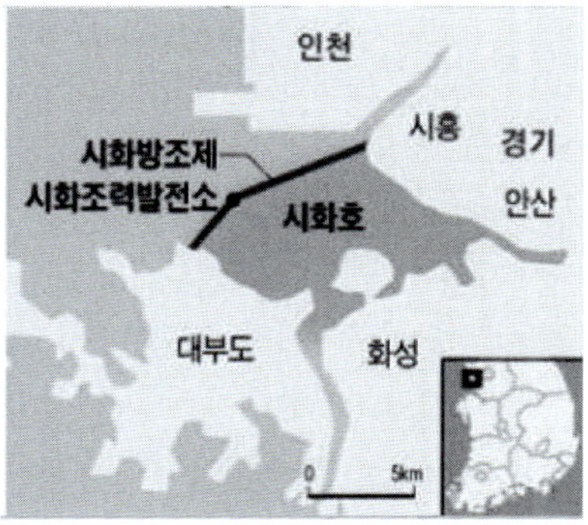


시화호는 경기도 안산, 화성, 시흥을 낀 경기만 갯벌에 물막이 공사와 매립 공사를 통해 만든 인공호수이다. 1987년 6월 한국수자원공사가 공사를 시작해 1994년 1월 완공한 것이다. 시화호는 당초 시화지구에 들어설 농경지와 공업단지에 깨끗한 용수를 공급하기 위한 담수호 조성이 목표였지만, 물막이 공사 완료 이후 주변 공장의 폐수와 생활하수 등이 유입되면서 악취가 심했고 죽은 물고기들이 둥둥 떠다녀 '죽음의 호수'로 불리었다. 수자원공사는 2001년부터 시화호 수질 개선을 위한 각종 사업을 추진하였으며, 2011년 8월 해수를 유통시키는 조력발전소를 완공하였다. 1997년 17.4㎎/L이던 화학적 산소요구량(COD)이 2016년 1.9㎎/L로 개선됐다. 갯벌에는 동죽·가무락 등 새로운 생물이 생겨났으며 각종 철새도 해마다 찾아오고 수상 스포츠를 즐기려는 사람들도 늘고 있다. 지금은 공룡알 화석지, 대부도 등 인근 해양레저와 관광자원을 하나로 묶는 친수공간으로 변모하고 있다.

**정석 사례연구** 17)

새만금간척사업은 방조제 길이가 33km에 달하는 세계 최대 규모의 간척사업이었다. 사업의 배경을 보면, 1968~1969년 극심한 가뭄과 1970년대 초 세계적인 식량파동이 발생하자 정부는 식량확보 차원에서 전국적인 간척예정지를 조사하여 서남해안 간척농지개발계획을 수립하였다. 새만금간척사업도 서남해안 간척농지조성 예정지로 선정되어 1971년에 옥서지구 대단위농업개발계획에 포함 추진되었다. 그 후 새만금 사업은 1980년대 초 냉해로 인한 쌀 흉작을 계기로 논의가 본격화되어 1980년대 중반부터 농지조성 목적으로 타당성 분석, 관계부처 협의, 환경영향평가, 공유수면매립면허 등 관련 절차를 거쳐 1991년 착수되었다.

새만금간척사업은 전라북도 군산, 김제, 부안을 연결하는 방조제 33㎞를 만들고 토지조성 28,300㏊(8천 5백만 평), 담수호 11,800㏊(3천 6백만 평) 등 총 40,100㏊(1억 2천 1백만 평)를 조성하는 사업으로 농림수산식품부가 시행하고, 한국농촌공사(농어촌진흥공사-농업기반공사-한국농촌공사로 공사 명칭 변경)가 공사를 대행한 사업이다. 사업기간은 1991년부터 2011년까지 총 21년이며 총사업비는 3조 7,587억 원이다.

이와 같은 대규모의 새만금간척사업이 예정대로 이루어질 경우 ① 28,300ha(8천 5백만 평)의 국토확장과 농지가 조성되어 연간 쌀 14만 톤 생산, ② 11,800ha의 담수호가 조성되어 연간 10억 톤 수자원 확보, ③ 방조제 축조로 상류지역 12,000ha의 상습침수지역 해소, ④ 육로운송 개선 및 군산, 고군산군도, 변산반도, 백제문화권의 종합관광권 형성 등과 같은 효과가 나타날 것으로 예상하였다.

그러나 새만금간척사업으로 인한 부작용도 매우 컸다. ① 6,050만 평의 갯벌이 소실되고, 대형 하구 생태계가 소멸되며, ② 만경강, 동진강과 새만금호의 수질이 크게 악화되어 심각한 환경 파괴가 발생한다는 우려가 제기되었다. 또한 ③ 매년 쌀 소비가 크게 줄어들고, 쌀 재고도 늘어나는 쌀 수급 상황에서 간척지를 농지로 조성할 필요가 있는지에 대한 의문도 제기되었다.

이런 가운데 1996년 시화호 수질오염이 사회문제로 대두되면서 새만금간척사업에 대해 본격적으로 환경문제가 불거져 결국 사업이 일시 중단되고, 1999년 5월부터 2001년 5월까지 2년여 동안 학계·시민단체·정부관계기관으로 공동조사단을 구성하여 경제성·수질·해양 환경 분야 등 새만금간척사업에 대한 다각적인 조사가 이루어졌다. 2년간의 조사연구와 논의과정을 거쳐 2001년 5월 25일 정부는 친환경개발방침을 결정하였으나 환경단체는 사업재개 방침에 반발하고 행정소송을 제기하여 2005년 2월 4일 1심에서 환경단체가 일부 승소하였다. 그러나 2005년 12월 21일 2심에서 정부가 승소하고 2006년 3월 16일 대법원 최종심에서 정부가 다시 승소하여 사업을 계속한 결과, 2006년 4월 21일 새만금방조제 33㎞가 최종 연결되었다. 그리고 2001년부터 2016년까지 새만금수질개선으로 2조 8,000억 원이 투입됐다. 하지만 2016년 기준 수질은 연평균 4~5등급에 불과하고 농업용수가 공급되는 봄, 가을에는 6등급이었다. 새만금 오염으로 주변에 70% 이상의 어족자원이 고갈되었을 뿐만 아니라, 어종 또한 크게 감소하였다.

새만금간척사업의 핵심 쟁점은 개발과 보존의 관계를 잘 보여준다. 농림부 등 간척사업을 찬성하는 입장에서 지역의 균형적 발전과 새만금간척사업을 통해 얻는 농지는 국가의 운명을 좌우할 만큼 중요한 일이고, 식량안보 차원에서 쌀의 무기화 시대에 대비하기 위해서라도 대규모의 농지 확보는 필수라는 것이다. 하지만 환경부와 환경단체, 종교계 등은 쌀이 남아도는 상황에서 경제적 타당성이 떨어진다는 지적과 아울러 세계 5대 갯벌 중의 하나인 새만금갯벌과 환경을 파괴한다는 이유로 방조제 공사 중단과 새로운 대안을 찾을 것을 요구하였다.

자연환경은 우리 인간과 더불어 많은 생명체들이 공존하는 곳이다. 인간은 편리하고 안락한 삶을 위해 지속적으로 자연을 개발하여 오늘날의 풍요와 발전을 이루어 왔다. 하지만 이러한 개발에는 어쩔 수 없이 환경파괴가 수반될 수밖에 없었다. 한 번 파괴된 환경은 복구가 쉽지 않으며 인류에 커다란 재앙을 불러일으켜 왔다. 이렇듯 환경문제는 늘 개발과 보존의 딜레마에 빠져 사회적 이슈가 되고 있다.

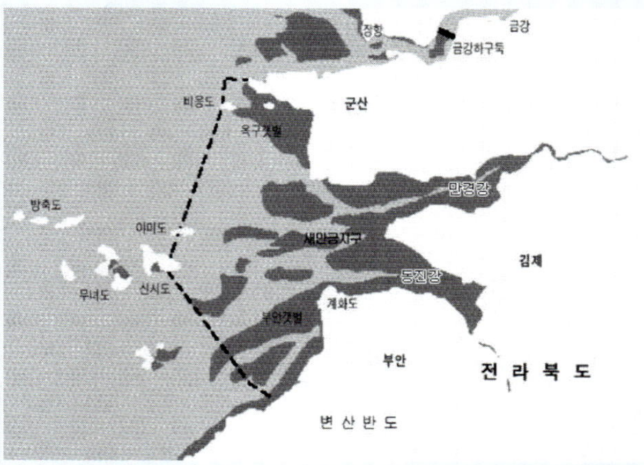


새만금간척사업지도

## 연습문제

**1.** 하나뿐인 지구가 7개의 지구를 필요로 하는 이유에 대해 설명한 것 중 옳지 않은 것을 모두 고르세요.

**보기**

(가) 인구폭발문제로 현재 70억을 넘어섰는데 지구의 적정 수용능력한계는 10억이다.

(나) 후진국은 빈곤과 환경파괴의 악순환에 시달리는데 이런 나라들에서 미래의 인구증가가 집중되고 있다.

(다) 중국과 인도가 선진자본주의 욕망에 빠진 미국식 생활양식과 도시화를 진전시키고 있다.

(라) 미국식 생활양식은 세계인구의 4.6%가 30%의 이산화탄소를 발생시키는 환경파괴적 생활양식인데도 세계 각국이 이를 추종하고 있다.

(마) 자원고갈과 지구온난화의 우려 없이 세계 모든 사람의 생활수준을 미국식 생활양식에 맞추려면 지구 7개가 필요하다.

(바) 1인당 국민소득이 미국에 비해 낮은 중국의 이산화탄소 배출량은 세계배출량의 28%를 차지하여 세계 1위로 이산화탄소를 많이 배출하고 있다.

**정석힌트** 예문 (가)에서 지구의 수용능력에 비추어볼 때 세계의 적정인구는 20억 명 정도이다. 예문 (라)에서 세계인구의 4.6%밖에 안 되는 미국이 이산화탄소 배출량에서는 세계배출량의 16%나 차지하고 있다.

**2.** 환경문제의 원인과 처방에 대한 다양한 접근(사고)에 대해 다음 빈칸을 채우세요.

| 접근 | 원인 | 처방 |
|---|---|---|
| 자연과학적 사고 | (2) | (3) |
| (1) | (4) | 환경의식, 도덕심교육 |
| 경제학적 사고 | (5) | (6) |

**정석힌트** (1) 환경윤리적 사고, (2) 자연의 탓, (3) 환경기초시설 확충, (4) 인간의 탓, (5) 시장의 탓, (6) 시장의 상벌체계를 바로 잡는 것

**3.** 경제적 관점에서 환경문제의 근원적 해법과 시장원리, 그 사례를 설명하세요.

| 해법 | 시장원리 | 사례 |
|---|---|---|
| (1) | (2) | (3) |
| | (4) | (5) |
| | 경쟁원리(최소비용－최대효과) | 경쟁시장구조 |

**정석힌트** (1) 시장의 원리를 최대한 살리는 방향으로 정부가 개입해야 한다는 것, (2) 서로의 이익을 최대한 보장하는 '거래를 통한 상호이익증진의 원리'이다. (3)(탄소)배출권거래제도, (4) 상과 벌의 확실한 정착을 위한 '경제적 인센티브의 원리'이다. (5) 배출부과금의 실행

**4.** '물질수지분석'은 무엇이며 괄호를 채워 열역학의 제1법칙을 설명하고, 이를 통해 파악할 수 있는 환경문제의 근원적 처방과 대증적 처방을 설명하세요.

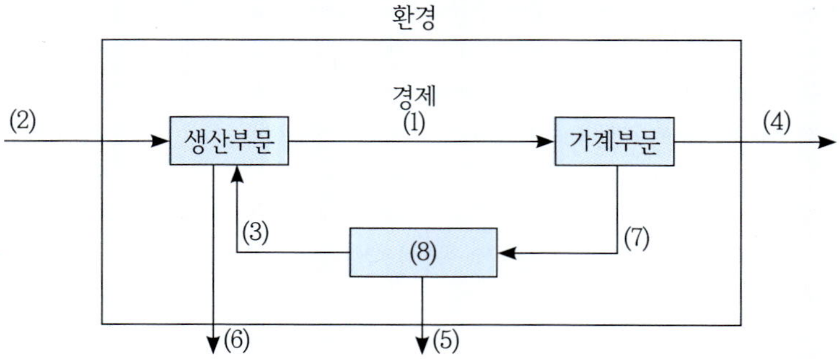


**정석힌트** 물질수지분석은 인간사회의 경제적 측면을 물질, 즉 자원, 재화, 폐기물의 흐름이라는 측면에서 파악하는 이론이다.

(1) 재화, (2) 자연자원량, (3) 재활용자원량, (4) 가계부문폐기물, (5) 재활용부문폐기물, (6) 생산부문폐기물, (7) 재활용, (8) 재활용부문

열역학의 제1법칙은 폐기물은 여러 가지 형태를 취할 수 있지만 그 총량이 자연자원의 채취량과 같아진다는 사실이다.

근원적 처방은 자연자원의 이용량, 특히 재생불능자원의 이용량을 줄여 폐기물총량을 감소시킴으로써 자연자원의 고갈을 완화하고 환경오염을 감소시키는 것이다.

대증적 처방에는 환경오염물질의 배출형태 및 배출시간과 배출장소를 조절하는 배출양태조절방법, 환경오염물질이 환경에 도달하기 전에 사전 차단하는 배출처리방법, 환경에 버려질 폐기물의 일부를 회수해서 재활용하는 재활용방법이 있다.

# 제3장
# 경제성장과 환경보전

우리는 제2장에서 물질수지분석을 통해 환경문제에 대한 근원적 처방은 자연자원의 이용량을 줄이는 것, 특히 재생불능자원의 이용량을 줄이는 것이라고 하였다. 그런데 왜 모든 나라에서는 이러한 처방을 환경정책의 기본 기조로 삼지 않는지 의문을 가질 수 있다. 현실적으로 어떤 장애가 있는 것일까?[18]

일반적으로 시장경제의 자본주의체제를 말할 때 가장 중요한 점은 경제의 성장과 물질적 풍요를 보장하는 체제라고 생각한다. 그런데 만약 자연자원의 이용량을 줄인다면 바로 생산의 감소를 초래할 수 있고 이는 경제성장의 감소 즉, 국민소득의 감소를 의미한다. 왜냐하면 국내총생산(GDP)은 한 나라가 1년 동안 최종적으로 새롭게 생산된 상품의 총시장가치를 의미하며 흔히 국민소득이라고 할 때 국내총생산을 의미하기 때문이다. 그러므로 자연자원의 이용량을 줄임으로써 발생하는 국민소득의 감소는 우리의 물질적 풍요를 하락시키는 것이다. 물질적 풍요와 국민소득의 증가(경제성장)를 보장한다고 하는 자본주의체제는 근본적으로 비판에 직면하게 된다. 이에 따라 성장옹호론이 나타나고 이를 비판하는 성장불가론과 성장불능론이 나오게 된다. 성장불가론은 경제성

# 제3장 경제성장과 환경보전

장이 충분히 가능하더라도 경제성장의 득실을 따져볼 때 손실이 더 클 수 있다고 보는 견해이며, 성장불능론은 자연의 물리적 한계로 경제성장 자체가 불가능하다고 보는 견해이다.

이 장에서는 우선 경제성장과 환경보전의 관계는 무엇인지 자세히 살펴본다. 그다음으로 성장옹호론이 주장하는 핵심명제들을 살펴본다. 또한 경제성장이 반드시 우리의 행복을 가져오지는 않는다는 이스털린의 역설을 기초로 성장옹호론에 비판적인 성장불가론의 핵심내용을 살펴볼 것이다. 그리고 자연의 물리적 한계로 더 이상 경제성장이 가능하지 않다고 보는 신맬서스이론과 열역학 제2법칙에 기초한 성장불능론의 핵심내용을 살펴볼 것이다.

**이 장에서 배울 것**

- 경제성장과 환경보전은 어떤 관계가 있을가?
- 성장옹호론은 어떤 합리적 주장을 담고 있을까?
- 그로스만-크루거 가설은 무엇일까?
- 이스털린의 역설은 무엇일까?
- 성장불가론은 어떤 합리적 주장을 담고 있을까?
- 성장불능론은 어떤 합리적 주장을 담고 있을까?
- 커머너 가설은 무엇일까?

## 제1절 경제성장과 환경보전의 관계

경제의 성장은 자원이용량을 늘여 우리의 물질적 풍요를 보장한다. 반대로 경제성장이 둔화되면 자원이용량이 줄어들어 생산과 소득이 감소하게 된다. 그런데 경제성장이 둔화되어 자연자원의 이용량이 줄어들면 좋은 점도 있는데, 환경오염이 크게 감소할 수 있다. 그렇다면 국민소득의 증가, 즉 경제성장과 환경보전은 서로 상충하는 관계를 가지게 된다. 결과적으로 경제성장을 하면 환경오염이 심해지고, 환경오염을 줄이려면 경제성장을 희생해야 한다. 이러한 상충관계가 존재하는데도 많은 나라들에서는 경제성장과 환경보전의 조화를 환경정책의 기조로 삼고 있다. 과연 조화가 가능한지 측정하기는 쉽지 않다 왜냐하면 경제성장은 국내총생산이라는 수량지표가 있지만 환경보전은 어떤 단일 수량지표로 측정하기가 어렵기 때문이다.

경제성장과 환경보전이 상충관계인지 조화가 가능한지에 대한 치열한 논쟁이 있지만 사실 경제성장과 환경보전 모두 우리가 추구하는 궁극적인 목적은 아니다. 우리가 추구하는 가장 궁극적인 목적은 행복이다. 경제성장과 환경보전 모두 우리의 행복을 위한 수단에 불과할지도 모른다. 경제성장은 국민소득을 향상시킴으로써 우리를 행복하게 하고 환경보전은 깨끗한 물과 공기, 아름다운 경관 등의 다양한 환경적 혜택을 통해서 우리를 행복하게 한다.

그러나 경제성장과 환경보전 모두 우리의 행복에 필요하지만 어느 것이 우리에게 상대적으로 더 큰 행복을 주는지는 알기가 어렵다. 상황에 따라, 개인의 선호에 따라 어느 쪽이 더 행복을 주는지가 다를 수 있기 때문이다. 그러면서도 한쪽에서는 환경오염의 주범이 경제성장이더라도 경제성장이 우리의 행복에 절실히 필요하다고 주장하고, 다른 쪽에서는 경제성장의 부작용이나 물리적 한계로 환경보전이 더 우리의 행복에 중요하다고 주장한다. 이러한 견해들은 크게 세 가지로 나누어 볼 수 있다. 우리의 행복에 경제성장이 꼭 필요하다고 주장하는 성장옹호론, 경제성장의 득과 실을 생각할 때 실이 크다고 주장하는 성장불가론, 지구와 자연자원의 물리적 한계로 더 이상 성장 자체가 불가능하다고 보는 성장불능론이 그것이다.

**정석 사례연구**[19)]

국내총생산(GDP)은 시장경제를 가지고 있는 모든 나라가 1년간 새롭게 생산한 모든 재화와 서비스의 시장가치로서 경제활동을 집약적으로 나타내는 지표이다. GDP지표의 가장 큰 장점으로 객관성을 꼽을 수 있다. 특정 국가의 경제성과를 정해진 매뉴얼에 따라 객관적으로 추계하기 때문에 성장경로와 미래예측, 나아가 국가비교에 효과적으로 사용된다. 문제는 GDP가 시장거래를 통한 한 나라의 경제규모를 나타낼 뿐, 국민의 웰빙을 측정하는 도구는 아니라는 사실이다. 만약 GDP를 국민이 누리는 '삶의 질'과 동일시한다면 이론적으로나 정책적으로 오류를 범할 소지가 적지 않다. 예를 들어보자. 여름철 모기가 많아졌다고 하자. 이로 인한 GDP의 직접적인 감소는 없다. 그러나 모기를 박멸하기 위해 방역차와 인부를 동원하면 이에 따른 모든 비용이 GDP에 잡혀서 국내총생산이 증가하게 된다. 마찬가지로 어떤 건물이 화재로 붕괴되었다고 하자. 개인에게는 불행한 일이지만 이로 인한 GDP의 직접적인 감소는 없다. 오히려 화재 진압과 앞으로 있을 건물 복원 과정에서 GDP가 증가하게 된다. 즉, 소방차 동원에 따른 인력, 연료, 물 등의 사용이 거래를 유발하였으며, 건물 복원을 위한 건축전문가 고용과 각종 원자재 공급 과정에서 돈이 오가게 된다. 이 모두는 GDP에 계산된다. 대형 환경사고로 인한 방재 및 생태 복원 역시 GDP를 늘리는 효과를 가져 온다. 그럼에도 불구하고 모기나 화재가 우리 삶의 질을 높인다는 것은 궤변이라고 할 것이다.

이처럼 GDP는 경제활동 결과 발생하는 자원 고갈, 환경 악화, 환경오염이 인간의 건강과 후생에 미치는 영향을 반영하지 못하는 것이다. 이에 따라 많은 학자들이 이러한 단점을 보안하는 지표를 개발해 왔다. GDP에서 사회적 비용 및 환경비용을 차감하고 자원봉사나 가사노동과 같은 비(非)시장 생산활동을 포함시킨 '지속 가능한 경제후생지수'가 있다. 또 유엔개발계획(UNDP)은 건강한 장수, 지식습득, 생활수준 등 국민의 삶의 질과 관련된 요소들을 GDP와 연계시킨 '인간개발지수'를 발표하고 있다. 기존 GDP에서 환경오염비용과 자원고갈비용을 추계하여 빼주는 방식의 UN과 OECD가 주도한 녹색GDP가 있다.

추가적으로 GDP는 어떤 요인에 주로 영향을 받는지 살펴보자. 국내총생산에 근로시간, 경제활동인구, 인구를 나누고 곱해주어 다음 항등식을 만들어 보자.

$$GDP = \frac{GDP}{\text{근로시간}} \times \frac{\text{근로시간}}{\text{경제활동인구}} \times \frac{\text{경제활동인구}}{\text{인구}} \times \text{인구}$$

다시 간략히 정리해 보면 다음과 같다.

$$\text{시간당생산성} \times \text{평균근로시간} \times \text{경제활동참가율} \times \text{인구수}$$

이 식으로부터 경제성장, 즉 국내총생산의 증가는 시간당생산성, 평균근로시간, 경제활동참가율, 인구에 의존한다.

**정석 사고**

경제성장과 환경보전이 상충관계인지 조화가 가능한지에 대한 치열한 논쟁이 있지만 경제성장과 환경보전 모두 우리가 추구하는 궁극적인 목적은 아니다. 우리가 추구하는 가장 궁극적인 목적은 행복이다. 경제성장과 환경보전 모두 우리의 행복에 필요하지만 어느 것이 우리에게 상대적으로 더 큰 행복을 주는지에 따라 세 가지 견해가 존재한다. 우리의 행복에 경제성장이 가장 중요하다고 주장하는 성장옹호론, 경제성장의 득과 실을 생각할 때 실이 크다고 주장하는 성장불가론, 지구의 물리적 한계로 더 이상 성장 자체가 불가능하다고 보는 성장불능론이 그것이다.

# 제2절 성장옹호론

새 환경경제학

## 1. 경제성장과 환경

경제성장을 지지하는 이론은 다음과 같은 네 가지 핵심 주장을 하고 있다.[20)]

첫 번째 핵심명제: 경제성장은 얼마든지 가능하다.
두 번째 핵심명제: 지속적 경제성장이 꼭 필요하다.
세 번째 핵심명제: 환경오염과 경제성장은 차원이 다른 문제로서 양립 가능하다.
네 번째 핵심명제: 자원이용의 효율이 급선무다.

우선 첫 번째 핵심명제에 대하여 성장옹호론자들은 우리 사회에는 경제성장으로 인한 부작용이나 잘못된 점을 충분히 처리할 수 있는 힘이 내재한다고 생각한다. 예를 들어 과거에는 인구증가가 심각한 문제였지만 많은 선진국에서는 이제 인구감소를 걱정하고 있다. 또한 자원이 부족해지기 시작하면서 자원의 가격이 상승하기 시작했고 한편으로는 자원수요가 줄고 다른 한편으로는 자원절약적인 기술진보가 크게 이루어졌다. 이러한 역사적 증거들을 통해서 성장옹호론자들은 우리에게 필요한 것은 경제성장의 중지가 아니라 환경문제가 발생할 때 의지대로 제도를 개선해 나가는 것이라고 주장한다.

다음으로 두 번째 핵심명제에 대하여 성장비판론자들은 성장의 부작용을 지나치게 강조한 나머지 성장의 과실과 혜택을 간과하고 있다. 과거의 지속적인 경제성장 덕분에 우리의 여가가 크게 늘어나 인간답게 살 수 있는 삶의 수준이 높아지고 문화생활을 할 수 있게 되었다. 또한 세계 곳곳이 오염되어 갈수록 경제성장을 통해 환경개선을 위한 막대한 자금을 마련할 수 있다. 그리고 경제성장의 부작용으로 사회가 불안해지는 것이 아니라 경제성장이 있어야 모두에게 언젠가 더 잘 살 수 있다는 희망을 주고 사회적 적대감으로 인한 범죄 등을 줄여서 사회가 안정된다.

그리고 세 번째 핵심명제에 대하여 성장옹호론자들은 경제성장의 정도를 좌우하는 직접적 요인과 환경오염문제를 일으키는 직접적 요인이 서로 다르다고 생각한다. 경제성장의 정도를 결정하는 요인은 투자의 정도이다. 투자는 미래를 위해 오늘의 소비를 희생하고 그 저축을 내일로 가져가는 것이므로, 투자를 많이 하면 경제가 성장하고 그 반대이면 투자가 감소하여 경제성장이 둔화된다. 따라서 경제성장은 우리에게 주어진 한정된 자원을 현재와 미래에 어떻게 배분하느냐의 문제라는 것이다.

한편 환경오염의 정도는 어떤 주어진 시점에서 경제에 있는 자원의 효율적인 이용에 의존한다. 경제 내에 있는 자원의 양은 한정되어 있지만 그것의 용도는 무수히 많을 수 있다. 예를 들어 펄프, 합성세제, 일회용품 등과 같은 상품은 생산과정과 소비과정에서 다른 상품들보다 오염물질을 더 많이 배출한다. 그러므로 이러한 상품에 한정된 자원의 투입을 줄이고 다른 상품에 투입을 늘리는 것은 경제성장의 여부와 상관없이 환경오염을 크게 줄일 수 있다. 따라서 차원이 서로 다르므로 사회적으로 경제성장과 환경보전 두 가지 모두 달성 가능하다.

마지막으로 네 번째 핵심명제에 대하여 성장옹호론자들은 우리 현실에서 경제성장이 우선이냐 환경보전이 우선이냐를 따지기 전에 주어진 한정된 자원이 효율적으로 이용되고 있는가를 먼저 따질 필요가 있다고 생각한다. 왜냐하면 현재 주어진 자원이 효율적으로 이용되고 있지 않다면 그 원인이 되는 요인을 제거하여 효율을 높임으로써 경제성장과 환경개선을 이룰 수 있는 일석이조의 효과를 기대할 수 있다. 따라서 우리에게 주어진 자원을 효율적으로 이용하고 환경파괴적 상품생산과 소비 대신 환경친화적 상품생산과 소비에 이용한다면 환경개선과 경제성장이 가능할 수 있다.

**정석 사고**

경제성장을 지지하는 옹호론자의 핵심명제는 다음과 같다. 첫 번째 핵심명제는 경제성장은 얼마든지 가능하다, 두 번째 핵심명제는 지속적 경제성장이 꼭 필요하다, 세 번째 핵심명제는 환경오염과 경제성장은 차원이 다른 문제로서 양립 가능하다, 네 번째 핵심명제는 환경문제의 해결에 자원이용의 효율이 급선무다.

제1편 제2편 제3편 제4편

## 2. 그로스만-크루거가설

노벨경제학상 수상자인 사이먼 쿠즈네츠(Simon Kuznets) 교수의 업적 중에 '쿠즈네츠 가설'이라는 것이 있다. 1950년대에 제시된 이 가설에 의하면 경제성장의 초기 단계에서는 소득불평등이 심해지지만, 국민소득이 일정한 수준을 넘어서면 소득분배가 개선된다는 것이다. 그런데, 40년이 지난 1990년대에 들어서 소위 '**환경쿠즈네츠가설**'이라는 것이 등장했다.[21] 이 가설은 경제학자 그로스만과 크루거의 대표적인 주장으로서 **그로스만—크루거가설**(Grossman and Krueger, 1995)이라고 한다. 이 가설에 의하면 경제성장과 환경오염 사이의 관계는 경제성장단계에 따라 성장 초기(1인당 국민소득 5천 달러 이하)에는 환경오염파괴가 가속화되다가 경제성장이 상당히 이루어지면(1인당 국민소득 1만 달러 이상) 오히려 환경파괴의 정도가 감소하는 경향이 있다는 것이다. 그들은 경제성장이 오히려 공해의 감소를 가져오는 증거를 제시하면서 환경개선의 전환점($A$)을 약 1인당 소득 5,000달러에서 10,000달러일 것으로 추정하였다고 하여 **5천 달러—1만 달러가설**이라고도 한다(**그림 3-1** 참조).

**그림 3-1** **환경쿠츠네츠곡선**

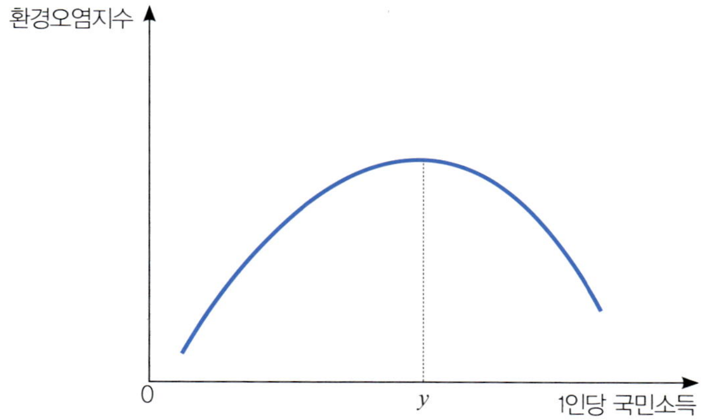


경제성장 초기(1인당 국민소득 5천 달러)에는 환경오염이 증가하지만, 국민소득이 어느 수준 (1인당 국민소득 1만 달러)에 이르면 환경파괴의 정도가 감소하는 이유는 다음과 같다.

첫째, 소득수준이 향상됨에 따라 **환경인식**이 높아지고 아름다운 환경에 대한 수요가 증가한다.

둘째, 소득수준이 향상됨에 따라 친환경적 생활을 위한 경제적 능력과 환경친화적인 상품을 구입할 **경제적 능력**이 향상된다.

셋째, 소득수준의 향상에 따라 경제력의 증대는 환경개선을 위한 **투자여력**을 높이는 한편 환경의식이 높아져 환경의 질에 대한 수요가 증가하면 정부의 환경개선 노력이 증가한다.

실제로 많은 연구들이 이 가설을 지지하고 있다. 특히 대표적인 후진국형 대기오염물질인 아황산가스나 납, DDT, 폐수의 경우 이 가설이 대체로 잘 맞아 떨어진다. 그러나 모든 환경문제가 환경쿠즈네츠가설을 따르는 것은 아니다. 에어컨과 냉장고, 자동차 등에 관련된 이산화탄소 발생량, 에너지 사용량, 자연생태훼손규모 등은 소득수준의 증가에 따라 오히려 증가하는 경향을 보인다. 이러한 현상은 역*U*자형이 아니라 ***N*자형**의 모양을 나타낸다.

**정석 사고**

경제성장과 그로스만—크루거가설은 경제성장과 환경오염 사이의 관계는 경제성장단계에 따라 성장 초기(1인당 국민소득 5천 달러 이하)에는 환경오염파괴가 가속화되다가 경제성장이 상당히 이루어지면(1인당 국민소득 1만 달러 이상) 오히려 환경파괴의 정도가 감소하는 경향이 있다는 것이다. 이런 이유로 '5천 달러–1만 달러가설'이라고도 하며 역U자형이어서 '환경쿠즈네츠곡선'이라고도 한다.

# 제3절 성장불가론



## 1. 경제성장과 행복

경제가 성장하여 우리에게 돈이 많아지면 더 행복해질까? 이에 대한 답을 찾기 위한 많은 연구가 진행되어 왔다. 역사적으로 볼 때 지난 반세기에 선진국들은 꾸준한 경제성장을 해왔지만 그들의 행복지수는 거의 변하지 않았다. 이와 같이 소득수준이 향상되는데도 불구하고 행복지수가 높아지지 않는 현상을 **행복의 역설**이라고 한다. 1970년대에 이르러 소수 경제학자들이 자연과학자의 행복에 관한 연구결과에 주목하기 시작했다. 1974년 미국 서던캘리포니아대학 경제학자 리처드 이스털린(Richard Easterlin)은 후진국부터 선진국까지 세계 수십여 개국을 대상으로 제2차 세계대전 이후 1970년까지의 1인당 국민소득과 행복지수 사이의 관계를 조사하였다. 그 결과 소득이 일정 수준에 이르고 기본적인 욕구가 충족되면 소득증가가 행복에 큰 영향을 끼치지 않았으며, 이를 **이스털린의 역설**이라고도 한다. 행복에도 한계효용감소법칙이 적용된다는 그의 주장은 행복경제학의 출현으로 이어졌다. 한 국가가 일정한 성장단계(소득 1만 5천~2만 달러)에 이를 경우 국민행복을 늘리려면 성장보다는 분배나 복지를 확충해야 한다는 의미이다.[22] 최근 미국은 1946년부터 2014년까지 약 70년간 개인소득이 3배로 늘었지만 행복은 정체되거나 심지어 낮아졌다고 주장했다. 세계가치서베이(WVS)가 세계 43개국을 대상으로 한 조사 역시 그의 주장을 뒷받침하고 있다.

이러한 역설현상은 주로 후진국보다는 선진국에서 나타나지만 많은 개도국에서도 이러한 현상이 확산되고 있으며 후진국이더라도 개인별 성향에 따라 이러한 현상은 나타날 수 있다. 현재 발표되는 행복지수 중에 공인된 것으로 인정받는 세계행복지수는 2가지가 있다.[23] 하나는 영국 싱크탱크신경제재단(New Economics Foundation, NEF)에서 발표하는 행복지수(Happy Planet Index, HPI)이고, 하나는 유엔에서 작성해 발표하는 행복지수다. 더 먼저 만들어진 것은 영국 싱크탱크신경제재단의 행복지수다. 이 지수는 웰빙(Wellbeing), 기대수명(Life expectancy), 불평등(Inequality of outcomes)과 생태계발자국(Ecological footprint)이라는 네 가지 지표를 이용해서 만들어내는 행복지수다. NEF에서 발표하는 HPI 수치는 매년 발표되지 않고 3~4년마다 한 번씩 발표되며, 가장 최근에 발표된 자료는 2016년 자료다. 2016년 발표자료에 따르면 한국의 HPI지수는 조사된 140개국 중에서 80위를 차지했다.

유엔에서 작성해 발표하는 행복지수는 세계행복지수(World Happiness Report)라는 명칭으로 2012년부터 발표되고 있는 자료다. 정확히는 유엔의 산하 자문기관인 '지속 가능한 개발 솔루션 네트워크(Sustainable Development Solutions Network, SDSN)'에서 발표하는 자료로, 2012년부터 거의 매년 새롭게 작성되어 발표되고 있다. 이 지수는 7가지 지표, 즉 ① 1인당 소득(GDP) 정도(GDP per capita), ② 사회적 지원수준(social support), ③ 건강한 기대수명(healthy life expectancy), ④ 삶을 선택해 만들어가는 자유수준(freedom to make life choices), ⑤ 너그러움(generosity): 기부수준, ⑥ 부패의 인식 정도(perceptions of corruption), ⑦ 디스토피아 + 잔여(Dystopia + residual): 미래에 대한 불안함수준 등으로 행복정도를 산출한다. 2018년 발표된 자료(즉 2017년 수준)에 따르면 한국은 조사된 156개국 중에서 57위를 차지했다. 그런데 추세를 보면 2013년 발표 순위에서는 41위(2010~2012년 조사자료, 즉 2012년 수준), 2015년 발표 순위에서는 47위(2012~2014

년 조사자료, 즉 2014년 수준), 2016년 발표 순위에서는 58위(2013~2015)를 기록하여 점점 순위가 떨어지고 있다.

또한 미국의 정치학자 로널드 잉글하트(Ronald Inglehart)는 기존 여러 연구를 종합한 다음 소득과 행복 사이의 관계를 다음 **그림 3-2**와 같이 요약하였다. 이 그림에서 가로축은 1인당 국민소득, 세로축은 행복지수를 나타내는데, 그림의 곡선은 결별점을 중심으로 기울기가 무척 가파른 부분과 아주 완만한 부분으로 구성되었다. 처음에는 1인당 국민소득이 높아짐에 따라 행복지수가 급격히 상승하지만, 소득수준이 1만 5천 달러에서 2만 달러 정도에 이르면 그다음부터는 행복지수가 완만히 상승하다가 거의 상승하지 않게 된다. 이때 행복지수의 변화가 완만해지는 점을 **결별점**이라고 부르는데, 이 지점에서 소득과 행복이 갈라지면서 서로 관계가 거의 없어지는 것이다. 잉글하트는 이러한 형태의 곡선을 **경제성장 행복(효용)체감곡선**이라고 불렀다. 앞의 세계행복지수에서 보았듯이 우리나라도 이 결별점에 와 있는 것이다.

**그림 3-2** 경제성장의 행복체감곡선[24)]

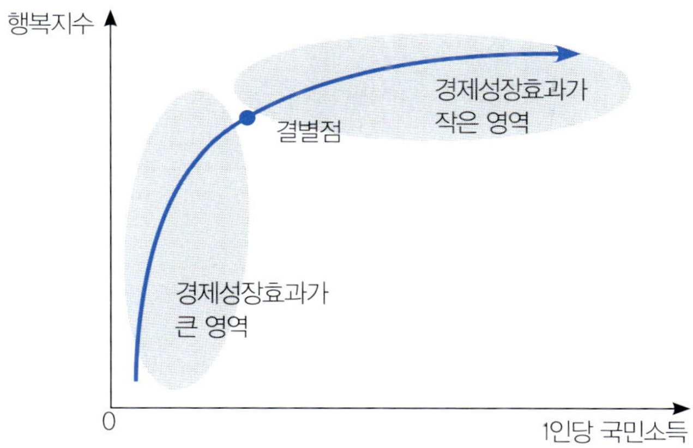


이처럼 결별점에 이른 나라들은 무작정 경제성장을 통해 소득수준을 높이기보다 사고방식과 생활양식을 바꾸어야만 행복해질 수 있다. 다시 말해서 양적 팽창보다 질적 향상이 필요하다는 것이다. 예를 들어 소득이 높아지면 우리가 원하는 것들이 달라질 수도 있다. 소득이 높아지면 농산품이나 공산품보다 아름다운 환경에 대한 수요가 더욱 빨리 증가하는데, 이를 경제학적 용어로 환경수요의 소득탄력성이 1보다 크다고 말한다. 이것의 의미는 소득이 1% 증가하면 환경수요는 2%, 3% 등으로 더욱 빨리 증가한다는 것이고 환경수요가 소득탄력적이라고 한다. 결론적으로 결별점을 지나고 나서는 경제성장보다 환경보전이 더 중요해지고 환경친화적인 경제성장이 우리의 행복을 높이는 길이다. 다시 말해서 소득수준이 높아짐에 따라 쾌적한 환경을 조성하는 것이 국민의 행복지수를 높이는 길이다.

**정석 사고**

리처드 이스털린은 후진국부터 선진국까지 세계 수십여 개국을 대상으로 제2차 세계대전 이후 1970년까지의 1인당 국민소득과 행복지수 사이의 관계를 조사한 결과, 소득이 일정 수준에 이르고 기본적인 욕구가 충족되면 소득증가가 행복에 큰 영향을 끼치지 않는다고 했으며, 이를 **이스털린의 역설**이라 한다. 신경제재단(NEF)에서 발표하는 행복지수(HPI)를 보면 우리나라의 행복지수가 최근 계속 하락하고 있다. 또한, 미국의 정치학자 로널드 잉글하트는 기존연구를 종합한 결과도 소득과 행복의 관계를 보여주는 경제성장 행복체감곡선에 결별점이 있다는 사실을 보여주고 있다.

## 2. 경제성장의 득실

이스털린의 역설은 우리에게 행복에 대한 새로운 시각을 제공하기 때문에 그 원인을 규명하려는 많은 학자들의 연구가 있었다. 이스털린의 역설을 설명하는 여러 이론 중 시장경제와 관련한 이론으로 욕망부채질이론이 있다. 이 이론에 따르면 우리의 행복은 다음과 같은 행복방정식으로 표현할 수 있다.

**정석 사고**

**행복방정식**

$$\text{행복} = \frac{\text{소비}}{\text{욕망}}$$

이 방정식을 통해 우리가 행복에 이르는 길에는 두 가지 방식이 있다는 사실을 알 수 있다. 하나는 소비를 증가시키는 길이고 다른 하나는 욕망을 억제하는 것이다. 경제성장이 소비를 증가시킨다는 것은 명확한데 왜 행복은 증가하지 않을까? 바로 그 답은 분모인 욕망에 있다. 시장경제는 기업들이 대량생산을 하여 많은 물건을 팔아야 이윤이 높아진다. 물건을 많이 팔기 위해서는 우리의 지갑을 열어야 하고 지갑을 열기 위해서는 우리의 구매욕망을 자극하여야 한다. 다시 말해서 기업들은 광고와 각종 기발한 상술로 우리의 욕망을 부채질하여 물건을 구매하게 하고 있는 것이다. 여기서 문제는 우리의 어떤 욕망이 이를 통해 충족되는지 그 성격이 중요하다. 거시경제학의 창시자로 알려진 케인즈는 인간의 필요를 절대적 필요와 상대적 필요로 나누고 옷과 음식물 같은 기본생계에 대한 욕망을 전자로, 남보다 더 기쁨을 느끼려는 욕망을 후자라고 말한다. 인간의 욕망은 무한하다고 말하지만 사실 상대적 필요를 충족시키려는 욕망이 무한한 것이지 절대적 필요를 충족시키는 욕망이 무한한 것은 아니다. 따라서 시장경제는 기발한 광고와 교묘한 상술로 상대적 필요를 충족시키는 욕망을 끊임없이 부채질하고 전시효과, 악대차효과, 프레이밍효과 등을 유발시킨다. 오늘날의 광고와 상술은 개인의 허영심을 자극하고 교양을 위해 다른 사람이 산 것을 사게 하고 심지어 개인의 자존심과 이기심에까지 호소한다. 결국 경제성장은 이러한 상대적 필요를 충족시키는 욕망만을 충족시키기 위해 막대한 자원을 소모하고 있는 것이다.

이와 같이 이제 경제성장으로 인한 물질적 풍요는 인간을 오히려 불행하게 하고 있다. 경제성장으로 수많은 상품의 생산과정과 소비과정에서 많은 환경오염물질이 배출되어 생활의 질이 하락한다. 또한 경제성장은 빈부격차를 수반하고, 생산방법이 기계화 · 분업화되면서 인간소외현상이 발생한다. 그리고 도시화는 범죄 마약, 알코올중독, 교통난, 정신병 등 각종 사회문제를 일으킨다. 결론적으로 이러한 경제성장의 득실을 비교해볼 때 경제성장을 고집할 필요가 없다.

**정석 사고**

이스털린의 역설을 뒷받침하는 욕망부채질이론에 따르면 소득의 증가와 소비의 증가로 행복이 증가해야 하지만 우리의 욕망이 더 빠르게 증가하여 경제성장으로 인한 물질적 풍요는 인간을 오히려 불행하게 하고 있다. 경제성장으로 수많은 상품의 생산과정과 소비과정에서 많은 환경오염물질이 배출되어 생활의 질이 하락한다. 또한 경제성장은 빈부격차를 수반하고, 생산방법이 기계화·분업화되면서 인간소외현상이 발생한다. 그리고 도시화는 범죄, 마약, 알코올중독, 교통난, 정신병 등 각종 사회문제를 일으킨다. 결론적으로 이러한 경제성장의 득실을 비교해볼 때 경제성장을 고집할 필요가 없다.

# 제4절 성장불능론

새 환경경제학

성장불능론은 경제성장 자체가 물리적으로 불가능해지고 있다는 견해이다. 다시 말해서 자연적 한계로 지속적 경제성장은 물리적으로 불가능하다는 것이다. 가장 대표적인 성장불능론자는 바로 로마클럽이다. 이들이 기반을 두고 있는 이론은 신맬서스이론이라고 하는데 왜 그런지 우선 살펴보자.[25)]

## 1. 신맬서스이론

경제학 창시자들의 이론을 고전학파 또는 고전경제학이라고 하는데, 그 이론의 지주 중 하나가 맬서스의 인구론이다. 우선 맬서스의 인구론의 핵심내용을 살펴보고 이와 연관된 고전경제학자 리카도의 장기정체이론을 살펴보도록 하자.

### 맬서스의 인구론

이 이론의 핵심은 세 가지로 요약된다. 첫째, 인구는 생계수단의 제약을 받는다. 둘째, 생계수단이 허용할 때 인구는 기하급수적으로 증가하는 반면 식량은 산술급수적으로 증가한다. 셋째, 인구증가를 사전에 억제하지 않는 한 인류의 빈곤은 피할 수 없다. 이러한 핵심내용을 연결하여 결론을 이끌어내 보면, 무절제한 성욕으로 인구가 식량보다 더 빠르게 증가하면 빈곤이 만연하면서 결국 인구가 감소하여 인류가 파멸에 이르게 된다.

정석 사고

**인구론**

무절제한 성욕으로 인구증가 → 식욕에 의한 식량수요증가 → 성욕에 의한 인구증가가 식욕에 의한 식량증가를 초과 → 빈곤증가 → 인구감소 → 인류파멸

### 리카도의 장기정체이론

데이비드 리카도(David Ricardo)는 제2의 경제학 창시자로 불리는데 그의 장기정체이론의 핵심은 식량생산을 제약하는 자연의 절대적 한계, 그리고 지가상승 등의 요인으로 인해서 장기적으로는 이윤율이 하락하다가 제로(0)가 되면서 경제성장이 멈추는 상황이 필히 오게 된다는 것이다.

**정석 사고**

**장기정체이론**

인구증가 → 식량수요증가 → 비옥한 토지의 부족 → 지가상승과 생산비증가 → 이윤하락 → 장기정체

고전경제학자인 맬서스나 리카도는 다른 방식으로 인류의 파멸을 예견하고 있으며 이 때문에 그들의 학문은 음울한 학문이라고 한다.

그런데 이러한 음울한 맬서스의 이론이 새로운 형태로 다시 부활하게 된다. 바로 1970년대 초 에너지위기가 세계를 충격에 빠트릴 무렵 〈성장의 한계(*The Limits to Growth*)〉(1972)라는 로마클럽 보고서가 발표된다. 이 보고서는 미국 MIT대학의 교수들이 주축이 되어 환경과 인류의 미래를 예측하는 범지구적 동태모형을 사용하고 있다. 이 모형에서 중요한 변수는 5개로서 식량생산, 산업생산, 자원이용량(자원고갈), 인구, 환경오염물질배출량(공해)을 기본으로 미래를 예측하였다. 결과를 보면 자원이용량이 증가하면 자원고갈과 환경오염이 가속화되고 산업생산과 식량생산이 감소하면서 결국 인구가 감소하여 인류가 파멸하게 된다고 예측한다. 맬서스의 음울한 예측과 동일하여 이를 **신맬서스이론**이라고 한다. 20년 후 〈한계를 넘어서(*Beyond the Limits*)〉(1992)에서도 새로운 증거를 추가하고 같은 결론을 내리고 있다.

〈성장의 한계〉 저자들은 역사적으로 기술진보가 자원고갈을 가속화하는 방향으로 이루어지고 있으며 현재와 같은 인구증가율과 산업생산증가율을 유지하는 한 인류파멸은 피할 수 없다고 주장한다. 따라서 인구증가와 경제성장을 즉각 중지해야 한다고 주장한다.

자원문제에 대한 성장옹호론의 낙관적인 견해는 다음 두 가지에 전제하고 있다고 본다. 첫째, 자원부족은 자원을 자본, 노동으로 쉽게 대치할 수 있다. 둘째, 자원절약적 기술진보가 지속적으로 발생한다. 그러나 〈성장의 한계〉 저자들은 두 가지 이유로 이러한 전제에 반

박하고 있다. 한 가지 이유는 에너지생산의 물리적 효율이 하락하고 있고, 자원(에너지)을 노동과 자본으로 대체하기도 어려워진다는 것이다. 먼저 에너지생산의 물리적 효율 측면에서 에너지를 얻기 위해 점점 더 많은 에너지를 사용하고 있다. 예를 들어 비료 150%와 농약 300%를 더 들여서 겨우 농산물 30%의 증가를 가져온다. 그리고 에너지대체 측면에서 자원을 절약하기 위해 대체하여 사용하는 자본과 노동 자체에 오히려 에너지가 더 많이 사용되어 결국 에너지가 더 많이 소비된다는 것이다. 예를 들어 옥수수생산에 소요되는 에너지를 줄이기 위해 비료, 농약, 트랙터 등을 동원하는데 그것들의 생산에 더 많은 에너지가 들어간다는 것이다.

다른 하나의 이유는 에너지 가격이 쌀 때는 몰라도 그렇지 않으면 기술진보가 무한히 이루어지리라고 믿는 것은 환상이기 때문이다. 기술진보는 인간의 지식개발과 축적의 함수이므로 그 자체가 에너지를 엄청나게 소모하는 것이다. 경제성장이 지식개발의 속도에 달려 있으니 지식이 바로 경제성장의 제약요인이 되는 것이다.

**정석 사고**

성장불능론은 경제성장 자체가 물리적으로 불가능해지고 있다는 견해이다. 그 이론의 지주 중 하나가 맬서스의 인구론이어서 신맬서스이론이라고 부른다. 신맬서스이론의 결론에 따르면 현재와 같은 인구증가율과 산업생산증가율을 유지하는 한 인류파멸은 피할 수 없으므로 인구증가와 경제성장을 즉각 중지해야 한다. 또한 성장옹호론이 믿고 있는 기술진보의 환상을 버려야 한다고 주장한다. 기술진보가 인간의 지식개발과 축적의 함수이므로 그 자체가 에너지를 엄청나게 소모하는 것이기 때문이다.

## 2. 열역학 제2법칙과 성장의 한계

1970년대에 〈성장의 한계〉라는 보고서가 신맬서스이론이라는 이름을 얻으며 세계적인 관심을 모았음에도 많은 현실적 비판으로 사라져갈 무렵, 소위 엔트로피에 입각한 성장한계론 혹은 성장불능론이 등장하면서 많은 사람들의 관심을 모았다. 먼저 엔트로피가 무엇인지 설명하고 이에 입각한 이론과 결론을 살펴보도록 하자.

### (1) 엔트로피

에너지는 항상 뜨거운 쪽에서 차가운 쪽으로 이동한다. 폐쇄된 체계에서 이용가능에너지는 끊임없이 이용불능에너지로 비가역적으로 변하는데, 이때 이용불능에너지의 지수를 엔트로피(entropy)라고 한다. 구체적으로 보면 엔트로피는 온도의 함수로서 엔트로피가 높아지면 열이 일로 전환될 가능성이 낮아지는데 열에서 일로 전환될 수 없는 에너지가 엔트로피이다.

### (2) 열역학의 제2법칙

**그림 3-3**과 같이 폐쇄된 체계에서 고온($T_1$)의 물질과 저온($T_2$)의 물질이 있다고 하자. 그리고 에너지($Q$)가 이동한다고 할 때 고온물체의 엔트로피는 $\frac{\Delta Q}{T_1}$만큼 감소하고 저온물체의 엔트로피는 $\frac{\Delta Q}{T_2}$만큼 증가한다. 따라서 두 엔트로피의 합은 다음과 같으며 그 값은 항상 0보다 크다.

**정석 사고** **엔트로피의 증가**

$$\text{엔트로피의 증가분} = \frac{\Delta Q}{T_2} - \frac{\Delta Q}{T_1} = \frac{\Delta Q(T_1 - T_2)}{T_1 T_2} > 0$$

**그림 3-3 엔트로피의 증가**

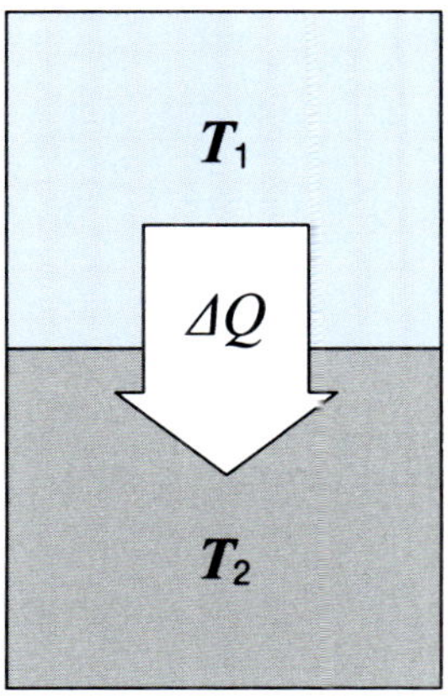

즉 폐쇄된 체계에서 에너지의 이동은 항상 엔트로피를 높이는 방향으로 이동한다. 이와 같이 시간이 가면 엔트로피가 계속 증가하는 현상을 **엔트로피 법칙**(entrophy law) 또는 **열역학 제2법칙**(the second law of thermodynamics)이라고 한다. 이 법칙은 한 가지 형태의 에너지가 다른 형태로 전환되는 것은 완전한 의미에서 효율적이지 못하며 에너지의 소비는 비가역적인 과정이라는 것을 의미한다. 이 의미를 좀 더 살펴보면, 에너지 형태의 전환과정에서 항상 에너지의 소실이 발생하고, 소실이 안 된 나머지도 일단 사용되고 나면 더 이상 활동에 사용될 수 없다는 것이다. 어떠한 폐쇄된 완전시스템에서도 새로운 형태의 에너지투입원이 없이는 궁극적으로 에너지가 완전히 소모된다. 에너지는 생명에 필수적인 존재이고, 에너지가 모두 소모되고 나면 생명도 끝날 것이다. 지구 전체에 대해서도 엔트로피의 법칙이 적용될 수 있다. 따라서 범지구적인 경제성장이 지구의 엔트로피를 급속도로 높이다 보면 파멸의 순간이 올 것이다. 경제성장을 최소한도로 줄여서 가능하면 천천히 지구의 엔트로피를 높이는 것이 바람직하다.

그렇다면 성장불능론자들은 어떤 사회를 궁극적으로 추구하는 것일까? 결론부터 말하면 **정상상태**(steady state)의 사회를 지향하는 것이다. 이런 사회 또는 경제는 인구증가가 더 이상 없으며, 자원총량이 일정하게 유지되어 생태계와 자원이 보전되는 상태의 사회이다. 그러나 정상상태의 사회가 완전히 정체된 사회를 말하는 것은 아니다. 이 정상상태의 사회란 양적 팽창은 없고 질적 향상만 허용되는 사회를 말한다. 기존 시장경제의 사회에서는 물질은 풍요롭지만 시간은 빈곤하다. 즉 여유가 없이 쫓기는 사회이기에 시간을 알차게 메우려고 쇼핑, 오락, 노래방 등의 물질적 소비로 채우게 되는 소비집약적 활동을 하게 된다. 그러나 정상상태의 사회에서는 물질은 현상유지에 머물지만 시간이 풍부하다. 즉 물질적 소비보다 아이와 놀아주고 가족과 함께하며 친구와 대화를 나누고 명상을 하는 등 여가를 즐기는 시간집약적 활동을 하게 된다. 예를 들어 하루 8시간 일을 하다가 기계 등의 효율성이 2배로 증가하면 하루 4시간만 일해도 종전과 동일한 물질적 풍요를 누리면서 더 많은 시간의 여가를 즐길 수 있다.

**정석 사고**

신맬서스이론에 입각한 성장불능론이 많은 비판으로 사라져 갈 무렵 소위 엔트로피에 입각한 성장한계론 혹은 성장불능론이 등장하였다. 폐쇄된 체계에서 에너지의 이동은 항상 엔트로피를 높이는 방향으로 이동하므로 시간이 갈수록 엔트로피가 계속 증가하는 현상을 엔트로피 법칙(entrophy law) 또는 열역학 제2법칙(the second law of thermodynamics)이라고 한다. 지구 전체에 대해서도 엔트로피의 법칙이 적용될 수 있으며, 경제성장이 지구의 엔트로피를 급속도로 높이다 보면 파멸의 순간이 오게 된다. 따라서 당장 경제성장을 최소한도로 줄여서 가능하면 천천히 지구의 엔트로피를 높여야 한다. 이 이론이 지향하는 사회는 정상상태의 사회로서 인구증가가 더 이상 없으며, 자원총량이 일정하게 유지되어 생태계와 자원이 보전되는 상태의 사회이다.

## 3. 커머너가설

제1장에서 우리는 낙관적인 견해와 비관적인 견해의 두 가지 다른 세계관을 보았다. 이러한 차이는 부분적으로 인간행동이 어떻게 인식되는가에 의존하며, 인간행위가 환경에 긍정적인 영향을 미치는지 부정적인 영향을 미치는지에 따라 낙관적이거나 비관적인 것으로 나타난다.

이러한 두 견해 간 충돌의 중요한 하나의 축을 이루는 부분이 기술진보에 대한 생각이다. 성장옹호론자인 사이먼(J. Simon)은 우리 인간의 능력에 대해서 매우 낙관적이며 기술진보에 대하여 깊은 신뢰와 찬사를 보낸다. 그리고 그로스만과 크루거(Grossman and Krueger)는 이러한 사실을 실증적으로 보여주려고 하였다. 그러나 최근 들어 이러한 견해들을 의심케 하는 현상들도 많이 나타나고 있다. 몇몇 선진국에서는 역*U*자곡선 대신 *N*자형 곡선이 관측되는데, 이는 다시 경제성장과 더불어 환경오염도 비례해서 심해지고 있다는 것이다. 그 원인은 에너지 및 자연자원을 집중적으로 소모하는 환경파괴적인 소비양태의 변화 때문인 것으로 분석되고 있다.[26)]

미국의 저명한 환경운동가이자 정치가인 배리 커머너(B. Commoner)는 일찍이 기술진보에 대한 환상을 경계한 바 있다. 커머너는 환경오염물질배출량이 증가하면 환경파괴 정도가 심해지므로 환경오염물질배출량과 환경파괴지수의 비례관계를 이용하여 다음과 같은 항등식으로 된 환경파괴지수를 제시하였다.

정석 사고

**환경파괴의 요인**

$$\text{환경파괴지수} = \frac{\text{환경오염물질배출량}}{\text{상품생산량}} \times \frac{\text{상품생산량}}{\text{인구}} \times \text{인구}$$

이 항등식에 따르면 환경이 파괴되는 정도가 상품생산량 1단위당 오염물질배출량(배출계수 또는 환경파괴/우호적 생산기술), 1인당 상품생산량(해당 산업의 생산성 또는 1인당 국민소득), 인구에 의존한다. 상품생산량 1단위당 오염물질배출량이 증가하면 직접적으로 환경파괴가 심해질 수 있고, 1인당 상품생산량이 증가하면 그만큼 공해, 폐기물도 늘어나 환경파괴가 심해질 수 있으며, 인구가 증가하면 더 많은 식량과 의복, 주택 등이 필요하므로 환경파괴가 심해질 수 있다.

환경파괴지수식을 산업별로 적용할 때, 상품생산량 1단위당 오염물질배출량은 배출계수를 의미하게 되는데, 생산기술의 환경파괴적 혹은 환경우호적 측면을 나타내는 지표이다. 예를 들어 오염물질배출을 감소시키는 새로운 생산기술이 도입되면 배출계수는 감소하여 환경우호적 생산기술이 된다. 1인당 상품생산량은 산업의 생산성을 나타내는데, 한 사람이 1시간 동안 상품 2개를 만들다가 4개를 만들면 생산성은 2배로 증가하는 것이다.

이를 제2차 세계대전 이후 1970년까지의 미국의 주요 산업에 적용해본 결과 1인당 상품생산량, 즉 생산성이 현저히 증가하는 추세를 보였으나 상품생산량 1단위당 오염물질배출량, 즉 배출계수는 훨씬 더 빠른 속도로 증가하여 환경파괴의 정도가 더 심화되는 추세를 나타냈다. 커머너의 모형을 일본에 적용해본 연구도 이와 유사한 결과를 얻고 있다.[27] 이러한 결과는 생활수준이 높아짐에 따라 환경파괴의 정도가 심해지고 있다는 것이다. 다시 말해서 환경우호적 생산기술이 오히려 환경파괴적 생산기술로 빠르게 대체되어 가고 있다는 것이다.

커머너의 모형을 국민경제 전체에 적용할 때, 상품생산량 1단위당 오염물질배출량은 생산기술의 환경에 대한 영향력을 나타내는 지표를 의미하고, 1인당 상품생산량은 1인당 국민소득을 나타내는 지표를 의미하게 된다. 따라서 국민경제 전체의 환경파괴 정도는 생산기술, 국민소득, 인구에 의존하게 된다. 그렇다면 각 나라들은 어떤 요인을 집중관리하여 환경파괴를 완화할 수 있는지 알 수 있다. 먼저 후진국의 경우 인구증가는 빠르고 1인당 국민소득과 생산기술이 낮으므로 인구를 적극적으로 억제하는 것이 환경정책의 핵심이 될 수 있다. 개도국의 경우 1인당 국민소득이 아직 높지 않아서 빠른 경제성장의 욕구가 크므로 과거 선진국이 사용하던 낡은 생산기술, 즉 환경파괴적 생산기술을 적극적으로 도입하게 되어 환경파괴를 심화시킬 수 있다. 이런 나라에서는 환경파괴적 생산기술을 통제하는 것이 환경정책의 핵심이 될 수 있다. 선진국의 경우 인구증가는 거의 없고 1인당 국민소득은 높으며 환경파괴적 생산기술이 여전히 개발되므로 1인당 국민소득과 환경파괴적 생산기술을 적극적으로 억제하는 것이 환경정책의 핵심이 될 수 있다. 선진국들은 자국민들의 하찮은 욕망을 충족시키기 위하여 한정된 지구의 자원을 급속도로 고갈시키고 지구의 환경오염을 가속화시키고 있다. 후진국의 환경파괴의 주요인이 인구증가라고 하였지만 사실 후진국 인구 1명을 줄이는 것보다 선진국의 인구 1명을 줄이면 전 세계 소비량이 훨씬 더 줄어서 지구의 환경개선에 더 큰 도움이 될 것이다.

다시 근본적인 의문점으로 돌아가서 생각해 보면, 우리가 알고 있는 것처럼 사회가 근시안적이어서 경제의 파멸로 갈 수 있는 길을 선택하는 것일까? 이러한 질문에 답을 찾고자 한다면 경제시스템과 정치시스템이 어떠한 선택을 하는지, 그러한 선택들이 환경에 어떠한 영향을 미치고 또 영향을 받는지에 대한 보다 많은 이해와 지식을 축적해야 할 것이다. 우리는 이러한 긴 과정을 시작하고 있는 것이다.

**정석 사고**

커머너가설은 환경오염물질배출량과 환경파괴지수의 비례관계를 이용하여 환경이 파괴되는 정도가 상품생산량 1단위당 오염물질배출량(배출계수 또는 환경파괴/우호적 생산기술), 1인당 상품생산량(해당 산업의 생산성 또는 1인당 국민소득), 인구에 의존한다는 것이다. 따라서 국민경제 전체의 환경파괴 정도는 생산기술, 국민소득, 인구에 의존하게 된다. 후진국의 경우 인구증가는 빠르고 1인당 국민소득과 생산기술이 낮으므로 인구를 적극적으로 억제하는 것이 환경정책의 핵심이 된다. 개도국의 경우 1인당 국민소득이 아직 높지 않아서 빠른 공업화 즉, 경제성장의 욕구가 크므로 과거 선진국이 사용하던 낡은 환경파괴적 생산기술을 적극적으로 도입하여 환경파괴를 심화시킨다. 이런 나라에서는 환경파괴적 생산기술을 통제하는 것이 환경정책의 핵심이 된다. 선진국의 경우 인구증가는 거의 없고 1인당 국민소득은 높으며 환경파괴적 생산기술이 여전히 개발되므로 1인당 국민소득과 환경파괴적 생산기술을 적극적으로 억제하는 것이 환경정책의 핵심이 된다.

## 연습문제

**1.** 성장옹호론의 핵심명제를 설명하세요.

**정석힌트** 첫 번째 핵심명제: 경제성장은 얼마든지 가능하다.
두 번째 핵심명제: 지속적 경제성장이 꼭 필요하다.
세 번째 핵심명제: 환경오염과 경제성장은 차원이 다른 문제로서 양립 가능하다.
네 번째 핵심명제: 자원이용의 효율이 급선무다.

**2.** 성장옹호론의 요지가 아닌 것을 모두 고르세요.

**보기**

(가) 경제성장은 투자의 문제이다.
(나) 환경오염문제는 자원의 효율적 이용문제이며, 효율적 이용으로 경제성장과 환경개선의 일석이조효과를 이룰 수 있다.
(다) 환경오염완화와 경제성장은 대립관계가 아니다.
(라) 자원고갈도 가격상승과 자원절약기술진보로 극복 가능하므로 경제성장은 얼마든지 가능하다.
(마) 경제성장은 환경오염과 차원이 같다.
(바) 경제성장은 가능할 뿐 아니라 여가를 즐기게 해주는 지속적 경제성장은 꼭 필요하다.

**정석힌트** 정답은 (마)로서 경제성장과 환경오염은 차원이 다르다.

**3.** 그로스만-크루거가설의 설명이 아닌 것을 모두 고르세요.

**보기**

(가) 성장을 옹호하는 관점에서 경제성장과 환경오염의 관계는 *U*자이다.
(나) 일인당 국민소득이 5천 달러 이하일 때 경제성장은 환경오염을 가속화시킨다.
(다) 일인당 국민소득이 1만 달러 이상일 때 경제성장은 환경오염을 감소시킨다.
(라) 경제성장으로 환경오염이 감소되는 이유는 환경의식이 높아져 환경개선투자가 이루어지기 때문이다.
(마) 경제성장으로 환경오염이 감소하는 이유는 환경인식이 높아져 환경수요와 환경친화적 상품수요가 증가하기 때문이다.
(바) 환경쿠즈네츠곡선이라고도 부른다.

**정석힌트** 정답은 (가)로서 역*U*자이다.

**4.** 성장불가론의 요지가 아닌 것을 모두 고르세요.

**보기**

(가) 경제성장의 득실을 따져볼 때 경제성장을 고집할 필요가 없다.
(나) 자본주의는 우리의 욕망을 부채질하므로 소비가 증가해도 행복은 증가하지 않을 수 있다.
(다) 우리에겐 행복이 중요한데, 경제성장은 행복보다 환경오염, 빈부격차, 인간소외, 범죄, 교통난 등의 불행을 더 크게 한다.
(라) 어떤 다른 가치보다 경제성장이 더 중요하다.
(마) 경제성장과 행복지수의 관계는 잉글하트의 행복체감곡선으로 나타낼 수 있다.
(바) 결별점은 소득과 행복이 갈라지는 지점인데 이 점에서 환경수요의 소득탄력성이 1이고 이후 소득증가보다 환경보전이 더 중요하게 된다.

**정석힌트** 정답은 (라)로서 경제성장의 득실을 비교하는 상대적 가치를 따져볼 때 경제성장을 고집할 필요가 없다.

**5.** 성장불능론의 요지가 아닌 것을 모두 고르세요.

**보기**

(가) 신맬서스이론을 바탕으로 현재와 같은 인구증가와 산업생산증가가 계속되는 한 인류는 파멸한다.
(나) 에너지를 얻기 위해 더 많은 에너지를 쓰게 되어 에너지생산의 물리적 효율이 하락하고 있다.
(다) 기술진보가 인간의 지식개발과 축적의 함수이므로 그 자체가 에너지를 소모하는 일이어서 무한한 기술진보는 환상이다.
(라) 자연자원이 부족하면 자본과 노동으로 대체하여 환경보전을 할 수 있다.
(마) 엔트로피이론을 바탕으로 재생가능자원은 끝없이 재생불능에너지로 대체되므로 성장을 줄여 엔트로피를 높이지 말아야 한다.
(바) 성장불능이론은 정상상태사회를 지향하는 사회여서 시간집약적 활동을 추구한다.

**정석힌트** 정답은 (라), (마)로서 성장불능론은 자원을 노동과 자본으로 대체하기 어렵고, 이용가능에너지는 끝없이 이용불능에너지로 변하는 엔트로피이론에 바탕을 두고 있다.

**6.** 커머너가설의 설명이 아닌 것을 모두 고르세요.

**보기**

(가) 성장불능의 관점에서 환경오염물질의 배출량은 환경파괴와 비례한다는 가정에서 가설이 성립한다.
(나) 환경파괴지수는 인구, 일인당 상품생산량, 상품생산량 단위당 환경오염물질배출량에 비례한다.
(다) 2차세계대전 이후 미국의 주요산업자료를 보면 생산성보다 배출계수가 더 빠르게 증가하여 환경파괴적 생산기술로 급속히 대체되었다.
(라) 후진국의 경우 생산성과 배출계수의 증가가 느려 환경파괴가 거의 없다.
(마) 선진국의 경우 인구증가보다 배출계수의 증가가 빨라 환경이 파괴된다.
(바) 후진국의 인구증가보다 선진국의 경제성장과 환경파괴적 생활양식이 자원고갈과 지구환경오염을 가속화 시킨다.

**정석힌트** 정답은 (라)로서 후진국의 경우 인구증가로 인해 환경파괴가 발생한다.

# 제4장
# 환경에 대한 경제적 분석

경제학이라는 학문은 가격에 대한 이론이요, 수요–공급에 대한 이론이다. 경제학에서 가격이란 시장에서 결정되는 단위당 교환가치를 의미하며, 적정가격 또는 균형가격이란 언제나 수요와 공급이 균형을 맞추는 가격을 말한다. 결국 가격의 역할은 수요와 공급의 균형을 잡아주는 지표인 것이다. 경제학은 여기에서 한 걸음 더 나아가 이 적정가격에 중요한 사회적 의미를 부여한다. 즉, 해당 상품의 교환을 통한 소비자와 생산자의 순이익이 가장 크게 되는 가격이다. 사회적으로 보아서도 순이익이 가장 크므로 자원을 효율적으로 이용하게 하였다고 보는 것이다.

그러나 이런 이야기들은 어디까지나 환경과 분리된 진공관 속의 경제에서나 할 수 있는 이야기이다. 환경은 공공재의 성격을 가지며, 환경의 이용에는 외부효과가 수반된다. 따라서 시장이 형성되기 어렵고 형성되더라도 적정가격을 맞추기가 아주 어렵다. 이러한 이유 때문에 환경은 너무 값싸게 이용되는 경향이 있고 환경오염피해와 자원고갈이라는 비싼 대가를 별도로 치러야 한다. 경제학자들이 믿고 있는 시장은 구조적으로

# 제4장 환경에 대한 경제적 분석

실패하고 있는 것이다. 이러한 사실을 이해하기 위해서는 우선 시장경제의 핵심원리를 이해할 필요가 있다.

이 장에서는 먼저 시장경제체계가 이론적 기초를 두고 있는 수요와 공급의 원리를 이해하고자 한다. 다음으로 시장에서는 수요와 공급이 함께 작동하고, 수요와 공급이 일치할 때 시장균형이 달성되는데, 그 의미와 함께 시장균형의 후생적 의미도 살펴본다. 다음으로 시장경제에서는 환경이 어떻게 다루어지며 그로 인해 발생하는 시장실패문제를 살펴볼 것이다. 마지막으로 시장의 수급원리를 적용하여 환경정책을 어떻게 고안하는지를 살펴볼 것이다.

**이 장에서 배울 것**

- 시장경제체계의 수요는 무엇일까?
- 시장경제체계의 공급은 무엇일까?
- 시장균형은 무엇을 의미할까?
- 환경개선의 공공재적 성격은 어떻게 시장실패를 발생시킬까?
- 환경오염의 외부효과는 어떻게 시장실패를 발생시킬까?
- 시장의 수급원리를 환경정책에 어떻게 활용할까?

# 제1절 시장경제체계와 수요-공급이론

## 1. 시장경제체계의 수요

최근 많은 소비자들은 홈쇼핑을 통해 상품을 구입한다. 이제 소비자들은 시간과 공간의 제약을 받지 않고 상품정보를 받아 구매를 하고 있는 것이다. 이때 소비자가 구입한 수량을 수요라고 할까? 그렇지 않다. 경제학에서 수요라고 말할 때에는 매우 특별한 의미가 담겨져 있다.

**수요**(demand)는 소비자들이 일정 기간 동안 여러 상품가격들에 대해 지불할 경제적 능력을 가지고 그 상품을 얼마만큼 구매하고자 하는 의사가 반영된 욕구를 말한다. 그런데 경제학자는 수요를 수요량과 구분하여, 소비자들이 일정 기간 동안 하나의 구체적인 상품가격수준에서  구입하고자 하는 상품의 특정 수량을 **수요량**(quantity demanded)이라고 한다. 요약하면 다음과 같다.

**정석 사고**

상품에 대한 수요량이란 소비자가 구매력을 가지고 일정기간 동안 특정 가격에서 구매하고자 하는 최대수량을 의미한다. 한편 수요란 일정기간 동안 가능한 모든 가격들과 그 가격들에 대응하는 수요량들의 조합을 의미한다.

### 수요의 법칙

위에서 수요에는 소비자가 구매할 의사뿐만 아니라 경제적 능력이 있다는 의미가 포함된다는 점을 강조한다. 그런데 일반적으로 소비자들은 일정기간 동안 상품의 가격이 하락할 때 수요량을 늘리고 가격이 상승할 때 수요량을 줄인다. 경제학에서는 다른 조건이 일정할 때 가격과 수요량의 관계를 **수요의 법칙**(law of demand)이라고 부른다. 이러한 수요의 법칙은 상식적으로 생각할 수 있지만 그 이유를 보다 직관적으로 살펴보면 다음과 같다. 첫째, 상품의 가격이 하락하게 되면 소비자들은 실질소득이 같더라도 상대적으로 값이 싸진 해당 상품에 대한 수요량을 증가시키려고 하는 **대체효과**(substitution effect)가 발생한다. 둘째, 상품의 가격이 하락하면 소비자들은 실질소득이 증가하므로 이전보다 더 많은 수량을 구입할 수 있는 **소득효과**(income effect)가 발생한다 이 두 효과에 의해 수요의 법칙이 성립하게 된다.

### 수요표와 수요곡선

일정 기간 동안 상품의 가격과 수요량 사이에는 1 : 1의 대응관계가 성립한다. 즉, 각각의 가격에 대하여 상품의 일정한 수요량이 대응된다. 이것을 숫자로 나타낸 것을 상품의 **수요표**(demand schedule)라고 한다. 이 수요표를 그림으로 옮겨 놓은 것이 수요곡선이다. 다음 사례를 통해 이러한 개념을 정리해 보자.

정석 사고

#### 겨울왕국 소비경제

겨울왕국에 살고 있는 엘사와 안나는 캔커피를 좋아하여 겨울 내내 캔커피를 수요한다. 각각의 가격에 대하여 캔커피의 수요량을 대응시킨 캔커피의 수요표(demand schedule)와 두 사람의 수요곡선은 **표 4-1** 과 **그림 4-1** 과 같다.

**표 4-1** 캔커피의 수요표

(단위 : 원, 캔/겨울)

| 조합 | 가격 | 엘사의 수요량 | 안나의 수요량 | 시장수요량 |
|---|---|---|---|---|
| *A* | 6,000 | 0 | 1 | 1 |
| *B* | 5,000 | 2 | 2 | 4 |
| *C* | 4,000 | 4 | 3 | 7 |
| *D* | 3,000 | 6 | 4 | 10 |
| *E* | 2,000 | 8 | 5 | 13 |
| *F* | 1,000 | 10 | 6 | 16 |

**그림 4-1** 캔커피의 수요곡선

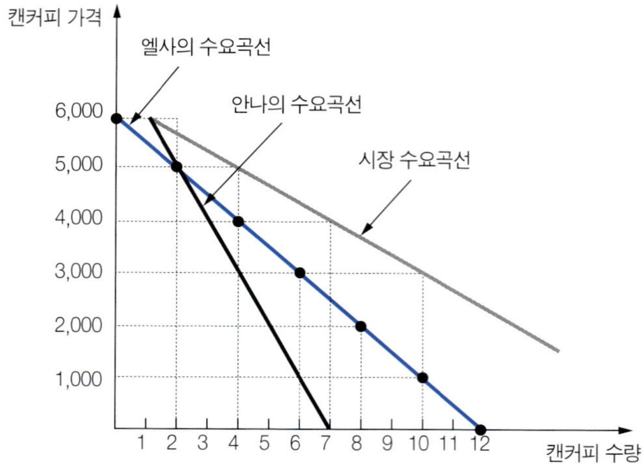


**표 4-1**은 캔커피의 가격이 변할 때 한 달 동안 각각 몇 캔의 커피를 구매해서 마시는지 보여준다. 만약 캔커피가 1,000원이면 엘사는 10개, 안나는 6개를 구매하려고 하므로 시장에서 16개가 소비된다. 가격이 2,000원이면 엘사는 8개, 안나는 5개를 구매해서 시장에서 13개가 소비된다. 이러한 표를 수요표라고 한다. 이와 같이 가격과 수요량의 관계를 좌표평면 상에 곡선의 형태로 나타낸 것을 **수요곡선**(demand curve)이라 한다.

### 세테리스 패리버스

수요곡선에서 한 가지 주의할 점은 가격이 캔커피의 수요량에 영향을 미치는 유일한 요인이라는 점이다. 다시 말해서 다른 요인들은 변하지 않는다는 가정에서 그린 곡선이다. 경제학자들은 지금 수요량에 영향을 미치는 요인 중 가격 이외의 다른 요인들은 변하지 않는다는 사실을 강조하기 위해 **세테리스 패리버스**(ceteris paribus)라는 라틴어를 사용한다. 이 말은 '다른 모든 것을 그대로(other things being equal)'라는 뜻이다.

이 가정은 다른 요인들이 수요량에 영향을 주어 가격과 수요량 사이의 인과관계를 불분명하게 하는 것을 막는 역할을 한다. 그런데 수요량에 영향을 미치는 가격 이외에 다른 요인으로는 소비자의 소득, 소비자의 취향, 대체 또는 보완관계에 있는 다른 상품의 가격, 장래예상가격 등을 들 수 있다. 경제학에서는 수요의 법칙에 따라 해당 상품의 가격변화에 의한 수요량의 변동을 **수요량의 변화**라고 하며 가격 이외의 다른 요인에 의한 수요량의 변동을 **수요**

**의 변화**라고 하여 구분한다.

**정석 사고**

세테리스 패리버스로 인해 묶여 있던 다른 요인들의 변화로 수요곡선 자체가 이동하여, 이전과 동일한 가격수준에서 수요량이 변화하였을 경우 이러한 변화를 '수요의 변화'라고 한다. 가격의 변화에 의해 수요량이 변화하는 것, 즉 동일한 수요곡선 상에서의 운동은 '수요량의 변화'라고 한다.

## 2. 시장경제체계의 공급

**공급**(supply)은 공급자들이 일정기간 동안 모든 가격수준에 대해 그 상품을 얼마만큼 공급하고자 하는 욕구를 말한다. 공급과 구분하여 공급자들이 일정기간 동안 특정 가격수준에서 공급하고자 하는 상품의 구체적인 수량을 **공급량**(quantity supplied)이라고 한다. 두 개념을 정리하면 다음과 같다.

**정석 사고**

상품에 대한 공급량이란 생산자가 생산능력을 가지고 일정 기간에 주어진 특정 가격에서 판매하고자 하는 최대수량을 의미한다. 한편 공급이란 일정 기간에 모든 가격들과 각 가격에서 생산자의 판매 가능한 최대수량들의 조합을 의미한다.

### 공급의 법칙

일반적으로 공급자들은 일정기간 동안 상품의 가격이 하락할 때 공급량을 줄이고 가격이 상승할 때 공급량을 늘린다. 경제학에서는 다른 조건이 일정할 때 가격과 공급량의 관계를 **공급의 법칙**(law of supply)이라고 부른다. 공급의 법칙은 다음처럼 직관적으로 설명될 수 있다. 해당 상품의 가격이 상승할 때 공급자의 이윤이 커지게 되어 공급량을 늘리게 되는데 단위당 이윤이 상품가격에서 단위당생산비용을 뺀 것이기 때문이다. 또한 높아진 이윤에 유인되어 새로운 공급자가 생산에 참여하여 공급량을 늘리게 된다. 반대로 해당 상품의 가격이 하락하면 기존공급자가 공급량을 줄이고 새로운 공급자가 진입하지 않을 뿐만 아니라 기존공급자의 일부가 생산을 포기하게 되어 공급량이 줄게 된다.

## 공급표와 공급곡선

일정 기간 동안의 상품의 가격과 공급량 사이에는 1 : 1의 대응관계가 성립한다. 즉, 각각의 가격에 대하여 상품의 일정한 공급량이 대응된다. 이것을 숫자로 나타낸 것을 상품의 **공급표**(supply schedule)라고 한다. 이 수요표를 그림으로 옮겨 놓은 것이 공급곡선이다. 다음 사례를 통해 이러한 개념을 정리해 보자.

**정석 사고**

겨울왕국에 살고 있는 한스와 크리스토퍼는 겨울 동안 캔커피를 공급하는 사람들이다. 각각의 가격에 대하여 그들의 캔커피의 공급량을 대응시킨 캔커피의 공급표(demand schedule)는 다음 **표 4-2**와 같다. 이 표에 대한 두 사람의 공급곡선이 **그림 4-2**에 그려져 있다.

**표 4-2 캔커피의 공급표**

(단위: 원, 캔/겨울)

| 조합 | 가격 | 한스의 공급량 | 크리스토퍼의 공급량 | 시장수요량 |
|---|---|---|---|---|
| *A* | 6,000 | 5 | 8 | 13 |
| *B* | 5,000 | 4 | 6 | 10 |
| *C* | 4,000 | 3 | 4 | 7 |
| *D* | 3,000 | 2 | 2 | 4 |
| *E* | 2,000 | 1 | 0 | 1 |
| *F* | 1,000 | 0 | 0 | 0 |

**그림 4-2 캔커피의 시장공급곡선**

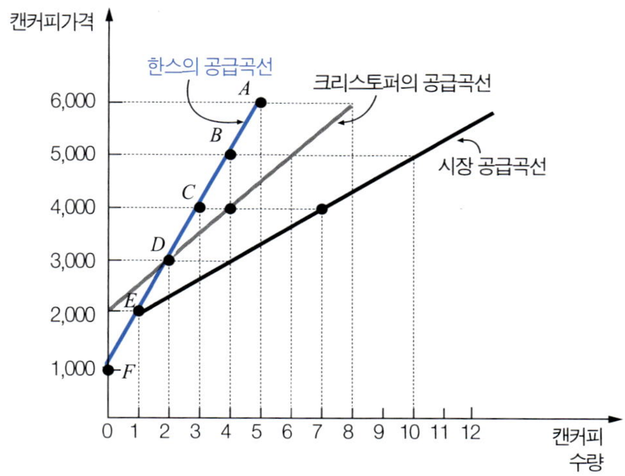

**표 4-2**는 캔커피의 가격이 변할 때 한 달 동안 각각 몇 캔의 커피를 공급하는지 보여준다. 만약 캔커피가 1,000원이면 아무도 공급하려고 하지 않는다. 그런데 가격이 2,000원이면 한스만 1개 공급한다. 가격이 3,000원이면 한스는 2개, 크리스토퍼는 2개 공급하여 시장에서 4개가 공급된다. 이러한 표를 공급표라고 한다. 이와 같이 가격과 공급량의 관계를 좌표평면 상에 곡선의 형태로 나타낸 것을 **공급곡선**(supply curve)이라 한다.

### 세테리스 패리버스

공급곡선에서 한 가지 주의할 점은 가격이 캔커피의 공급량에 영향을 미치는 유일한 요인이라는 점이다. 다시 말해서 다른 요인들은 변하지 않는다는 가정에서 그린 곡선이다. 즉 **세테리스 패리버스**(ceteris paribus)라는 가정하에서 그린 곡선이다. 이 가정은 다른 요인들이 공급량에 영향을 주어 가격과 공급량 사이의 인과관계를 불분명하게 하는 것을 막는 역할을 한다. 그런데 공급량에 영향을 미치는 가격 이외에 다른 요인으로는 생산요소(노동, 자본, 토지 등)의 가격, 생산기술수준, 대체 또는 보완관계에 있는 다른 상품의 가격, 장래예상가격 등을 들 수 있다. 경제학에서는 공급의 법칙에 따라 해당 상품의 가격변화에 의한 공급량의 변동을 **공급량의 변화**라고 하며 가격 이외의 다른 요인에 의한 공급량의 변동을 **공급의 변화**라고 하여 구분한다. 이를 정리해 보면 다음과 같다.

> **정석 사고**
>
> 세테리스 패리버스로 인해 묶여 있던 다른 요인들의 변화로 공급곡선 자체가 이동하여, 이전과 동일한 가격수준에서 공급량이 변화하였을 경우 이러한 변화를 '공급의 변화'라고 한다. 가격의 변화에 의해 공급량이 변화하는 것, 즉 동일한 공급곡선 상에서의 운동은 '공급량의 변화'라고 한다.

## 3. 시장경제체계의 균형

### 시장균형가격

시장에서는 수요와 공급이 함께 작동한다. 그 결과 수요량과 공급량이 일치하는 가격수준을 시장균형가격이라고 한다. 이때 **균형**(equilibrium)이란 일반적으로 서로 상반된 힘이 맞아떨어지는 상태를 의미한다. 즉, 다른 외부충격이 없는 한 그 상태를 계속 유지하려는 경향을 말한다. 이제 겨울왕국의 캔커피의 소비경제1과 생산경제1을 합하여 하나의 그림에 나타내어 생각해 보자.

**그림 4-3 캔커피의 균형가격의 결정**

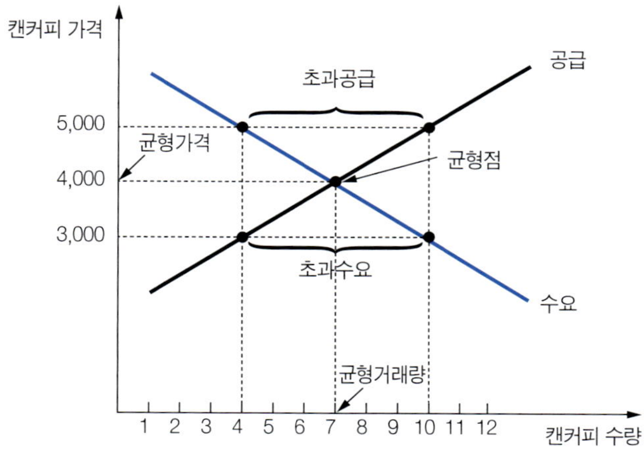


**그림 4-3** 에서 보는 바와 같이 수요곡선과 공급곡선이 일치하는 상태를 **시장균형**이라고 하며, 이때의 가격 4,000원을 **시장균형가격**(market equilibrium price), 이때의 거래량 7개를 **시장균형거래량**이라고 한다. 이 가격에서는 수요량과 공급량이 같기 때문에 판매자들은 원하는 양을 모두 판매할 수 있고, 소비자들은 원하는 양을 모두 구입할 수 있게 된다. 따라서 소비자와 판매자 모두 현재의 상태를 유지하려고 하므로 더 이상의 가격변화는 없게 된다.

현실경제에서 상품거래에 실제로 지불하는 가격을 실제가격이라고 한다. 실제가격은 균형가격을 중심으로 때로는 높게 때로는 낮게 형성될 수 있으며, 실제가격이 균형가격을 벗어나면 시장의 자동조절기능에 의해 다시 균형가격으로 되돌아가도록 지속적인 압력을 받는다. 예를 들어 캔커피의 가격이 비교적 높은 5,000원이라면 공급량이 수요량보다 6단위만큼 더 많다. 판매자들은 팔고 싶어도 이 가격으로 모두 팔 수 없다. 이것을 **초과공급** 또는 **물량과잉**(surplus)이라고 한다. 초과공급이 있을 경우 판매자들끼리 판매경쟁으로 자신의 캔커피를 하나라도 더 팔기 위해 더 낮은 가격을 제시하게 되어 캔커피의 가격은 하락하게 된다.

반대로 캔커피의 가격이 비교적 낮은 수준인 3,000원이라면 캔커피의 수요량이 공급량보다 6단위만큼 더 많게 된다. 캔커피가 부족하여 소비자들은 이 가격에서 캔커피를 사고 싶어 하는 만큼 살 수 없다. 이런 경우 **초과수요** 또는 **물량부족**(shortage)이 존재한다고 한다. 초과수요의 경우 소비자들끼리 구매경쟁으로 자신이 서로 먼저 사려고 긴 줄을 서거나 더 높은 가격을 제시하게 되어 캔커피의 가격은 상승하게 된다.

이와 같이 시장에서 매우 중요한 역할을 하는 상품가격은 일시적으로 균형가격을 벗어나더라도 시장의 자동조절기능에 의해 다시 균형가격으로 회귀하려는 힘이 작용한다. 우리가 중요하게 생각하는 점은 시장에서 발생하는 행위들 모두가 어떤 법칙의 지배를 받는다는 점이다. 그것은 바로 상품별로 수요와 공급이 맞아 떨어지는 질서와 수요자와 공급자 사이의 상충된 이해가 적절히 절충되는 조화가 이루어진다는 점이다. 이 질서와 조화의 이면에는 이를 연출하는 그 어떤 법칙이 존재한다. 이를 시장의 법칙 혹은 경제의 법칙이라고도 하고 **시장의 원리**라고도 한다. 이것이 경제학의 창시자 애덤 스미스(Adam Smith)의 '보이지 않는 손'의 위대한 힘이다.

그렇다면 시간이 흘러도 균형상태는 계속 유지될 수 있을까? 어떤 상품에 대한 수요와 공급이 해당 상품의 가격에만 영향을 받는다면 원래의 균형상태는 계속 지속될 수 있다. 그러나 시간이 가면 해당 상품의 가격 이외에 다른 요인들에 의한 충격(shock)이 발생하기 때문에 원래의 균형상태는 계속 지속될 수 없으며 새로운 균형으로 움직인다.

**정석 사고**

균형이란 일반적으로 서로 상반된 힘이 맞아떨어지는 상태를 의미한다. 이 상태가 되면 다른 외부충격이 없는 한 그 상태를 계속 유지하려는 경향이 나타난다. 시장균형은 수요와 공급이 일치하는 상태를 말하며, 이때의 가격을 시장균형가격, 거래량을 시장균형거래량이라고 한다.

**정석 사례연구**

2007년에 국립공원 입장료가 폐지되었다. 그 이후 전국의 국립공원을 방문하는 탐방객이 폭발적으로 증가하였다. 2006년에 연간 2,700만 명이던 탐방객이 2010년 연간 4,000만 명을 돌파하였다. 탐방객이 급증하니 국립공원 탐방로는 그야말로 몸살을 앓고 있다. 수많은 탐방로의 흙이 파여 파인 곳은 빗물도랑이 되고 도랑이 된 곳은 다시 파이는 현상이 가속화되는 악순환이 반복되어 집중호우 시에는 탐방로가 유실되기까지 한다. 2011년 국립공원관리공단 조사에 따르면 국립공원 탐방로 총 1,685km 중에서 약 22% 정도가 훼손되어 있고, 이를 복구하려면 1,380억 원이 필요한 것으로 조사되었다.

국립공원과 같은 자연을 보호하는 제일 좋은 방법은 사람의 출입을 금지하는 것이다. 그러나 우리세대는 자연이 주는 심미적 및 물리적 혜택을 전혀 누리지 못하다가 이를 고스란히 미래세대에게 물려주게 된다. 이런 의미에서 국립공원을 온전히 이용하다가 이를 그대로 미래세대에게 물려주자는 '지속 가능한 발전'의 목표는 분명히 우리가 추구해야 할 미래지향적 가치이다. 이러한 목표를 달성하기 위해서 탐방로별로 탐방객 수를 선별적으로 제한하거나, 탐방로별로 입장 예약제를 실시하거나, 입장료를 다시 부활시켜 자연보호에 필요한 만큼의 입장료를 징수하는 방법들이 가장 효과적인 대책이 아닐까 한다.[28]

## 제2절 시장경제체계의 특징과 후생

새 환경경제학

### 1. 시장경제체계의 특징

일반적으로 시장이라 하면 상인들과 소비자들이 모여 여러 종류의 물품을 거래하는, 어떤 특정한 장소를 연상한다. 그러나 경제학에서의 시장은 특정한 장소를 의미하는 것이 아니라, 특정 상품에 대한 수요와 공급이 지속적으로 이루어지고, 그 상품에 관한 정보가 교환되며, 그 결과로 상품의 매매가 지속적으로 이루어지는 추상적인 메커니즘 또는 매개체라 할 수 있다.

다시 말해, 경제학에서는 모든 재화에 대하여 그 재화가 거래되는 추상적 메커니즘인 시장이 각각 하나씩 존재한다고 보고 있는 것이다. 시장은 일반시장의 경우와 같이 파는 사람들과 사는 사람들이 물리적으로 같은 장소에 있는 경우도 있고, 국제무역의 경우와 같이 멀리 떨어져 전화, 전신, 컴퓨터 네트워크 등의 통신수단으로 연결되어 있는 경우도 있다.

시장에 참여하는 사람들 사이에는 항상 서로 상반된 이해관계가 작용한다. 물건을 팔려고 하는 사람들은 가장 좋은 조건으로 팔고자 한다. 즉 파는 사람들은 가장 비싼 값에 물건을 팔고자 할 것이다. 반면에 사는 사람들은 가장 싼값에 좋은 물건을 사고자 한다. 이처럼 시장에서는 서로 상반된 이해관계의 힘이 작용한다.

시장에 참여하는 사람들의 이해관계가 서로 상반되기 때문에 시장에서는 조화나 협력보다는 오히려 경쟁이나 이해의 충돌이 일어나는 것이 일반적이다. 그러나 이러한 개개의 경쟁관계가 마침내는 전체로 하나의 조화를 이루게 되고, 혼란이 결국에는 큰 질서를 낳게 된다. 서로 상충되는 이해관계가 오히려 모든 거래당사자에게 이익을 가져온다는 것이 애덤 스미스(Adam Smith)의 '보이지 않는 손'의 작용이다.

시장경제에서 경제활동의 기준이 되는 지표가 바로 시장에서 결정되는 가격이다. 어떤 재화의 가격이 상승하고 있다면, 이는 그 재화는 수요에 비해서 공급이 부족함을 의미한다. 가격상승은 기업가에게 생산을 재촉하는 유인이 된다. 이와 같이 가격이라는 지표에 따라 경제활동수준이 달라진다. 또한 시장경제에서 소득의 분배는 각 생산요소(노동, 자본, 토지 등)의 한계생산력에 따라 분배되고 재화와 서비스의 분배는 가장 큰 욕망을 가진 사람, 즉 높은 가격을 지불하는 사람에게 분배된다.

결론적으로 시장경제체계의 가장 중요한 특징은 가격을 통해 수요와 공급이 조절되고, 수요와 공급의 변화를 통해 가격이 조절된다는 것이다. 경제학은 바로 가격에 대한 이론이며 수요-공급에 대한 이론이다.

다른 시장경제체계의 특징은 바로 상벌체계의 일종이라는 것이다. 어느 사회가 잘 운영되기 위해서는 상벌체계가 잘 확립되어야 한다고 말한다. 사회가 바람직한 행위에 대해서는 응분의 상을 주고 그 반대의 경우에는 벌을 주는 체계를 갖추어야 한다는 것이다. 사실 시장경제체계도 상벌체계의 일종이다. 시장에서는 값싸고 양질의 상품을 생산하는 기업에게는 높은 이윤으로 상을 주고 그 반대의 경우에는 도산이라는 벌을 준다. 시장경제체계에서 애덤 스미스의 보이지 않는 손이 이러한 상벌을 주관하고 있는 것이다.

또 다른 특징은 시장경제체계의 균형은 가장 효율적이라는 것이다. 최적가격 혹은 균형가격은 수요와 공급이 균형을 맞추는 가격이며 수요는 균형가격 이상의 한계지불용의액을 가진 소비자들에 의해 이루어진다. 공급은 균형가격 이하의 한계비용을 가진 공급자들에 의해 이루어진다. 따라서 완전한 경쟁이 이루어진다는 전제하에 수요와 공급이 균형을 맞추는 가격에서 소비자들의 만족도합계가 가장 크고 공급자들의 이윤합계도 가장 커진다. 이 때문에 완전경쟁시장의 균형은 사회후생이 가장 크고 가장 효율적이라고 말한다.

**정석 사고**

시장경제체계의 가장 큰 특징은 가격을 통해 수요와 공급이 조절된다는 것이다. 다른 특징은 상벌체계의 일종이라는 것이다. 또 다른 특징은 시장균형에서 기업들의 이윤과 소비자들의 만족도의 합이 가장 크게 되어 효율성을 달성한다는 것이다.

## 2. 시장경제체계의 후생

완전경쟁시장의 균형은 사회후생이 가장 크고 이러한 이유로 가장 효율적이다. 그런데 이 설명은 바로 공리주의 가치관에 입각해서 말할 때 사실이다. 공리주의의 대부로서 벤담(J. Bentham)은 "옳고 그름을 판단하는 척도는 최대다수의 최대행복"이라고 말하였다. 그에 따르면 자연은 인류에게 고통과 쾌락이라는 두 가지를 주었다. 우리들이 무엇을 할 것인지, 하지 않을 것인지는 다만 고통과 쾌락만이 결정한다. 모든 인간의 행동은 고통을 회피하고 쾌락을 추구하는 경향이 있다. 따라서 쾌락은 유일한 선이고 고통은 유일한 악이다. 실제 사람들은 행동을 할 때 쾌락의 양을 개략적으로라도 계산을 하고 행동을 한다. 쾌락의 크기는 그 강력성, 지속성, 확실성 등에 의존한다. 이의 반대 입장에 있는 금욕주의는 쾌락에 반대하여 고통을 오히려 사랑하기에 이른 또 다른 방식의 쾌락에 불과하다고 본다.

이러한 벤담의 사고를 좀 더 발전시킨 밀(J. S. Mill))은 이렇게 주장한다. 신이 있다면 신은 인간이 행복하기를 원하며 따라서 공리주의는 어떤 다른 사상보다 더 심오하고 종교적이라고 본다. 인간의 감정을 두 가지로 나누어 이기적 감정과 사회적 감정이 있다고 보는데 이기적 감정은 자신이 자신을 가장 잘 돌봐줄 수 있다는 감정이며, 사회적 감정은 동료 간의 일치를 바라는 감정이다. 이 두 가지 감정은 애덤 스미스의 주장에도 그대로 반영되어 있다. 그는 "모든 사람은 자신을 먼저 돌보게 된다. 그것은 그가 자신을 돌보는 데 가장 적합하기 때문이다"라고 말한다. 그리고 나아가서 "인간은 다른 사람을 상정하지 않고서는 더 나은 상태에 있다고 할 수 없다"라고 말한다. 따라서 각자가 남의 자유를 방해하지 않는 한 자기가 좋아 보이는 방식대로 살도록 허용하는 것이 더 큰 이득이라고 본다. 이것은 또한 일종의 공리주의의 정의관이 되기도 한다.

이러한 공리주의 가치관의 특징은 사회후생이 가장 큰 상태가 가장 효율적인 상태인 것이다. 어쩌면 사회후생의 극대화 혹은 효율성기준은 이기적 행위가 경제적 선택의 유일한 기초로 삼으려는 협소한 상자 속에 갇히는 결과를 가져온다. 예를 들어 경제학에서 개인은 자신의 효용을 극대화하고, 그 효용은 소비에만 의존하며, 그 선택은 이기적 행위에 의해서 이루어진다고 한다. 이렇게 복잡해 보이는 구조를 단순화해서 분해해 보면 다음 세 가지로 나누어진다.

① 자기중심적 후생: 한 개인의 소비는 오직 자신의 소비에만 의존한다.

② 자기후생 목표화: 자신의 목표는 자신의 후생을 극대화한다.
③ 자기목표 선택: 한 개인의 모든 선택행동은 직접적으로 그 자신의 목표추구에 의해 지배를 받는다.

이와 관련된 후생경제학의 중요한 정리들을 살펴보자.

### (1) 후생경제학의 제1정리

외부성이 존재하지 않을 때 경쟁시장균형은 (파레토)효율적이다. 그 이유는 각 상품별로 수요와 공급이 균형을 맞추는 균형가격이 형성되면 그 가격에 맞추어 모든 소비자와 공급자가 행동하기 때문에 이윤과 만족도의 합계가 가장 크게 되고, 이에 따라 모든 경쟁시장의 균형들은 (파레토)효율적이다.

### (2) 후생경제학의 제2정리

기술적으로 가능한 모든 (파레토)효율적인 자원버분은 경쟁시장과 재산권의 적절한 재설정으로 달성될 수 있다. 만약 시장경제가 효율적인 자원배분을 하지만 분배의 측면에서 공평하지 못할 경우 우리는 어떻게 시장경제를 바람직하게 만들 수 있을까? 크루소처럼 사람이 혼자 경제생활을 하는 무인도경제에서는 소비자가 한 사람이므로 분배의 정의를 생각할 필요가 없다. 그러나 무인도에 '프라이데이'라는 또 다른 사람이 등장한다면 분업을 통하여 효율적인 자원배분을 할 것이지만 분배가 공평할 수 있다는 것은 아니다. 왈라스의 중매자가 있다면 시장경제의 균형 결과 얻어지는 소득분배굯이 공평하도록 크루소와 프라이데이의 초기소유자원을 적절히 재설정함으로써 파레토효율적이면서 공평한 자원배분을 만들 수 있는 것이다.[29)]

**정석 사고**

후생경제학의 제1정리에 따르면 외부성이 존재하지 않을 때 경쟁시장균형은 (파레토)효율적이다. 후생경제학의 제2정리에 따르면 기술적으로 가능한 모든 (파레토)효율적인 자원배분은 경쟁시장과 재산권의 적절한 재설정으로 달성될 수 있다. 따라서 후생경제학의 제2정리는 후생경제학의 제1정리의 역의 명제이다.

# 제3절 새 환경경제학 환경과 시장실패

환경은 깨끗한 공기나 물과 같은 환경자원이나 나무, 물고기, 토지, 석탄, 석유 등과 같은 자연자원을 모두 포함하는 개념이라고 볼 수 있다. 이러한 환경의 두 자원을 구체적으로 구분하자면, 자연자원은 자원을 사용하기 위해 노동력, 자본 등이 소요되고 작은 단위로 나눌 수 있는 것을 의미하고, 환경자원은 획득하는 데 노동력이나 자본이 들지 않고 대체로 작은 단위로 나눌 수 없는 경우가 많다. 따라서 환경자원은 수량으로 평가하지 않고 질로서 평가한다. 또한 소모적 직접소비의 대상이 아니고 해당 환경자원이 제공하는 서비스를 소비한다는 특성이 있다.

환경자원으로서의 환경은 개인적 소유권이 확립되어 있지 않고 누구나 똑같이 사용할 수 있는 공유재산자원(common properties)의 일종이다. 소유권이 없기 때문에 시장에서 사고팔 수 없고 무료로 사용할 수 있다. 환경은 사회적으로 분명히 희소성이 있고 경제적 가치가 있는 자원이지만 무료로 사용할 수 있기 때문에 가장 생산성이 높은 곳에 할당되지 못할 뿐 아니라 이익은 사용자들에게 독점되거나 모두에게 공유되고 비용은 사용자가 아닌 다른 사람들에게 떠넘겨지는 특성이 있다. 이 때문에 자원이 남용되고 오용되는 경향이 있다.

이와 같이 환경문제의 근본적인 문제는 시장이 환경에 대해 상과 벌을 거꾸로 주는 경향이 있다는 데 있다. 상과 벌을 거꾸로 주는 이유는 환경의 특성과 관련되어 있다. 이러한 특성으로 환경개선행위는 충분히 상을 받지 못하고 환경오염행위는 벌을 충분히 받지 못한다.

## (1) 환경개선행위

앞으로 자세히 살펴보겠지만 환경개선행위가 상을 충분히 받지 못하는 이유는 환경문제의 **비배제성**(특정인들을 배제하고 선별적으로 혜택을 제공할 수 없는 특성)과 환경문제의 **비경합성**(많은 사람이 같은 재화를 소비해도 혜택이 줄어들지 않는 특성) 때문이다. 이러한 특성을 가진 재화를 공공재(public goods)라고 부른다. 예를 들어 일기예보에의 시설투자는 경제학적으로 규모의 경제가 작용하는데 이는 사람의 수(소비규모)가 커짐에 따라 사회적 이익 한 단위당 비용이 감소하는 현상을 말한다. 따라서 공공재적 특성을 가진 재화는 더 많은 사람들이 혜택을 누릴수록 추가비용 없이 총 혜택의 크기가 더 커지게 된다. 그럼에도 불구하고 환경개선을 위한 노력에는 개인들에게 금전적인 이익을 가져오지 않는다. 그리고 어느 기업도 시장에서 돈벌이를 위하여 환경개선노력을 하기 어렵다.

### (2) 환경오염행위

환경오염행위가 벌을 충분히 받지 않는 이유는 사회적으로 볼 때 엄연히 제3자에게 손실이 있음에도 불구하고 개인의 손익계산에서 무시되는 외부효과 때문이다. 즉 제3자에게 입히는 피해는 자신의 호주머니에서 나가는 돈이 아니므로 환경오염행위에서 개인손해보다 사회손해가 더 크다는 것이다. 예를 들어 석탄과 석유와 같은 자연자원은 시장가격이 형성되어 있으나 이 가격은 자원을 생산하고 공급하는 데 들어간 사회적 비용을 모두 반영하는 가격이 아니다. 석탄개발을 위해 산림을 벌채하는 과정에서 발생하는 환경파괴비용, 수질오염, 석탄공해 등의 외부비용이 석탄가격에 포함되어 있지 않기 때문이다. 이처럼 어떤 개인의 행위가 의도하지 않게 제3자에게 피해를 입히는 외부비용이나 그 반대로 제3자에게 이익을 주는 외부이익을 발생시키는 것을 경제학에서 **외부효과**(externality)라고 부른다.

### (3) 환경문제의 이중고

공공재와 외부효과로 인해 환경문제를 일으키는 상품의 가격이 이익과 비용을 정확히 반영하지 못하게 되어 가격신호가 자원할당을 왜곡시키게 되는 **시장의 실패**(market failure)가 일어난다. 이것이 환경문제의 이중고이다.

우선 외부효과로 인해 시장이 효율적인 자원배분을 하지 못하게 되는 시장실패의 경우를 상세히 살펴보고자 한다.

# 제4절 외부효과와 시장실패

## 1. 외부효과와 시장실패

외부효과는 한 개인의 소비와 생산의 결정이 의도하지 않게 다른 개인이 시장에서 직면하는 가격을 변화시키지 않고 직접적으로 소비와 생산의 기회에 영향을 줄 때 일어난다. 시장경제는 그 가격들이 정확한 기회비용을 반영할 때 자원배분이 효율적이다. 후생경제학의 제1정리가 성립하는 가정 중의 하나가 외부성이 없어야 한다는 것이다. 여기서 **외부효과**(externality)를 정확히 정의해 보면 어떤 경제주체의 소비 또는 생산행위가 의도하지 않게 시장을 통하지 않고 무상으로 다른 경제주체에게 혜택을 주거나 손해를 입히는 효과라고 말할 수 있다. 외부효과는 크게 재산권 외부효과와 공공재 외부효과로 분류할 수 있다. 이에 대해서는 외부효과에 대해서 살펴본 후 상세히 다룰 것이다.

어떤 경제주체의 소비 또는 생산행위가 의도하지 않게 시장을 통하지 않고 다른 사람들에게 영향을 주는 행위들의 예를 들어보면 공장의 생산활동 결과 배출되는 오염물질, 이웃집의 담장 너머 피어 있는 장미, 러브호텔이 들어서 있는 아파트단지 등을 생각해 볼 수 있다. 외부효과를 발생시키는 경제행동들도 다양하다. 도로는 보통 공동으로 사용하는 것이 통례인데 운행하는 차량의 수가 증가하면 도로는 혼잡해져서 차량의 주행속도가 떨어지고 휘발유소비가 증가하게 된다. 하천도 공동으로 사용하는 것인데 낙동강 상류에 위치한 섬유공장들의 폐놀방류는 하류의 기업들이 물을 정화해야 하는 추가비용을 부담하게 한다. 공기를 공동사용하는 경우에도 화력발전소에서 석탄을 사용하여 발전을 많이 하게 되면 공기오염으로 주변 세탁소의 세탁비용이 상승하게 된다.

자연자원에 대한 선취경쟁으로 비롯되는 외부효과도 있다. 수산업의 경우 강이나 바다의 공동어장에서 수산물들이 포획되기 전에는 공동어장이 공동소유라고 할 수 있다. 그러나 일단 공유지와 같은 공동어장에서 수산물이 포획되면 사적 소유가 인정되므로 한정된 수산물을 경쟁적으로 서로 먼저 포획하려고 한다. 그런데 물고기와 같은 수산물은 자연상태에서 어떤 일정량 이하로 내려가면 재생의 속도가 현저히 떨어지므로 적정한 수산물의 자연적 보전이 필요해진다. 그러나 선취경쟁을 통한 어부들의 과도한 포획은 수산물의 자연적 보전을 위한 적정보호량을 저하시켜 다른 사람들에게 직접적으로 부정적인 영향을 미치는 것이다.

먼저 수질오염 또는 대기오염 등 우리에게 불편을 주는 공해에 대하여 생각해 보자. 약간의 수질오염 또는 대기오염은 우리 생활에 큰 불편을 주지 않으므로 참을 만할 것이다. 그러나 오염의 정도가 심해져 세수를 할 수 없을 정도가 되거나, 숨을 쉬기 힘들 정도가 되면 우리가 느끼는 불편의 정도는 심각해질 것이다. 이는 과거에 시장이 실패하였고 현재에도 실패하고 있는 증거이며, 과거부터 현재까지 환경의 파괴과정에 있는 것이다. 이러한 외부성의 경우 가격이 자원의 상대적 희소성을 올바르게 반영하지 못하므로 20세기 초 피구(A. C. Pigou)는 세금과 보조금 등을 통하여 치유될 수 있는 방법을 제시하였다.[30] 철강기업의 폐수방출로 인해 하류의 어부가 입는 피해를 묘사하는 예를 사용하여 그 논리를 간단히 살펴보기로 한다.

**그림 4-4** **외부성과 피구세**

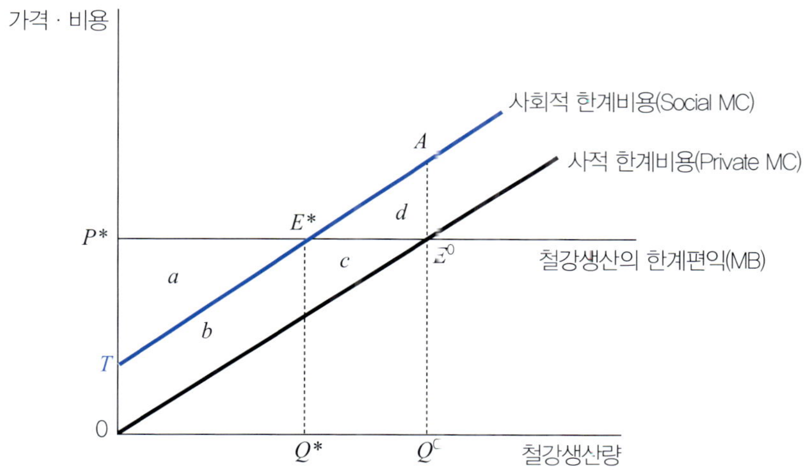


상류의 철강기업에서 폐수방출이 증가할 때 하류의 어부가 입는 추가적 피해액은 항상 일정하다고 가정하기로 한다. 이러한 상황에서 **그림 4-4**의 시장경제의 균형은 가격 $P$에서 $Q^0$를 생산하는 것인 반면에 사회적 최적효율을 나타내는 파레토균형은 가격 $P$에서 $Q^*$를 생산하는 것이다. 파레토균형을 달성하기 위하여 피구가 제시한 해결방법은 **피구세**(Pigouvian Tax)를 부과하는 것이며, 폐수방출이 증가할 때 파레토균형에서 어부가 입는 추가적 피해액($OT$)만큼을 생산단위당 세금으로 하면 바로 사회적 최적상태인 자원배분을 달성할 수 있다.

**정석 사고**

(1) 소비과정에 외부성이 발생한다면 경쟁시장균형에서 '사적 한계편익=사적 한계비용=사회적 한계비용'이지만 '사적 한계편익±외부성=사회적 한계편익'이 성립한다. 사회적 한계비용이 사회적 한계편익과 일치하지 않으므로 사회후생이 극대화되지 못한다.

(2) 생산과정에 외부성이 존재한다면 경쟁시장균형에서 '사적 한계편익=사적 한계비용=사회적 한계편익'이지만 '사적 한계비용±외부성=사회적 한계비용'이 성립한다. 사회적 한계편익이 사회적 한계비용과 일치하지 않으므로 사회후생이 극대화되지 못한다. 강 상류 기업의 폐수방출로 어부가 피해를 입는 경우, 강 상류 기업은 생산비용이 인위적으로 작아져서 과다생산을 하게 되고, 시장실패가 일어난다. 이를 해결하는 하나의 방법이 피구세를 부과하는 것이다.

## 2. 코스의 정리

앞 항에서 외부성을 교정하는 피구세에 관하여 설명하였다. 외부성으로 인한 시장실패의 또 다른 해석은 오염물질에 대한 시장의 미비로 시장실패가 발생한다는 것이다. 예를 들어 수산업자와 제철업자가 깨끗한 물에 대한 권리를 사고파는 시장을 생각해 볼 수 있다. 이러한 관점에서 코스(R. H. Coase)는 외부성에 대한 재산권이 형성되어 있으면 그 재산권이 누구에게 있더라도 관련 당사자 간의 교섭을 통하여 파레토효율적인 결과를 얻을 수 있다는 것이다.[31)]

우리가 교환경제를 통해 교환의 이익을 완전히 취할 수 있는 것은 재화와 용역에 대한 완전한 재산권이 규정되어 있기 때문이다. 재산권이 전제되지 않고는 교환이 성립될 수 없는 것이다. 경제학에서 재산권은 자원의 사용에 대한 소유자의 권리라고 본다. 자본주의경제에서 환경문제의 원인은 시장경제 자체, 즉 사적 이윤추구에 있다고 할 수 있다. 물론 사적 이윤추구가 사람들의 필요와 욕망을 잘 충족하도록 하지만 때로는 이러한 필요를 충족시키지 못할 수도 있다. 재산권이 불완전한 일련의 재화와 서비스는 정당한 대가를 지불하지 않고 사용될 수 있다는 것이다.

시장경제에서 자원을 효율적으로 할당할 수 있는 재산권의 구조를 보면 다음과 같은 세 가지 중요한 특징을 가진다.

① 배타성: 자원사용과 소유의 결과 생기는 모든 이익과 비용이 소유자에게 귀속된다.

② 이전성: 자발적인 교환을 통해 모든 재산권은 이전이 가능해야 한다.

③ 안전성: 모든 재산권은 다른 개인들로부터 침해를 받지 않는다.

외부효과로 인한 시장실패는 사실상 재산권과 관련되어 일어나는 것으로, 재산권이 분명해야 시장에서 자유로운 거래와 정당한 가격이 형성될 수 있다.

코스의 경제에서 묘사된 것처럼 매연을 발생시키는 철강공장과 세탁업자 사이의 예를 사용하여 설명하기로 한다. 공장에서 더 많은 생산을 하면 비례적으로 더 많은 매연이 발생하며, 공장에서 만들어진 철강은 경쟁시장에서 판매된다고 가정한다. 앞 항에서 사용한 그림을 그대로 이용하여 관련 당사자 간의 교섭을 통하여 파레토효율적인 배분을 하는지 증명해 보기로 한다. 또한 환경에 대한 재산권이 누구에게 있든지 상관없이 파레토효율성이 달성될 수 있다는 것도 함께 증명해 보기로 한다. **그림 4-4** 에서 사회적 비용은 철강생산의 비용과 매연에 의한 세탁업자의 피해액을 합한 비용을 의미한다. 사회적 최적배분(파레토균형)을 나타내는 철강생산량은 $Q^*$이지만 특별한 이유가 없다면 이윤극대화의 원리에 따라 철강공장은 $Q^0$를 생산한다.

먼저 세탁업자가 맑은 공기에 대한 권리를 가진다고 가정해 보자. 세탁업자의 입장에서는 매연이 전혀 없도록 공장을 이전시키거나 공장 가동을 중단시키는 것이 가장 좋은 선택이라고 생각할 수 있다. 그러나 처음의 생각이 옳지 않음을 금방 알 수 있다. 왜냐하면 철강공장은 $Q^*$만큼의 오염을 배출하기 위하여 세탁업자에게 최대한 이윤 $(a+b)$만큼을 지불할 용의가 있으며, 세탁업자는 공장이 $Q^*$만큼 생산을 하도록 허용하는 대가로 최소한 피해액 $b$ 이상을 보상받을 수 있다면 피해액을 보상하고도 남음이 있기 때문이다. 이때 보상액은 다음과 같이

$$b \leq \text{보상액} \leq (a+b)$$

사이의 값을 가지며 협상을 통해 $b$를 초과하여 $a$만큼 나누어 가진다면 어느 누구도 손해를 보지 않고 $Q^*$수준의 생산이 가능하다.

이제 철강공장이 맑은 공기에 대한 권리를 가진다고 가정해 보자. 철강공장의 입장에서는 이윤을 극대화하기 위하여 $Q^0$까지 생산을 하는 것이 가장 바람직하다고 생각할 것이다. 그러나 세탁업자가 아무 협상도 시도하지 않고 가만히 앉아 운명을 기다릴 것이라고 예상되지

는 않는다. 왜냐하면 세탁업자는 철강공장이 $(Q^0-Q^*)$만큼의 오염을 줄여준다면 그 대가로 최대한 피해액의 $(c+d)$만큼을 지불할 용의가 있으며, 철강공장은 $Q^*$만큼의 생산을 하기 위해서 최소한 이윤의 손실액 $c$ 이상을 보상받을 수 있다면 이윤손실을 보상하고도 남음이 있기 때문이다. 이때 보상액은 다음과 같이

$$c \leq \text{보상액} \leq (c+d)$$

사이의 값을 가지며 협상을 통해 $c$를 초과하여 $d$만큼 나누어 가진다면 어느 누구도 손해를 보지 않고 $Q^*$수준의 생산이 가능하다.

이상의 내용이 코스에 의해 제시된 놀라운 결과이며, 외부효과에 정부개입은 단지 필요조건에 불과하다는 사실을 잘 보여주고 있다. 요약하면 다음과 같다.

**정석 사고**

코스의 정리는 교섭비용 없이 협상이 가능하고 재산권이 잘 설정되면, 재산권이 누구에게 할당되든 동일한 자원배분을 가져오며, 이때의 자원배분은 효율적이라는 것이다. 따라서 외부효과에 정부개입은 단지 필요조건에 불과하다.

이상에서 설명한 **코스의 정리**(Coase Theorem)가 현실성이 있을 것인지를 생각해 보면 몇 가지 문제점이 있다. 그 하나는 교섭당사자 간에 비용-편익에 대한 완전한 정보를 가지고 있어야 한다는 것이다. 또 다른 하나는 교섭비용이 무시할 정도로 작아야 한다는 것인데 현실적으로 환경문제에 관련된 교섭당사자가 다수이므로 교섭비용이 클 수 있다.

## 3. 공유재산의 문제

**표 4-3 재화의 특성과 분류**

| | 배제성 | 비배제성 |
|---|---|---|
| 경합성 | 사적재 | 공유재 |
| 비경합성 | 클럽재 | 공공재 |

경제학에서는 재화를 크게 네 종류로 나눈다. 사과나 배, 햄버거나 핫도그처럼 경합성과 배제성을 가진 사적재, 이와는 정반대로 비경합성과 비배제성을 가진 공공재가 있다. 그리고 이 양극단의 중간에 공공재와 사적재의 성격을 동시에 가진 재화들도 있다. 사적재처럼 배제성을 가지지만 일단 배제되지 않은 사람들은 모두 혜택을 공유할 수 있는 비경합성을 가진 클럽재가 있다. 또한 공공재처럼 비배제성을 가지지만 모두가 똑같이 혜택을 누리지는 못하는 경합성을 가진 공유재가 있다. 클럽재의 사례로는 영화관을 생각할 수 있는데, 영화를 보기 위해 돈을 내야 하지만 일단 영화관에 입장하면 모두가 똑같이 영화의 즐거움을 누릴 수 있다. 공유재의 사례로는 빈 땅으로 방치된 목초지나 주인 없는 바다의 물고기를 생각할 수 있는데, 아무도 돈을 내지 않고 혜택을 누릴 수 있지만, 많은 사람이 소비하려 하면 혼잡해져서 더 이상 혜택을 누릴 수 없는 경우가 발생하게 된다. 공유재는 공유재산자원이라고도 한다.

앞의 항들에서 외부성과 코스의 정리에 대하여 살펴보았다. 그런데 공유재산자원은 소유권이 불분명하여 모든 사람이 이용할 수 있는 자원을 말하므로 어느 개인에게 배타적인 소유권을 행사시키기가 어렵다. 바다의 물고기, 들짐승, 지하수, 강물 등은 이러한 자원의 중요한 예이다. 이러한 자원들에 대한 파레토효율적인 배분문제는 피구 이래 폭넓게 이해되지 않고 있다가 하딘(G. Hardin, 1968)이 〈공유지의 비극(*Tragedy of Commons*)〉이라는 논문을 〈사이언스(*Science*)〉지에 발표함으로써 핫이슈로 부상하게 되었다. 하딘이 제기한 문제는 보다 정확히 말하면 '공유지'가 아니라 '개방자원'에 대해서라고 할 수 있다. 왜냐하면 공유지는 공동으로 잘 관리될 수도 있기 때문에 그 자체로서 비극이라고 할 수는 없기 때문이다.

어획자 수나 어획량에 대해서 아무런 제한이 없는 개방어장을 설명해 보기로 한다. 처음에는 소수의 어선이 조업을 하여 많은 어획고를 올리고 초과이윤을 누릴 수 있을 것이다. 그러나 곧 이러한 사실이 외부에 알려지면서 수많은 어선들이 경쟁적으로 조업을 하게 되어 물고기의 저량이 줄어들고 단위당 한계비용이 증가하게 될 것이다. 이러한 현상을 어부들이 잘 알고 있더라도 자신이 아닌 다른 사람들이 어획을 해갈 것이므로 어쩔 수 없이 초과이윤이 완전히 사라질 때까지 계속된다. 이를 소위 **공유지의 비극**(tragedy of commons)'이라고 부른다.

공유지의 비극에 대한 대표적인 예로서 바다는 공공재의 성격을 가지고 있어 어부들의 사익을 위한 경쟁은 효율적인 배분을 달성하지 못한다. 아무 보상도 없이 피해를 유발하는 해로운 외부성이 나타나고 있다고 보아야 한다. 코스의 정리에서 보는 것처럼 소유권을 명확히 정하여 경쟁시장에 의제할 수 있는 메커니즘을 만들 때 비로소 파레토효율적인 자원배분이 달성될 수 있을 것이다.

**정석 사고**

재화는 경합성과 배제성의 특성을 얼마나 가지고 있는지에 따라 네 가지로 분류된다. 사적재, 클럽재, 공유재, 공공재가 그것이다. 특히 개방어장과 같은 공유재는 수많은 어선들이 경쟁적으로 조업을 하게 되어 물고기의 저량이 줄어들고 단위당 한계비용이 증가하는 것을 잘 알고 있더라도 자신이 아닌 다른 어선들이 어획을 해갈 것이므로 어쩔 수 없이 초과이윤이 완전히 사라질 때까지 조업을 계속한다. 이것을 소위 '공유지의 비극(tragedy of commons)'이라고 부른다.

**정석 사례연구**

수산자원이나 야생동물은 세대 내 외부성과 세대 간 외부성이 모두 작용하는 대표적 예이다. 수산자원을 보호하기 위해 할 수 있는 첫 번째 수단은 시기나 계절별로 어획량에 따라 어획금지기를 설정하고 어획을 금지시키는 것이다. 1978년 미국의 수협(수산업관리협회)은 새로운 배들이 조개를 못 잡게 했다. 그 결과 어부들이 기존의 배를 이용하여 미친 듯이 더 오래 더 많이 어획을 하였다. 그대로 가다가는 조개의 씨가 말라버릴 지경이었다. 무조건 규제한다고 외부성의 문제가 사라지지 않는다는 사례이다. 이에 수협은 개인별 거래가능할당량(Individual Transferable Quotas, ITQ)제도를 도입하여 어획량의 상한선을 설정하는 동시에 어부들에게 개인별로 잡을 수 있는 총량을 명시한 허가증을 발행하기로 하였다. 물론 이 허가증은 어부 사이에 거래를 할 수 있는 배출권거래제도와 같았다. 허가증에 명시된 총량은 연간 총어획량의 상한선과 일치했다. 1989년 수협은 수면조개와 대양대합에 대하여 ITQ제도를 적용하였다. 이후 확대되어 알래스카의 가자미, 은대구, 베링해의 게 등에 대해서도 적용되고 있다. ITQ제도는 외부성에 의한 어업의 비효율적인 생산을 막아내는 데 성공하였다. 어떻게 해서 이 제도가 성공할 수 있었을까?

바다는 소유권이 적용되지 않아 누구나 먼저 어획하면 임자가 될 수 있다. 그렇기 때문에 단순히 금지한다고 외부성에 의한 비효율성을 제거하기 어렵다. 사실 물고기 한 마리 더 잡는 비용은 거의 0이기 때문에 엄청난 남획이 이루어지는 것이다. ITQ제는 개인에게 소유권을 부여하는 것과 같다. 이 경우 개인들은 어류들을 보호할 유인이 생긴다. 그 이유는 어류자원이 풍족해야 어류를 잡을 권리를 더 비싸게 팔 수 있기 때문이다.

짐바브웨의 코끼리는 ITQ제와 같이 소유권을 땅주인에게 줌으로써 코끼리가 얼마나 잘 보호될 수 있는가를 보여주는 획기적인 사례이다. 보고에 의하면, 땅주인에게 야생동물에 대한 소유권을 준 1882년에서 1995년 사이에 코끼리 수가 4만 마리에서 6만 8천 마리로 증가하였다. 이러한 아이디어가 남아프리카지역에 적용된 이후 자연상태의 동물을 구경하는 관광객들을 대상으로 이익을 낼 수 있어 농사로 벌이가 안 되는 농부들을 유인하고 있다. 이런 생태관광으로 아프리카 남부지역의 18%가 소득을 올리는 것으로 보고된다.

# 제5절 공공재와 시장실패



환경문제의 근본적인 원인은 환경에 관해서 이루어지는 행위에 시장이 상과 벌을 거꾸로 주기 때문이다. 예를 들어 공기를 깨끗이 하고 물을 정화하는 환경개선행위는 모두에게 이로움을 가져다준다. 이처럼 공기나 물을 깨끗이 하면 모두가 그 혜택을 똑같이 향유하며 선별적으로 특정인을 배제하고 나머지 사람들만 혜택을 누리도록 할 수 없다. 이러한 재화를 경제학에서는 **공공재**(public goods)라고 한다. 따라서 깨끗한 환경 혹은 환경개선은 공공재이다. 시장경제는 사적 소유권제도를 바탕으로 하는데, 이는 해당 상품을 배타적으로 소비하고 향유할 수 있을 때에만 의미가 있는 것이다. 그러나 공공재는 그 자체의 특성 때문에 소유권을 주장할 수 없고 소유권이 잘 설정되지 않은 재화는 시장체계를 통하여 효율적인 자원배분을 달성할 수 없다. 공공재로서의 환경개선행위는 상을 받아야 함에도 불구하고 시장체계에서는 충분히 상을 받지 못하기 때문에 환경문제가 심각해진다. 이제 공공재의 특성과 이로 인한 환경문제를 구체적으로 살펴보자.

## 1. 공공재의 특성

### (1) 비경합성

깨끗한 공기나 물 등의 환경재는 공공재로서 비경합성의 특성을 가지고 있다. 만일 내가 사과를 먹는다면 다른 사람은 내가 먹고 있는 사과를 동시에 먹을 수는 없다. 이처럼 나의 사과소비는 다른 사람들의 사과소비와 경합관계에 있다. 반면 공공재는 공급되는 즉시 모든 구성원에 의해 혜택이 공유될 수 있는 재화 및 서비스이다. 예컨대, 등대서비스의 경우 어느 한 배가 등대를 이용한다고 해서 다른 배들이 등대를 이용하지 못하는 것은 아니다. 이를 공공재의 **비경합성**(non-rivalry)이라고 말한다. 환경재도 공공재이므로 똑같이 설명이 가능하다. 일단 대도시의 대기가 깨끗해지면 어떤 특정인이 얼마나 혜택을 받고 있는지가 다른 사람들이 누릴 혜택에 영향을 주지 않고 모두 똑같이 혜택을 누릴 수 있다. 즉, 깨끗한 대기를 놓고 사람들끼리 서로 많은 혜택을 누리려고 다툴 필요가 없는 것이다. 자연의 아름다운 경관도 공공재로서 비경합성을 가진다. 설악산의 아름다운 가을경관은 우리가 쳐다보고 즐긴다고 해서 다른 사람들이 쳐다보고 즐기는 혜택을 손상시키지 않는 것이다.

환경이 비경합성을 가지고 있다는 것은 또 다른 중요한 경제적 의미를 가진다. 어떤 재화가 비경합성을 가질 때 사람들이 돈을 내지 않았다고 해서 그 사람들을 따돌리는 것은 경제적으로 옳지 않다고 할 수 있다. 예를 들어 1억 원을 투자해서 일기예보시설을 만들었다고 해 보자. 어떤 사람이 일기예보를 듣고 혜택을 받았다고 해서 다른 사람들이 일기예보를 통해 얻는 혜택을 감소시키지 않는다. 다시 말해서 어떤 사람의 소비활동이 다른 사람들의 소비활동에 아무런 영향을 주지 않는다. 이 의미는 일단 1억 원의 돈을 투자하여 일기예보시설을 만든 후에는 10명이 일기예보를 듣고 혜택을 누리는 경우나 10억 명이 일기예보를 듣고 혜택을 누리는 경우나 모두 똑같이 비용은 여전히 1억 원이라는 사실에 변함이 없다. 그러므로 더 많은 사람들이 일기예보를 들을수록 1억 원 투자의 사회적 이익은 점점 더 커지게 된다. 이와 같이 투자비용에 비해서 사회적 이익이 점점 더 증가하기 때문에 사회적 이익의 단위당 비용이 점점 더 감소하게 된다. 경제학적으로 말하면 더 많은 사람들이 들을수록 일기예보시설의 평균비용이 점점 체감하여 거의 제로(0)에 가까워진다. 이를 소비에 있어서의 규모의 경제라고 부르기도 한다.

환경이 비경합성을 가지고 있다는 또 다른 경제적 의미는 각 개인의 수요라는 개념을 모호하게 하며 새로운 수요 개념을 필요로 한다. 보통 상품의 경우 시장수요란 각 개인의 수요량을 전부 합한 총량이지만 비경합성을 가진 환경재의 경우에는 가장 수요가 큰 개인의 수요량을 공급하면 나머지 개인들은 똑같이 소비할 수 있다. 예를 들어 빵이나 사과의 경우 가격이 1,000원일 때 개인 1이 10개, 개인 2가 5개 사기를 원한다면 시장수요는 15개가 된다. 그런데 비경합성을 가진 환경재의 경우 정의상 개인 1의 수요가 가장 높은 환경질을 원하고 개인 2는 그보다 낮은 환경질을 원한다면 개인 1의 수요가 충족될 때 자동적으로 개인 2의 수요는 충족된다.

### (2) 비배제성

우선 공공재로서 등대를 생각해 보자. 배들이 등대의 불빛을 보지 못하게 하는 것은 불가능하다. 다시 말해서 특정인을 배제하고 나머지 사람만 즐기도록 할 수 없다는 것이다. 이를 공공재의 비배제성이라고 한다. 비경합성에 의하여 추가적 사용에 대한 추가비용이 거의 제로(0)이므로 가격을 매기는 것이 바람직하지 않고 비배제성 때문에 공짜로 혜택을 향유하려는 유인(무임승차)이 있으므로 가격을 매길 수도 없다. 등대와 유사한 가로등의 예를 들어 보아도 같은 생각을 할 수 있다. 사과 같은 보통 상품의 경우 시장에서 돈을 지불하고 구입하면 다른 사람이 마음대로 내놓으라고 말할 수 없다. 사과와 같은 사적재는 배제성을 가진다.

비배제성이라는 특성은 매우 중요한 경제적 의미를 가진다. 재화들이 비배제성을 가지면 그 재화들에 대해서 돈을 안 내는 사람들을 배제하기 어려우므로 공급자의 입장에서 돈벌이가 될 수 없다. 돈벌이가 되기 위해서는 돈을 안 내는 사람을 배제시키고 돈 내는 사람들에게만 재화를 공급할 수 있어야 한다. 그래서 환경개선행위는 좋은 일이지만 돈벌이가 될 수 없다. 왜냐하면 돈을 안 내는 사람을 배제하고 돈을 내는 사람들에게만 그 혜택을 제공하기가 어렵기 때문이다.

**정석 사고**

환경은 공공재적 성격을 가지고 있다. 그 성격은 비경합성과 비배제성으로 나누어 생각할 수 있다. 비경합성은 어떤 특정인이 얼마나 혜택을 받고 있는지가 다른 사람들이 누릴 혜택에 영향을 주지 않고 모두 똑같이 혜택을 누릴 수 있다는 특성이다. 따라서 어떤 재화가 비경합성을 가질 때 사람들이 돈을 내지 않았다고 해서 그 사람들을 따돌리는 것은 경제적으로 옳지 않다. 많은 사람들이 참여할수록 혜택이 커지기 때문에 가격을 매기는 것은 바람직하지 않다. 비배제성은 특정인을 배제하고 나머지 사람만 즐기도록 할 수 없다는 것이다. 따라서 공짜로 혜택을 향유하려는 유인(무임승차)이 항상 있으므로 가격을 매길 수도 없다.

## 2. 공공재의 최적공급규모

어느 정도의 수준에서 순수공공재를 공급하여야 효율적인지의 문제는 대단히 어렵다. 공공재의 특성상 일단 생산되면 아무도 그 편익으로부터 배제될 수 없고 소비자가 추가되더라도 재화사용에 대한 추가비용은 사실상 없다. 따라서 시장경제에서 공공재의 가격을 매긴다는 것은 공공재의 가격과 한계비용(=0)이 일치하는 파레토효율적인 규모만큼 공급하는 것이 불가능하다는 설명이다.

그러나 이론적으로 공공재의 최적공급규모에 대하여 생각할 수 있다. 만일 공공재를 추가로 한 단위 더 생산하는 데 드는 비용(노동, 원료, 에너지 등에 대한 지출)은 기업에서 생산할 때 드는 한계비용과 다를 바 없다. 따라서 모든 개인 소비자들에 대한 한계편익의 합계와 한계비용이 같을 때 공공재의 최적규모가 결정된다. 만일 $z$단위의 공공재가 공급될 때 최종 단위에 대해 개인 소비자 1은 $a$달러만큼 지불할 용의가 있고 개인 소비자 2는 $b$달러만큼 지불할 용의가 있다고 하자. 사과와 같은 사적재와는 달리 두 소비자가 동시에 공동소비하므로 공공재의 마지막 단위에 대한 지불용의액의 합계는 $a$달러+$b$달러가 된다. 이 합계가 마지막 단위의 공공재를 생산하는 데 드는 비용과 일치할 때까지 공공재를 공급하는 것이 파레토효율적이라는 것이다.

공공재에 대한 문제점은 이러한 이론처럼 공공재의 생산에 필요한 적정가격을 받을 방법이 없다는 것이다. 사람들이 돈을 내지 않더라도 그 재화를 소비할 수 있다는 무임승차자의 문제를 안다면 대가를 지불하려고 하지 않기 때문에 시장에 맡겨둘 경우 과소하게 생산되거나 아예 생산되지 않을 것이다. 그러므로 정부의 개입이 필요해지고 경우에 따라서는 정부의 직접생산이 요청된다고 할 수 있다.

**정석 사고**

공공재의 최적공급규모는 공공재의 각 단위마다 소비자들이 지불하고자 하는 금액을 더하여 수요곡선을 도출하고 공공제의 각 단위마다 소요되는 공급비용(공급곡선)과 일치하는 지점에서 결정된다.

## 3. 재산권 외부효과와 공공재 외부효과

두 가지 모두 시장을 통하지 않는 외부효과지만 그 차이는 환경이용으로 발생하는 환경오염 등이 부(-)의 공공재라는 점을 인식한다면 간단히 설명할 수 있다. 수질이나 대기오염은 재산권의 불확실성에서 기인하는 결과이지만 수질오염 등을 막기 위해 하수종말처리장을 건설하는 것은 공공재라고 할 수 있다.

재산권 외부효과는 개인의 소비와 생산활동의 결과로부터 나타나는 비의도적인 부산물이다. 따라서 개인의 편익이 비용보다 항상 크고 계속적으로 그 재화를 생산하고 소비할 경제적 유인이 있다. 반면에 공공재 외부효과는 개인의 이익보다 생산비용이 훨씬 크므로 아무도 그 재화를 공급하려고 하지 않는다. 그 결과 환경과 같은 공공재의 공급은 공공부문을 통하지 않을 수 없으며, 환경 이용의 경우는 경제적 유인 등을 통해 외부효과를 줄일 수 있다. 결론적으로 환경은 공공재의 성격을 가지고 공공재 외부효과를 발생시키며, 환경의 이용은 부(−)의 공공재의 성격을 가지고 재산권 외부효과를 발생시킨다.

**정석 사고**

환경은 공공재의 성격을 가지고 공공재 외부효과를 발생시키며, 환경의 이용은 부(−)의 공공재의 성격을 가지고 재산권의 불확실성에서 기인하는 재산권 외부효과를 발생시킨다.

**정석 사례연구**

경제학에서 아주 중요한 개념의 하나인 무임승차자의 문제는 일상생활에서 국제정치까지 모든 분야에 적용되고 있다. 다음 두 가지 상반된 사례를 통해 이 문제를 생각해 보자.

1994년 영국 케임브리지 시에서는 350대의 녹색자전거를 시민들이 무료로 사용할 수 있도록 공공재로 공급하려고 하였다. 녹색자전거는 사용 후 15개의 자전거보관소 어느 곳에나 반납할 수 있게 조치되었다. 그런데 녹색자전거 무료사용안을 시행한 지 나흘이 되자 단 한 대의 자전거도 자전거보관소에 남아 있지 않았다. 무슨 일이 생긴 것일까?

대부분의 자전거는 도둑을 맞았거나 다른 색깔이 칠해져서 사적 용도로 사용되고 있었다. 케임브리지 시는 녹색자전거프로그램을 시행하는 데 2만 달러 이상을 지출했지만 결국 말 그대로 녹색자전거의 '무임승차자 문제'를 극복해내지 못하였다.

도시 번화가의 품질은 공공재의 또 다른 사례일 것이다. 뉴욕 시의 맨해튼 중심에 위치한 타임스퀘어는 1980년대까지 노상강도, 소매치기, 마약상 들이 몰려들고 성인용품점이나 무기판매점들로 가득 차 있었다. 뉴욕 시는 10년을 노력하다가 결국 포기하였다. 그런데 1992년 지역상인들이 자체적으로 재원을 조달하여 상업개선지구(Business Improvement District)사업을 시작하였고 오늘날의 모습으로 변모하게 되었다. 어떻게 가능했을까?

뉴욕 주의 법에 의하면 지역상인의 60% 이상이 동의하면 자체적으로 요금을 부과할 수 있다. 타임스퀘어의 상업개선지구 상인들은 84%의 동의를 얻었기 때문에 법적 실체로서 요금을 부과할 수 있는 자격을 얻었다. 이후 공공안전요원을 채용하여 경찰과 함께 경비를 책임진 덕분에 범죄건수도 현저히 줄어들었고, 청소부, 쓰레기수거 등의 체제를 정비하여 청결하고 매력적인 지역으로 변모시켰다. 지금은 500만 달러가 넘는 예산에 120명이 넘는 직원을 거느리고 있다. 뉴욕 시의 사소하게 보일지 모르는 법과 그 법을 활용한 지역상인의 노력이 무임승차자의 문제를 완전히 해결한 사례라고 할 수 있다.

# 제6절 수요공급의 원리와 환경정책

## 1. 적정환경오염수준

적정환경오염은 경제학의 처음이자 마지막인 수요공급의 원리를 그대로 적용한 개념이다. 경제학에서 수요는 이익 또는 편익을 반영하고 공급은 비용 혹은 사회적 비용을 말한다. 환경오염에서 잃는 것과 얻는 것을 생각해 보자. 환경오염은 사회적으로 피해를 발생시킨다. 이 피해에는 인적 피해와 물적 피해가 있으며 환경오염물질의 배출량이 증가함에 따라 시장 특유의 능률성으로 인해 빠르게 증가한다. 한편 환경오염으로 얻는 것은 무엇일까? 환경오염물질의 배출량은 우리가 환경을 더 많이 이용할수록 증가한다. 우리가 계속 장시간 일하면 처음보다 능률이 급감하듯이 환경을 이용할 때 처음에는 매우 이익이 큰 작업을 하겠지만 시간이 흐름에 따라 이익이 작은 작업까지 환경을 이용하여 작업을 하게 된다. 따라서 환경오염에서 우리가 얻는 것은 시간이 지나면서 급감하기 시작한다. 환경오염물질배출량이 증가함에 따라 잃는 것(비용증가분)과 얻는 것(편익증가분)을 그림으로 나타내면 **그림 4-5** 와 같다.

**그림 4-5 적정환경오염수준의 결정**

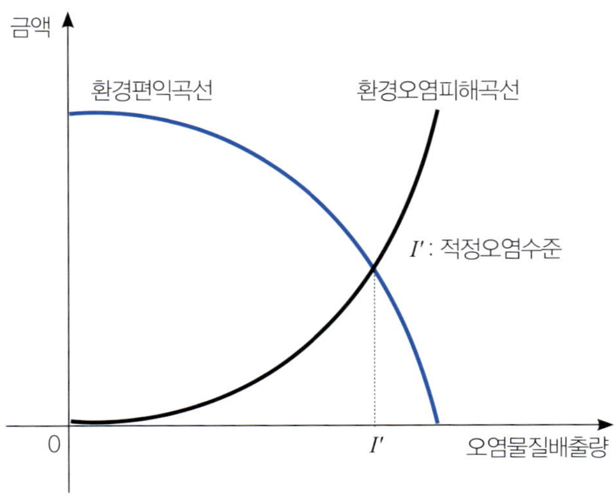

적정환경오염수준은 환경오염으로 인해 잃는 것이 얻는 것보다 커지지 않는 범위 내에서 환경오염물질의 배출을 최대한 허용하는 것이다. 이때의 환경오염물질배출량을 적정배출량, 환경의 질을 **적정환경오염수준**이라고 한다.

**정석 사고**

적정환경오염수준은 환경오염으로 인해 잃는 것이 얻는 것보다 커지지 않는 범위 내에서 환경오염물질의 배출을 최대한 허용할 때의 환경질의 수준이다. 다시 말해서 한계환경편익과 한계오염피해가 같아질 때 달성되는 오염수준이다

## 2. 수요공급의 원리

수요공급의 원리와의 유사점과 차이점을 한 번 살펴보자. 일반 상품의 경우 수요곡선은 소비자이익의 증가 정도를 반영하고 공급곡선은 상품생산을 위해 감수해야 하는 비용의 증가 정도를 반영한다. 유사하게 환경편익곡선은 환경을 이용함으로 인한 이익의 증가 정도를 나타내고, 환경오염피해곡선은 오염물질배출로 인해 감수해야 할 비용의 증가 정도를 나타낸다. 그러나 일반상품의 수요공급의 원리와 다르게 환경오염피해는 오염을 배출하는 기업들에 귀속되지 않고 제3자에게 귀속된다. 다시 말해서 환경오염피해곡선은 외부효과의 크기를 반영하는 곡선으로서 외부비용을 나타낸다.

## 3. 환경정책

사람은 종종 논리보다는 감정적으로 문제에 반응하곤 한다. 이러한 사람의 특성을 이용하여 환경오염문제에 대해 정부가 대처할 수 있는 정책수단에는 여러 가지가 있을 수 있는데, 크게 다음 두 가지 유형으로 나누어 볼 수 있다. 첫 번째 유형은 직접규제이고 두 번째 유형은 간접규제이다.

**그림 4-6** 환경정책의 분류

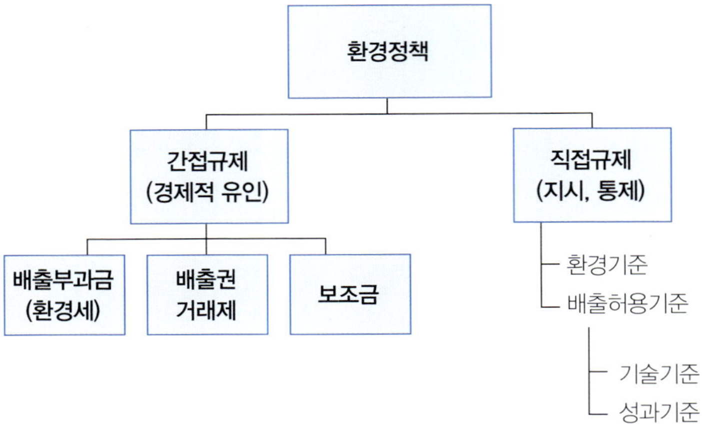


## (1) 직접규제

정부가 오염행위를 금지시키고 위반할 때 처벌을 하는 규제방식을 말한다. 만약 소금 성분이 수질오염을 발생시킨다면 정부는 세척제 등에 소금 사용을 금지하고 이를 위반할 경우 처벌을 하거나 과태료를 부과한다. 이러한 방식은 파레토최적 오염수준으로 오염을 줄일 수 있지만 오염배출원의 종류와 위치에 따라 오염을 줄이는 데 드는 비용이 달라서 일률적으로 규제기준을 설정하면 오염배출원들 사이에 효율적인 오염배출량을 분배하기 어렵다.

**그림 4-6**에서 직접규제의 **환경기준**이란 어느 지역이나 도시에서 인간의 건강을 위해 환경이 가져야 할 최소한의 수준으로서 최대한의 수질, 대기오염수준을 말한다. **배출허용기준**은 개별환경오염원(배출업소)에 대해 일정한 오염물질배출량의 기준을 정한 후 허용기준치(오염의 기초공제)를 넘는 경우 벌금 등으로 규제하는 방식을 말한다. 일종의 오염공제제도인 배출허용기준은 환경기준과 달라서 배출허용기준이 충족되어도 환경기준이 꼭 달성되는 것은 아니다. 왜냐하면 수질오염의 경우, 강 상류의 오염배출업체가 배출허용기준을 지키더라도 강 하류 여러 지점의 수질이 동일하게 유지된다는 보장이 없기 때문이다.

직접규제의 방식에는 반드시 따라야 하는 행정명령방식의 **기술기준**이 있다. 예를 들어 자동차에 배출정화장비를 장착하도록 의무화하는 방법이다. 이 방식은 관리감독하기는 쉽지만 환경정책목표를 직접 실현할 수 없다. 또한 과학기술이 계속 발전하므로 현재의 환경오염방지기술이 가장 경제적이라는 보장이 없다. 행정명령방식의 다른 하나는 **성과기준**으로 기술

지표(배출정화장치의 감축목표, 폐기가스감시장치의 감축목표 등)를 미리 정해두고 모든 기업이 이 기준을 충족하도록 하는 방식이다. 이러한 방식들은 정부가 개별기업들의 비용정보를 알 수 있어야 하는데, 현실적으로 불가능에 가깝기 때문에 비용이 최소화되지 않아 비효율적이다.

### (2) 간접규제

정부가 경제적 인센티브(incentive, 유인)를 이용하여 환경오염행위를 규제하는 방식이다. 환경세(피구세) 혹은 **배출부과금, 배출권거래제**를 그 대표적인 예로 들 수 있다. 배출부과금의 경우 자동차에 배출정화장비를 장착하게 하고, 미장착 시 1km당 얼마의 세금을 내도록 할 수 있다. 따라서 자동차 운전자들은 배출정화장비를 장착하거나 운전을 더 적게 하는 유인을 가지게 된다. 경제학자는 경제적 인센티브방식을 선호한다. 크게 보아서 다음 두 가지 방식으로 경제주체의 행동과 동기를 바꾸려고 한다. 하나는 오염물질배출량에 대한 과세방식(배출부과금과 보조금)이고, 다른 하나는 배출총량을 규제하고 배출권을 개인들에게 분배하여 배출허가권을 사고팔 수 있도록 하는 방식(배출권거래제)이다. 이에 대한 상세한 내용은 잠시 미루어 놓고 별도의 장으로 살펴볼 것이다.

**정석 사고**

환경정책은 다음 두 가지 유형으로 나누어 볼 수 있다. 첫 번째 유형은 직접규제이고 두 번째 유형은 간접규제이다. 직접규제는 정부가 오염행위를 금지시키고 위반할 때 처벌을 하는 규제방식이다. 반면에 간접규제는 정부가 경제적 인센티브(incentive, 유인)를 이용하여 환경오염행위를 규제하는 방식이다. 그 대표적인 예는 배출부과금과 배출권거래제이다.

## 보론 로빈슨 크루소의 일반균형모형

우리는 〈보론〉에서 유명한 로빈슨 크루소(Robinson Crusoe)의 무인도 생활을 통하여 소위 '보이지 않는 손'의 훌륭함을 나타내는 시장경제체계의 일반균형이론을 살펴본다. 먼저 로빈슨 크루소는 하루 동안 생산자이면서 동시에 소비자인 자신에 피곤함을 느꼈다고 가정한다. 그리하여 그는 다른 방안을 찾았다. 하루는 생산을 하고 다음 날은 소비만 하기로 했다. 이러한 활동을 조정하기 위하여 그는 노동시장과 땅콩시장을 만들었다. 그는 또한 크루소 회사를 만들어 주주가 되었다. 이 회사는 이윤극대화의 원리에 따라 노동과 땅콩의 가격을 보고 노동량의 수요를 결정하고, 땅콩의 생산량을 결정한다. 로빈슨은 노동자로서 소득을 벌고 주주로서 배당금을 받는다. 그리고 소비자로서 효용극대화의 원리에 따라 얼마나 땅콩을 구입할 것인지 결정한다. 로빈슨은 조개껍질로 '원'이라는 화폐를 만들었다. 그리고 그는 땅콩 1kg에 1원으로 가격을 매겼다. 그리하여 이 경제는 땅콩이 중립재가 되었다.

### (1) 이윤극대화

로빈슨 크루소 회사의 입장에서 먼저 이윤은 '총수입－총비용'이므로

$$\pi = PY - WL$$

단, $P$는 땅콩가격, $Y$는 땅콩생산량, $W$는 정해진 임금, $L$은 노동수요량이다. 그런데 땅콩가격이 1이므로

$$\pi = Y - WL$$

이 된다. 땅콩생산량에 관하여 정리하여 보면

$$Y = WL + \pi$$

이므로 노동을 땅콩으로 바꾸는 비율인 노동의 생산가치는 바로 임금($W$)이 된다.

$$MRT_{\text{노동, 땅콩}} = W$$

그리고 생산량을 정확히 계산하려고 하면 생산기술이 주어져야 한다.

### (2) 효용극대화

먼저 효용은 여가상품과 땅콩의 소비에서 만족을 얻을 수 있으므로

$$U = U(Y,\ Leisure)$$

무한히 소비하려고 할 수 있다. 그러나 그의 벌어들이는 소득 내에서 소비를 하여야 하므로

$$PY + W \times (Leisure) = \pi + WL$$

단, $P$는 땅콩가격, $Y$는 땅콩소비량, $W$는 여가의 가격(노동포기의 기회비용), $L$은 노동수요량이다. 그런데 땅콩가격이 1이므로

$$Y + W \times (Leisure) = \pi + WL$$

이 된다. 우측의 소득이 정해져 있다면 여가상품과 땅콩의 상호 교환비율, 즉 여가의 소비가치는 단지 임금($W$)이 된다.

$$MRS_{\text{여가, 땅콩}} = W$$

그리고 소비량을 정확히 계산하려고 하면 두 상품의 동시소비에서 오는 만족도(효용)의 순위를 보여주어야 한다.

노동시장이나 상품시장에서 하나의 시장이 균형이 되면 다른 시장은 자동적으로 균형이 된다는 왈라스(L. Walras)의 법칙에 의하여 노동시장의 균형에서 노동의 생산가치인 임금의 상대가격이 결정된다. 상품시장에서도 여가의 교환가치인 여가의 상대가격이 결정되며 그것은 임금의 기회비용이기도 하다. 따라서 노동의 생산가치와 교환가치가 같아지며 그것은 바로 다음의 균형조건을 의미한다. 이것을 시장경제의 파레토효율성(Pareto Efficiency)이라고 부른다.

$$MRT_{노동,\ 땅콩} = MRS_{여가,\ 땅콩} = W$$

여가와 땅콩의 한계대체율이 임금과 같고 노동의 한계생산성이 임금과 같으므로 노동시장과 상품시장 모두 청산되는 일반균형이 달성되는 것이다.

## 연습문제

**1.** 다음 보기는 팀 하포드(Harford, T., 2006)의 말인데 이 말이 무엇을 의미하는지 설명하세요.[1)]

**보기**

"만약 당신의 목표가 모든 선수들이 100m 결승선을 다 같이 동시에 통과하게 만드는 것이라면 가장 빠르게 달리는 첫 번째 주자에게 천천히 달리라고 요구하고, 모든 선수들이 함께 손을 잡고 100m 결승선을 통과하도록 경기의 규칙을 바꾸는 것을 생각할 수 있다. 이 생각은 재능의 낭비가 생겨서 바람직하지 못하다. 이 방식 대신 각자의 출발점을 앞으로 또는 뒤로 옮겨 놓을 수 있다면, 모두가 최선을 다해 달리더라도 모든 선수가 동시에 100m 결승선을 통과하도록 할 수 있다."

**정석힌트** 기술적으로 가능한 모든 (파레토)효율적인 자원배분은 경쟁시장과 재산권의 적절한 재설정으로 달성될 수 있다는 후생경제학의 제2정리를 설명하고 있다.

**2.** 시장의 접경지대에 있는 환경문제는 시장에서 잘 해결되지 않는다. 이때 발생하는 환경문제의 이중고와 그 해결에 대해 설명하세요.

**정석힌트** 환경개선행위는 공공재의 문제(비배제, 비경합), 환경오염(이용)행위는 외부효과의 문제(개인의 손익에 빠지고 의도하지 않게 입힌 제3자의 피해를 감안하지 않는 효과)가 있다. 정부가 직접공급, 오염기업이 직접 오염관리, 강제로 벌금부과, 세금부과 형태의 배출부과금 시행 등을 들 수 있다.

**3.** 다음 그림은 재화의 종류를 보여준다. 다음 글을 읽고 설명하세요.

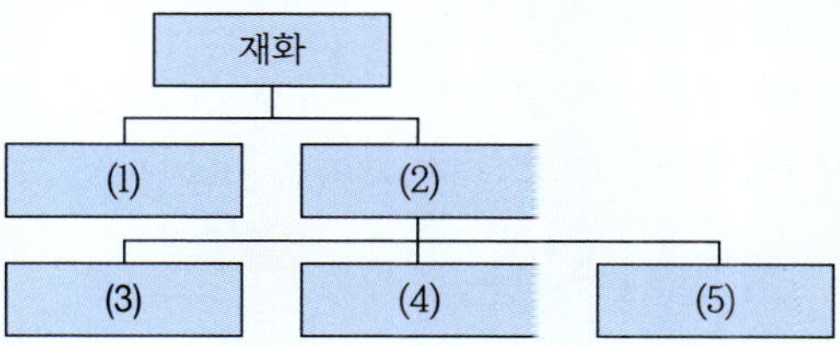


(1) 그림의 괄호를 채우세요.

(2) 환경은 어느 재화에 속하며 그 특성은 무엇인지 설명하세요.

(3) 어느 재화가 공유지의 비극을 발생시키는지 그 이유를 설명하세요.

(4) 환경문제의 이중고에 대해 설명하세요.

1) Harford, T., *The Undercover Economist*, Oxford: Oxford University Press, 2006.

**정석힌트**

(1) (순서대로) ①사적재, ②공공재, ③클럽재(준공공재), ④공유재(혼잡재), ⑤순수공공재

(2) 순수공공재에 속하며 비배제성과 비경합성을 가진다.

(3) 공유재가 공유지의 비극을 발생시키며, 특성은 경합성과 비배제성을 가진다. 예를 들어 바다 수산물의 경우 서로 많이 잡으려는 경쟁으로 인해 씨가 말라가지만 배제는 할 수 없어서 결국 자원고갈과 이익소멸을 겪게 된다.

(4) 환경개선행위는 공공재의 문제(비배제, 비경합), 환경오염(이용)행위는 외부효과의 문제(개인의 손익에 빠지고 의도하지 않게 입힌 제3자의 피해를 감안하지 않는 효과)가 있다.

**4.** 다음 그림은 환경정책의 종류를 보여준다. 다음 글을 읽고 설명하세요.

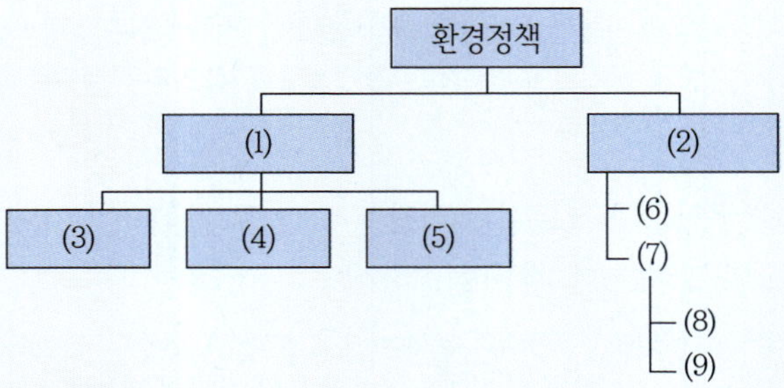


(1) 그림의 괄호를 채우세요.

(2) 환경정책의 목표를 설명하세요.

(3) 가격통제방식과 수량통제방식을 설명하세요.

**정석힌트**

(1) (순서대로) 간접규제, 직접규제, 배출부과금, 배출권거래제, 보조금, 환경기준, 배출허용기준, 기술기준, 성과기준

(2) 적정환경오염수준을 달성하는 것

(3) 경제적 인센티브를 이용하여 가격을 통제하는 것은 간접규제, 배출량 등 물리적 측면을 통해 수량을 통제하는 것은 직접규제방식이다.

# 제2편
# 환경평가의 기준과 환경가치

# 제5장 환경평가의 기준

환경문제라고 하면 환경오염, 자연생태계의 파괴, 경관과 녹지의 훼손, 생물다양성의 감소, 동식물의 멸종 등을 포함한다. 여기에 정부 및 공기업이 행하는 각종 개발사업에 의한 환경파괴가 심각한 환경문제로 떠오르고 있다. 1990년대 말경에 큰 사회적 물의를 일으켰던 시화호 방조제 사업도 환경문제를 정확히 고려하지 않은 개발사업이었고, 새만금 간척사업도 환경영향을 고려하지 않은 개발사업이라고 할 수 있다. 따라서 각종 공공개발사업에 대하여 보다 엄밀한 환경평가가 이루어져야 함은 말할 필요가 없을 것이다.

구체적인 환경문제와 환경정책과 같은 나무의 부분을 논하기 전에 수풀과 같은 경제학적 접근방법과 개념을 명확히 할 필요가 있다. 개념적인 하부구조를 가지고 있으면 개별적인 문제뿐만 아니라 종합적인 문제도 보다 쉽게 분석할 수 있을 것이기 때문이다. 환경문제에 접근하는 경제학의 구조를 개발하기 위해 경제시스템을 통해 표현되는 인간행위와 그에 따른 환경적 결과 사이의 관계에 대한 적절성을 판단하는 기준을 세워

# 제5장 환경평가의 기준

야 한다. 이러한 기준은 환경문제의 성격과 환경정책 고안의 기초가 될 것이다.

이 장에서는 우선 편익은 무엇이고, 비용은 무엇인지 파악하며 이야기를 시작한다. 따라서 환경평가는 편익에서 비용을 뺀 순편익이 그 기준이 된다. 다음으로 행위가 최적 또는 최선인가 하는 문제는 순편익이 가장 크게 되는 효율성 기준으로 파악할 수 있으며 여기에는 정태적 효율성과 동태적 효율성이 있다는 것을 살펴볼 것이다. 그다음으로 동태적 효율성 기준을 적용하여 경제적 타당성을 분석하는 비용–편익분석을 살펴볼 것이다. 그리고 비용–편익분석에 수반되는 문제들로서 할인율의 선택문제와 위험성할인문제를 살펴볼 것이다.

**이 장에서 배울 것**

- 환경평가의 기준은 무엇일까?
- 효율성기준은 무엇일까?
- 비용–편익분석은 무엇일까?
- 비용–편익분석의 방법에는 어떤 것들이 있을까?
- 할인율의 선택문제는 무엇일까?
- 위험할인은 어떻게 하는 것일까?

# 제1절 환경평가

새 환경경제학

만일 우리가 어떤 계획된 행동이 바람직한 것인지를 평가하려고 한다면 그러한 행동의 손실과 이익을 구분하려 할지 모른다. 만일 이익이 더 크다면 우리는 그러한 행동을 지지할 것이다. 이러한 간단한 판단기준이 경제학적 접근의 출발점이 된다. 경제학자들은 어떤 행동이 이익과 손실을 모두 가져올 수 있다고 본다. 그리고 이익 또는 편익이 손실보다 더 크다면 행동은 바람직하다고 보는 것이다. 여기서 바람직하다고 함은 경제적으로 타당성이 있다는 의미이다.

공식처럼 표현해보기 위해 어떤 계획된 행동의 편익을 $B$라고 하고 비용을 $C$라고 가정하자. 경제학자들의 판단기준은 간단하다. 즉, $B>C$이면 그 행동은 바람직하다. 개인의 행동에서와 마찬가지로 공공개발사업의 바람직한 정도도 사회적 이익과 사회적 손실을 비교해서 판단하게 된다. 경제학에서는 이 사회적 이익을 보통 편익이라고 부르고 사회적 손실을 비용이라고 부른다. 그런데 문제는 편익과 비용을 어떻게 측정할 수 있는가 하는 것이다. 경제학에서 이들을 측정하는 수단은 간단하게 그들 자신에게 미치는 영향에 의해 평가된다. 물론 그들에게 직접적으로 영향을 미치지 않는다고 해서 환경적 영향이 무시되는 것은 아니다. 이 문제는 다음 장에서 살펴볼 것이다.

## 1. 편익

기본적으로 편익이란 소비를 증가시키는 효과를 말한다. 왜냐하면 소비로부터 나오는 즐거움이 모든 경제활동의 목적이기 때문이다.[32] 편익은 어떤 계획된 행동에 의해서 제공되는 상품과 서비스의 수요곡선으로부터 계산될 수 있다. 앞 장에서 본 것처럼 수요(demand)란 수요자들의 상품에 대한 구매 욕구를 말하며, 더 중요한 것은 상품을 구매할 수 있는 능력이 뒷받침되어야 한다는 사실이다. 수요곡선은 우하향의 기울기를 가진다고 하는데, 이는 가격이 오르면 수요량이 줄어들고 가격이 내리면 수요량이 증가한다는 관계를 나타내는 수요의 법칙(law of demand) 때문이다.

수요법칙을 나타내는 수요곡선에 대한 하버거(A. C. Harberger, 1971)의 해석을 보기로 하자. 주어진 단위에 대한 수요의 경쟁가격은 그 단위에 대한 수요자의 가치인 동시에 지불의사액을 나타낸다. 그리고 사회 전체의 총가치는 개개인의 가치 또는 지불의사액을 합한다는 것이다. 예를 들면 사과 1개씩 구입할 수 있는 5명의 소비자가 있다면, 각 소비자의 지불용의액을 합한 총가치 또는 총지불의사액이 총편익으로 정의되는 개념이다. 다음 **그림 5-1**을 통해 살펴보자.

**그림 5-1**의 색칠된 부분이 바로 소비자들의 총가치이다. 이러한 총가치 또는 총지불의사액이 총편익이며, 그림에서 하단 사각형의 5×5원과 상단 삼각형의 1/2×5×5=12.5원을 합한 37.5원이 된다.

**그림 5-1** **총편익**

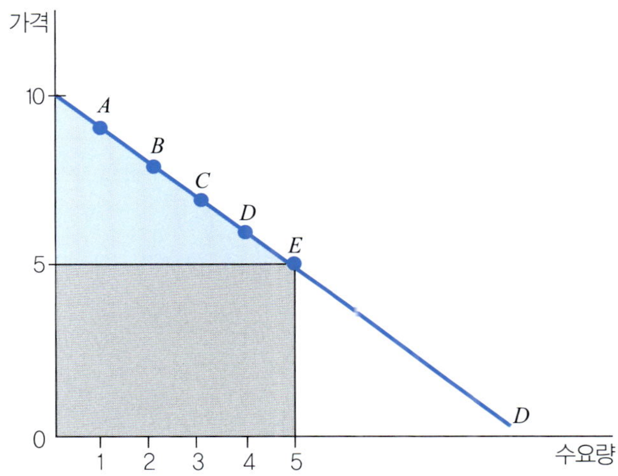


## 2. 비용

경제학에서 말하는 비용이란 직접 주머니에서 화폐가 지출되는 비용 이외에 기회비용, 즉 포기된 최선의 용도에서의 편익을 합한 것을 의미한다. 그러므로 어떤 공공사업의 비용은 그 사업자금 이외에 그 사업자금이 민간부문에서 최선의 용도로 이용되었을 때 발생할 편익까지 비용으로 고려하는 것을 의미한다. 그러므로 공공사업의 비용을 추정하기 위해서는 직접비용 이외에 그 사라진 편익도 함께 살펴봐야 한다.

환경서비스는 인적자원이 투입되지 않아도 생산비용이 들어간다. 이때의 생산비란 생산에 소요되는 화폐적 비용이 없으므로 실물의 희생을 화폐금액으로 환산한 것을 말하는데, 여기서 모든 비용은 기회비용으로 측정되어야 한다. 일정량의 생산요소를 가지고 두 가지 이상의 재화 생산이 가능할 때, 그 생산요소로 단 한 가지 재화만을 생산한다면, 그것은 다른 재화를 생산할 기회를 희생시키는 것이 된다. 이때 그 생산된 한 가지 재화의 생산비는 그 재화를 생산하는 데 있어서 실제 소요된 비용 이외에 그 생산으로 말미암아 희생된(또는 포기된) 다른 재화의 가능했던 생산량으로 표시한 그 재화의 기회비용(opportunity cost)을 계산하여야 한다. 동일한 양의 생산요소로 두 재화 중 하나를 만들 수 있지만 한 재화의 생산을 포기하는 경우 직접 소요되는 생산비용은 기회비용에 포함되지 않는다. 그러나 다른 재화와 달리 어떤 재화를 생산하는 데 추가되는 직접 생산비용이 있다면 그것은 그 재화의 기회비용에 포함된다. 따라서 환경서비스에 대한 기회비용은 특별히 환경에 소요되는 직접비용이 없으므로 서비스를 제공하는 자원이 더 이상 다음으로 가장 유용한 사용목적을 위해 사용되지 못하여 포기한 순편익으로 보아야 한다.

어떠한 자원도 대체사용목적을 가지고 있다면 공짜일 수 없다. 예를 들어 어떤 강이 보트경기장이나 전기발전소로 사용될 수 있다고 하자. 이 경우 전력발전의 기회비용은 보트경기장으로 사용될 때 얻을 수 있는 순편익의 상실로 보아야 한다. 토지의 경우도 마찬가지이다. 비주택용토지는 자연이 준 것이므로 직접 소요비용이 없다고 하더라도 주택용으로 사용할 때 얻을 수 있는 순편익의 상실이라는 기회비용을 가진다. 이러한 기회비용은 어떤 계획된 행동에 의해서 제공되는 상품과 서비스의 공급곡선으로부터 계산될 수 있다.

이상의 설명을 통해 기회비용에 대한 이해를 할 수 있다면 이제 수요곡선과 마찬가지로 공급곡선에 대한 하버거(A. C. Harberger, 1971)의 해석을 보기로 하자. 주어진 단위에 대한 공급가격은 그 단위에 대한 공급자의 가치인 동시에 수취가능액을 나타낸다. 그리고 시장의 총공급가치는 개별공급자의 가치 또는 수취가능액을 합한 것이다. 예를 들면 사과 1개씩 공급할 수 있는 5명의 공급자가 있다면, 공급자들의 총가치는 $A$점의 높이+$B$점의 높이+$C$점의 높이+$D$점의 높이+$E$점의 높이이며, 그림 5-2 의 색칠된 부분과 같다고 할 수 있다. 이러한 총가치 또는 총수취가능액이 총비용으로 정의되는 개념이다. 그림에서 총비용은 색칠된 하단 사다리꼴의 $1/2 \times (2+5) \times 5$원$=17.5$원이 된다.

**그림 5-2** 총비용

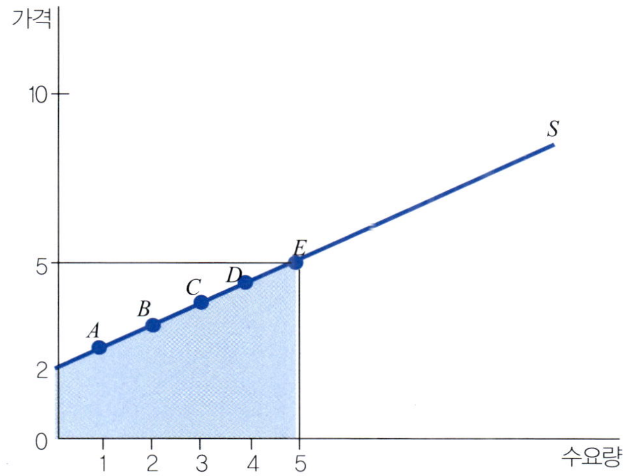


**정석 사고**

편익이란 소비를 증가시키는 효과를 말한다. 비용이란 직접 주머니에서 나가는 화폐지출 이외에 기회비용, 즉 포기된 최선의 용도에서의 편익을 합한 것을 의미한다. 그러나 모든 대안들이 동일한 직접 화폐지출이 있다면 직접적인 화폐지출은 기회비용에 포함되지 않지만 선택된 대안에만 직접 화폐지출이 필요하다면 직접적인 화폐지출은 기회비용에 포함된다.

# 제2절 환경평가의 기준: 순편익

## 1. 순편익

앞 절에서 편익과 비용을 각각 살펴보았는데, 비용을 초과하는 편익이 순편익이므로 시장에서 수요와 공급에 대한 하버거의 해석을 이용하던 의사결정규칙을 만들 수 있다. 예를 들어 낙동강의 5km 지류를 보존하려고 한다. 그리고 그러한 보존행위의 편익과 비용이 앞의 예에서 본 사과의 수요가치와 공급가치와 동일하게 **그림 5-3** 에 반영되어 있다. 우리는 이 강의 지류를 보존해야 하는 것일까?

제1편
제2편
제3편
제4편

**그림 5-3 순편익**

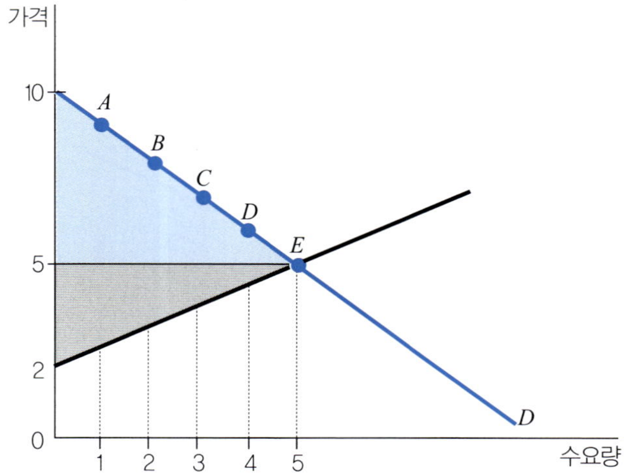


그림의 색칠된 부분이 순편익을 나타내며, 순편익이 있으므로 당연히 보존행위는 옳다고 판단된다. 여기서 우리는 시간이라는 요인을 중요하게 고려하지 않는다. 왜냐하면 사과의 경우처럼 모든 편익과 비용이 현재 이 순간만 발생하기 때문이다. 그러나 만약 환경처럼 편익과 비용이 미래에도 계속 이어진다면 시간은 의사결정의 중요한 요소가 된다. 예를 들어 댐건설로 인한 용수공급의 편익은 현재뿐만 아니라 10년 후에도 발생한다. 환경에 대해서도 마찬가지로 시간이 지남에 따라 석유와 같은 자원은 소모되고 어류나 산림처럼 재생산이 가능한 자원도 점점 줄어들어 미래세대에 남겨질 양이 적어지고, 공해도 점점 누적된다. 이러한 경우 우리는 어떠한 결정을 할 수 있을까?

한 가지 방법은 현재시점의 순편익과 미래시점들의 순편익을 비교할 수 있는 방법을 사용하는 것이다. 이러한 비교를 할 수 있으려면 미래의 순편익을 현재의 가치로 바꿀 수 있어야 한다. 현재가치로 바꾼다는 것은 시간의 화폐가치를 포함시켜야 한다는 것을 의미한다. 시간의 화폐가치는 불확실성의 정도와 물가상승, 투자기회의 많고 적음에 따라 달라진다. 어쨌든 이러한 이유 때문에 누구든지 오늘의 1원이 내년의 1원보다 더 낫다고 생각한다. 오늘 1원을 은행에 예금하면 내년에는 1원 이상이 되기 때문이다. 이자율이 10%라면 오늘의 1원은 내년에는 1.10원이 된다. 이 경우 오늘의 1원과 내년의 1.10원은 별 차이가 없게 된다. 반대로 내년에 가질 1원은 오늘 얼마의 가치를 가질지를 계산해보면 1/(1+0.1)원이 될 것이다. 즉, 내년의 1원은 오늘의 0.90원과 동등한 가치를 가진다. 이처럼 모든 미래의 편익과 비용을 현재와 동등한 가치로, 즉 **현재가치**(present value)로 바꾸는 사고의 접근이 필요하다. 투자사업을 하려는 사람들은 항상 현재시점에서 결정을 해야 하기 때문이다.

일반화해서 이자율이 $r$%라고 할 때, 오늘 1원은 2년 후에 얼마가 될 것인지를 계산해보면 $1\times(1+r)(1+r)=1\times(1+r)^2$원이 된다. 반대로 2년 후의 1원은 오늘 $1/(1+r)^2$원의 가치를 가진다. 이러한 방식으로 $n$년 후에 얻는 돈 1원은 오늘 다음의 가치를 가진다.

$$1\text{원의 현재가치} = \frac{1}{(1+r)^n}$$

매년 1원의 순편익을 얻는 경우 그 현재가치는 다음과 같다.

$$\text{매년 얻는 1원의 현재가치} = \sum_{i=0} \frac{1}{(1+r)^i}$$

이처럼 현재가치로 환산하는 과정을 미래가치를 할인한다고 말하며, $r$을 할인율이라고 부른다. 물론 할인율은 시장이자율일 수도 있고 아닐 수도 있다. 그것은 투자사업을 계획하는 분야에 따라 적절한 이자율을 사용하여야 한다는 것을 의미하기도 한다. 이제 우리의 문제를 매년 순편익이 발생한다고 하면, 순편익의 현재가치가 0보다 크다면 그러한 행위는 행할 가치가 있는 것이다. 어떠한 행위가 바람직한지 아닌지를 판정하는 것은 명백히 가치판단이다. 경제학에서 이러한 가치판단을 할 경우에는 당연히 그 이유를 밝혀야 하며 보편적으로 인정되는 기본가치에 호소해야 한다.

**정석 사고**

순편익이란 비용을 초과하는 편익이다. 이때의 비용은 기회비용 또는 직접비용과 기회비용의 합이다. 순편익이 커질수록 바람직한 것이지만 여러 기간에 걸쳐 순편익이 발생하는 경우 모든 미래의 편익과 비용을 현재와 동등한 가치로, 즉 **현재가치**(present value)로 바꾸는 사고의 접근이 필요하다.

## 2. 효율성

앞에서 편익과 비용을 통하여 어떤 행위의 정당성을 판단할 수 있다고 설명하였다. 그렇다면 그러한 행위가 최적 또는 최선인가 하는 문제는 어떻게 판단할 수 있는지에 관하여 알아보기로 한다. 현재시점에 발생하는 다양한 자원배분방법 사이의 선택은 흔히 **정태적 효율성**(static efficiency), 혹은 그냥 효율성(efficiency)이라는 규범경제학적인 기준에 따라 이루어진다. 이 기준에 의하면 자원사용의 순편익이 최대가 되는 방식으로 배분이 되면 최적의 선택이 된다. 앞에서 예로 든 낙동강의 보존행위는 순편익이 제로보다 크다면 보존가치가 있다고 판단된다. 그렇지만 정태적 효율성은 좀 다른 질문에 대한 답을 요구한다. 그 다른 질문이란 낙동강의 지류를 얼마만큼 보존해야 하는가이다. 가장 효율적인 보존량은 그 순편익이 가장 커질 수 있게 하는 보존량이다. 낙동강의 지류를 좀 더 많이 보존할수록 순편익이 더 커진다면 아직 효율적이라고 할 수 없는 것이다. 앞의 사과의 수요와 공급 그림은 5단위까지 수급되는 것이 순편익을 가장 크게 한다는 것을 알 수 있다.

이러한 설명에서 유추하여 하나의 원리로 만들어 보기로 하자. 환경보존량을 한 단위 증가시켜 볼 때 추가되는 편익보다 추가되는 비용이 더 크다면 순편익은 감소할 것이므로 그 단위까지 자원을 보존 또는 사용하는 것이 가장 현명한 최선의 선택이 된다. 즉, 한계편익이 한계비용과 같을 때 순편익은 가장 크게 된다. 이를 경제학에서는 한계균등의 법칙 또는 **효율성한계균등의 법칙**이라고 부른다. 이러한 기준은 자원의 낭비를 줄이는 방법을 의미하는데, 이 또한 공평한 것이라고 말할 수 있을까? 그에 대한 부분적인 답은 20세기 초 무렵 이탈리아 태생 스위스 경제학자인 파레토(V. Pareto)가 제시한 파레토최적성(Pareto Optimality)에서 찾을 수 있다.

> 적어도 한 사람을 불행하게 하지 않고서는 어떤 사람도 더 행복해질 수 없는 자원배분상태를 파레토최적이라고 말한다.

이러한 기준을 만족시키지 못하는 자원배분은 최적이라고 할 수 없으며, 자원배분을 적절히 수정함으로써 아무도 불행해지지 않고서도 어떤 사람들을 더 행복하게 할 수 있는 것이다.

정태적 효율성의 개념은 시간이 중요하지 않은 현재시점에서 발생하는 편익과 비용을 수

반하는 자원배분상태의 비교에 유용하게 사용될 수 있는 개념이다. 만일 편익과 비용이 여러 기간에 걸쳐서 발생하는 자원배분 간의 비교에서는 어떠한 최적의 선택기준을 사용해야 할까? 이러한 경우에 최적선택을 하는 기준은 **동태적 효율성**(dynamic efficiency)이라는 개념을 사용하는 것이다. 동태적 효율성은 정태적 효율성을 일반화시킨 것이다. 앞에서 본 현재가치법이 사용될 수 있는데, 어떤 주어진 여러 기간 동안 자원을 배분 또는 사용하는 방법 중에서 순편익을 가장 크게 하는 방법이 있다면 그것이 바로 동태적 효율성을 만족하는 자원배분인 것이다.

**정석 사고**

효율성은 적어도 한 사람을 불행하게 하지 않고서는 어떤 사람도 더 행복해질 수 없는 자원배분상태를 말한다. 정태적 효율성은 시간개념이 없는 효율성 개념이며, 편익과 비용이 여러 기간에 걸쳐서 발생하는 자원배분 간의 비교에서는 **동태적 효율성**(dynamic efficiency)이라는 개념을 최적선택의 기준으로 삼아야 한다.

## 3. 공해문제와 토지개발의 예

앞에서 본 편익과 비용의 분석은 공해문제를 해결하려는 노력에 대한 평가를 하는 데 사용되어왔다. 공해의 규제는 많은 편익을 발생시킬 것이다. 그러나 공해규제의 비용도 따른다. 1997년 미국의회는 편익이 비용을 충분히 넘어서는지에 대하여 답을 찾아보고자 하였다. 이에 미국환경청(Environmental Protection Agency, EPA)은 대기정화법(Clean Air Act)에 따라 1970~1990년 기간까지 대기오염방출량의 감소를 달성한 비용과 편익을 수량화하고 화폐가치로 환산하였다. 편익은 사망률을 감소시키고, 대기시야가 넓어지며, 호흡기질환, 납중독, 심장병 등이 줄어든 것들을 포함시켰다. 비용은 공기정화장치를 설치하고 관리하는 비용으로 인해 상품과 서비스의 가격이 상승하고, 기업과 공장들이 잘 준수하는지 감독하고 실행하는 비용도 포함시켰다. 조사한 편익과 비용이 다음 **표 5-1**에 나타나 있다.[33)]

**표 5-1 공해규제의 편익과 비용**

(단위: 1990년의 십억 달러)

| | 1975 | 1980 | 1985 | 1990 | 현재가치 |
|---|---|---|---|---|---|
| 편익 | 355 | 930 | 1,155 | 1,248 | 22,200 |
| 비용 | 14 | 21 | 25 | 26 | 523 |
| 순편익 | 341 | 909 | 1,130 | 1,220 | 21,700 |

주: 편익은 평균편익이며, 비용은 구입비용 등을 연간으로 나눈 연간비용임.
자료: The Benefits and Costs of the Clean Air Act, EPA, 1997.

**표 5-1**에서 보는 바와 같이 순편익의 현재가치가 0보다 훨씬 크다는 것을 알 수 있는데, 이 점에 대하여 몇 가지 설명을 하고자 한다. 먼저 공해가 생태계에 미치는 피해를 줄여주는 편익을 포함시키지 않는데도 순편익이 크게 나왔다는 사실이다. 따라서 모든 것을 빠짐없이 포함시키지 않아도 건전한 정책판단의 결론을 바꾸지는 않았다. 그리고 표의 결과는 공해규제정책이 경제적으로 타당하다는 것을 보여주지만, 그 정책이 파레토효율적이라는 더 강력한 결론을 내릴 수는 없다. 이러한 강력한 결론을 내리기 위해서는 순편익의 현재가치가 단순히 0보다 크다는 사실 이상으로 그것이 가장 크게 되었다고 말할 수 있어야 한다. 다른 선택된 정책대안이 목표한 공해방출량을 더 적은 비용으로 달성할 수 있다면 위의 대기정화법은 파레토효율적이었다고 말할 수 없을 것이다.

흔히 환경정책을 선택할 때 토지를 개발할 것인지 녹지로 보존할 것인지의 문제 간에 충돌이 있을 수 있다. 토지가 보존되면 생태보존의 편익이 따르고 개발을 하면 소득과 고용을 증대시킬 기회를 가지게 될 것이다. 그러한 상충 사이 선택문제의 예를 들면, 오스트레일리아의 카카두 국립공원 내 일부지역은 금 등의 광산자원이 매장되어 있어 개발과 보존의 딜레마에 빠져 있었다.[34] 어떠한 선택을 해야 할 것인가? 그 답을 찾는 한 가지 방법은 두 가지 대안 사이의 순편익을 조사하는 것이다. 이 경우 편익을 계산하기가 상당히 어렵다. 그래서 편익을 모든 개인들에게 묻는 것이다. 개인들에게 보존을 위해 얼마를 지불할 용의가 있는지를 묻는 것인데, 이 방법을 조건부가치측정법(contingent valuation method)이라고 부른다. 이 책의 뒷부분에서 이에 대해 상세히 다룰 것이지만, 개인의 진정한 수요가격에 대한 정보를 알아내는 방법이라고 생각하면 된다. 위의 예에서 정부는 보존의 가치를 435(백만 달러)로 측정하였고 개발의 가치를 102(백만 달러)로 측정하였다. 당연히 카카두 국립공

원은 개발되지 않았다.[35)]

## 제3절 새 환경경제학 순편익의 분석: 비용—편익분석

### 1. 순편익의 현재가치법

가계나 기업의 결정에서처럼 정부도 새 도로나 새 학교를 건설해야 하는 투자계획들을 가지고 있다. 정부는 이러한 계획들 중 우선순위를 결정해야 하고, 동시에 경제적 타당성을 평가하여야 한다. 이를 위한 하나의 방법으로 순편익의 현재가치법을 들 수 있다.[36)]

만약 지금(0기)부터 $n$기 이후까지 매기 편익이 $B$만큼 발생하고 비용이 $C$만큼 발생하는 사업이 있다면 순편익의 현재가치는 어떻게 나타낼까? 자금의 기간당 할인율(discount rate)이 $r$이라고 할 때 순편익의 현재가치는 다음과 같다.

$$NPV = B - C + \frac{B-C}{1+r} + \cdots + \frac{B-C}{(1+r)^n}$$

이 접근법은 개별투자계획에서 편익과 비용의 현재가치의 차이인 순편익의 현재가치(net present value)가 0보다 크면 경제적 타당성이 있다고 평가할 수 있으며, 여러 투자계획 중 순편익의 현재가치가 가장 큰 사업이 우선순위가 있는 사업으로 평가할 수 있다.

**정석 사고**

순편익의 현재가치법에 의하면, 미래의 비용과 편익을 현재로 환산하여 편익의 현재가치가 비용의 그것보다 크면 사업이 경제성을 가진다고 보는 것이다. 문제는 할인율이 클수록 사업의 미래가치가 과소평가된다.

예를 들어 $x$와 $y$라는 투자계획이 있다고 하자. 투자계획 $x$는 지금 100만 원의 비용이 들고 1년 후에 120만 원의 편익을 가져다주는 데 비하, 투자계획 $y$는 지금 1,000만 원의 비용이 들고 1년 후에 1,080만 원의 편익을 가져다준다고 하자. 적정할인율이 10%라고 할 때 이러한 투자계획들의 순편익의 현재가치를 구해보면 다음과 같다.

$$NPV_x = \frac{120}{(1+0.1)} - 100 = 9.09$$
$$NPV_y = \frac{1,080}{(1+0.1)} - 1,000 = -18.19$$

따라서 투자계획 $x$는 경제적 타당성이 있으며, 투자계획 $y$는 경제적 타당성이 없다고 할 수 있다.

## 2. 내부수익률법

우리가 1원 투자할 때 이익을 남길 때도 있고 손해를 볼 때도 있다. 주식이나 증권투자의 경우도 손해를 보는 사람과 이익을 보는 사람들이 있고 경제 전체의 평균으로 보면 서로 상쇄되어 0에 가깝다. 마찬가지로 평균적인 사람이 1원 투자할 때 평균적으로 얻을 수 있는 순수익은 0에 가깝다고 할 수 있다.

앞의 투자계획처럼 여러 시점에 걸쳐 편익과 비용이 발생하는 경우 평균적으로 매년 얼마 정도의 수익률을 가지면 손해를 보지 않게 되는지를 찾고, 이를 시장에서의 수익률과 비교한 후 시장수익률이 더 크다면 사실 사업을 포기하고 은행에 돈을 맡겨두는 것이 나을 것이다.

이상의 설명에서 우리가 어떤 투자계획에서 1원 투자할 때 손해를 보지 않고 평균적으로 매년 올릴 수 있는 기대수익률을 **내부수익률**(internal rate of return)이라고 한다. 다시 말해서 내부수익률은 어떤 투자계획의 순편익의 현재가치를 0으로 할 때 투자 1원당 기대되는 평균수익률이다.

예를 들어 지금(0기)부터 $n$기 이후까지 매기 편익과 비용이 각각 $B$와 $C$만큼 발생하는 사업이 있을 때 내부수익률은 어떻게 나타낼까? 이때에는 순편익의 현재가치를 0으로 하는 식에 내부수익률을 자금의 기간당 할인율로 대체 · 사용하여 내부수익률($R$)을 정의한다.

$$B - C + \frac{B-C}{1+R} + \cdots + \frac{B-C}{(1+R)^n} = 0$$

이 식에서 구한 $R$값이 내부수익률로서 투자계획에 사용되는 자금의 기회비용, 즉 할인율보다 크면 그 사업은 수익성이 있는 사업으로 인정받아 채택될 수 있다. 그 반대의 경우에는 당연히 기각하는 평가기준이다.

**정석 사고** 내부수익률은 순편익의 현재가치를 0으로 만드는 할인율인데, 1원당 평균수익률이라고 할 수 있다. 따라서 1원당 평균수익률이 높은 사업일수록 우선순위를 가진다. 이 방법은 사업의 규모나 이자율의 영향을 받지 않는 특징을 가진다.

현재가치법의 예처럼 $x$와 $y$라는 투자계획이 있다고 하자. 투자계획 $x$는 지금 100만 원의 비용이 들고 1년 후에 120만 원의 편익을 가져다주는 데 비해, 투자계획 $y$는 지금 1,000만 원의 비용이 들고 1년 후에 1,080만 원의 편익을 가져다준다고 하자. 시장이자율이 10%라고 할 때 이러한 투자계획들의 내부수익률을 구해보고 경제적 타당성을 평가해 보도록 하자. 투자계획들의 내부수익률($R$)은 다음 식에서 구할 수 있다.

$$IRR_x = \frac{120}{(1+R)} - 100 = 0$$

$$IRR_y = \frac{1,080}{(1+R)} - 1,000 = 0$$

이 식에서 투자계획 $x$의 내부수익률은 20%이고 투자계획 $y$의 내부수익률은 8%임을 알 수 있다. 이 결과의 의미를 보면, 투자계획 $x$는 1원 투자할 때 손해 보지 않으면서 기대되는 연평균수익률이 0.2원이라는 의미이고, 투자계획 $y$는 1원 투자할 때 손해 보지 않으면서 기대되는 연평균수익률이 0.08원이라는 의미이다. 따라서 투자계획 $x$는 시장에서 기대되는 수익률(1원당 0.1원)인 시장수익률보다 높으므로 경제적 타당성이 있으며, 투자계획 $y$는 기대수익률이 시장수익률보다 낮으므로 경제적 타당성이 없다고 할 수 있다.

내부수익률법의 문제점은 여러 해에 걸쳐 편익과 비용이 발생하는 투자계획의 경우 고차다항식이 되어 풀기가 어렵고, 풀리더라도 하나의 해가 아닌 복수해가 나올 수 있다. 또한 비교대상이 되는 시장수익률을 어떻게 선택하는가에 따라 자의적으로 평가될 위험이 있다. 이러한 이유들 때문에 일반적으로 내부수익률보다 순편익의 현재가치법이 더 선호되고 있다.

## 3. 편익-비용비율법

편익-비용비율법은 현재가치법이나 내부수익률법처럼 정부가 새 도로나 새 학교를 건설해야 하는 투자계획들을 가지고 있을 때 계획들의 우선순위를 결정하는 동시에 경제적 타당성을 평가하는 방법 중의 하나이다. 이 접근법은 개별투자계획에서 순편익의 현재가치 대신 편익과 비용의 현재가치의 비율인 편익-비용비율을 기준으로 경제적 타당성을 살펴보는 방식이다.

예를 들어 지금(0기)부터 $n$기 이후까지 매기 편익과 비용이 각각 $B$와 $C$만큼 발생하는 사업이 있을 때 편익-비용비율은 어떻게 나타낼까? 이때에는 자금의 기간당 할인율을 $r$이라고 할 때 편익-비용비율($BCR$)을 다음과 같이 정의한다.

$$BCR = \frac{B + \frac{B}{1+r} + \cdots + \frac{B}{(1+r)^n}}{C + \frac{C}{1+r} + \cdots + \frac{C}{(1+r)^n}}$$

이 식에서 구한 $BCR$값이 1보다 크면 그 사업은 경제성이 있는 사업으로 인정받아 채택될 수 있다. 그렇지 않으면 기각하는 평가기준이다.

사례로서 $x$와 $y$라는 투자계획이 있다고 하자. 투자계획 $x$는 지금 100만 원의 비용이 들고 1년 후에 120만 원의 편익을 가져다주는 데 비해, 투자계획 $y$는 지금 1,000만 원의 비용이 들고 1년 후에 1,080만 원의 편익을 가져다준다고 하자. 적정할인율이 10%라고 할 때 이러한 투자계획들의 편익-비용비율을 구해보면 다음과 같다.

$$BCR_x = \frac{\frac{120}{(1+0.1)}}{100} = 1.09$$

$$BCR_y = \frac{\frac{1,080}{(1+0.1)}}{1,000} = 0.98$$

따라서 순편익의 현재가치법에서 살펴본 것처럼 투자계획 $x$는 경제적 타당성이 있으며, 투자계획 $y$는 경제적 타당성이 없다고 할 수 있다.

그러나 순편익의 현재가치법과 편익-비용비율법이 항상 같은 결과를 보여주는 것은 아니다. 특히 편익-비용비율법을 사용하면 사회적으로 최적이 아닌 투자계획이 선택될 때도 있다. 다음 **표 5-2**를 통해 이러한 사실을 확인해보도록 하자.

**표 5-2 편익-비용비율과 순편익의 현재가치**

| 사업 | 편익의 현재가치 | 비용의 현재가치 | 편익-비용비율 | 순편익의 현재가치 |
|---|---|---|---|---|
| $x$ | 200 | 100 | 2 | 100 |
| $y$ | 400 | 250 | 1.6 | 150 |

**표 5-2**는 투자계획 $x$와 $y$의 편익-비용비율과 순편익의 현재가치를 보여주고 있다. 표에서 편익-비용비율을 보면 투자계획 $x$가 가장 바람직한 사업으로 선택된다. 그런데 순편익의 현재가치를 비교해 보면 투자계획 $y$가 가장 바람직한 것으로 나타난다. 따라서 편익-비용비율은 최적규모가 아니더라도 투자규모가 작은 사업이 오히려 더 바람직한 결과를 나타낼 수 있다. 이러한 문제점 때문에 실제로는 순편익의 현재가치법이 더 많이 사용되고 있다.

**정석 사고**

편익-비용비율법은 사업의 비용 1단위당 편익이 얼마인가를 보여주는 것이므로 소규모 사업이 상대적으로 높은 편익-비용비율을 갖는 경우가 많다. 따라서 순편익의 규모가 중요한 사업의 우선순위를 정할 때에는 의미가 없다고 할 수 있다.

## 제4절 비용-편익의 할인율의 선택



공공투자계획에 대한 편익과 비용을 화폐액으로 나타낼 수 있다고 하더라도 적절한 할인율을 사용하여 현재가치로 나타내야 비로소 경제적 타당성의 올바른 결과를 얻을 수 있다. 만일 너무 낮은 할인율을 선택하면 경제적 타당성이 없는 사업이 집행될 수 있고, 반면에 너무 높은 할인율을 선택하면 경제적 타당성이 있는 사업도 집행되지 않을 수 있다.

정부가 투자계획에 사용하는 할인율을 **사회적 할인율**이라고 하는데 사회적 할인율로서 시장수익률을 사용할 수 있는가 하는 문제와 시장수익률을 사용하지 못하는 경우 자본의 사회

적 기회비용과 사회적 시간선호율 중 어느 것을 사용할 것인가 하는 문제가 있다.[37)]

## 1. 시장수익률

자본시장이 완전경쟁적이고 외부성과 같은 시장왜곡이 없다면 당연히 자본의 기회비용을 제대로 반영할 것이다. 이 경우에는 사회적 할인율로서 시장수익률을 사용할 수 있다. 그러나 현실의 자본시장에는 조세 등과 같은 많은 왜곡이 존재하므로 시장수익률이 자본의 기회비용을 제대로 반영한다고 보기 어려운 측면이 있다.

## 2. 사회적 할인율

공공투자계획에 시장수익률을 사용하는 것이 현실적으로 바람직하지 않다면 이에 대한 대안으로 사용될 수 있는 사회적 할인율로서 다음 두 가지를 고려할 수 있다. 하나는 '자본의 사회적 기회비용'이고, 다른 하나는 '사회적 시간선호율'이다.

자본의 사회적 기회비용은 정부의 투자계획에 사용되는 자본이 다른 차선으로 사용될 때 얻을 수 있는 가치로서, 그것을 사회적 할인율로 사용할 수 있다. 예를 들어, 공공투자계획에 사용되는 자본이 민간투자를 대체하는 것이라면 투자수익률을 사회적 할인율로 사용한다.

공공투자계획이 민간소비를 대체하는 것이라면 현재소비의 기회비용인 소비자의 사회적 시간선호율을 사용한다. 소비자의 시간선호율은 경제 전체의 현재소비와 미래소비에 대한 한계대체율을 측정하여 구할 수 있는데, 그 결과를 공공투자계획에 사용되는 사회적 할인율로 사용할 수 있다. 그런데 경제가 균형을 이룬다면 소비자의 시간선호율은 다시 민간부문의 투자수익률에서 소득세율을 뺀 세후(pre-tax) 투자수익률과 일치하여 이것을 사회적 할인율로 사용할 수 있다. 이러한 사실을 좀 더 상세히 보도록 하자.

### (1) 민간투자의 대체: 투자수익률

공공투자사업에 사용되는 자본이 민간투자를 대체하는 경우라면 그만큼 민간부문의 투자수익을 희생한 것이다. 이때 공공투자사업의 기회비용은 바로 그 희생한 민간부문의 투자수익인 것이다. 따라서 이 경우 민간부문의 세전 투자수익률을 공공사업의 사회적 할인율로 사용하여야 할 것이다. 이러한 사고는 공공투자사업의 투자수익이 최소한 민간부문의 투자수익만큼 나와야 한다는 데 기초하고 있다.

### (2) 민간소비의 대체: 소비자의 시간선호율

공공투자사업에 사용되는 자본이 민간소비를 대체하는 경우라면 그만큼 민간부문의 현재소비를 희생한 것이다. 이때 공공투자사업의 기회비용은 바로 그 희생한 민간부문의 현재소비인 것이다. 투자수익률과 달리 현재소비의 상대가치는 현재소비와 미래소비의 한계대체율을 통해 구할 수 있는데, 이것을 **소비자의 시간선호율**이라고 한다. 따라서 이 경우 소비자의 시간선호율을 공공투자계획에 사회적 할인율로 사용하는 것이다. 이때 사용하는 할인율을 소비자의 사회적 시간선호율이라고 한다.

그런데 소비자가 현재소비-미래소비의 시점 간 최적자원배분을 달성한다면 소비자의 시간선호율은 소비자수익률과 동일하다. 그리고 경제가 균형을 이룬다면 소비자의 시간선호율은 다시 민간부문의 투자수익률에서 소득세율을 뺀 세후(pre-tax) 투자수익률과 일치하여 이것을 공공투자사업의 사회적 할인율로 사용할 수 있다.

### (3) 민간투자와 민간소비의 부분대체

공공투자사업에 사용되는 자본이 일부는 민간투자를 대체하고 그 나머지는 민간소비를 대체한 경우에는 그 구성비율에 따라 앞에서 논의한 각각의 기회비용을 적용하면 된다. 예를 들어 공공사업에 투자되는 자본의 $a$%는 민간투자를, $b$%는 민간소비를 대체한다면 ($a\times$세전투자수익률$+b\times$세후투자수익률)/100과 같은 가중평균치를 공공투자사업의 사회적 할인율로 사용할 수 있다.

이상에서 민간부문의 할인율을 대체하여 사용하는 대안들을 소개하였다. 그렇지만 민간부문에 적용되는 할인율은 사적재의 시장으로서 외부효과가 작거나 없는 경우가 많다. 그러나 공공투자사업의 경우 긍정적 외부효과가 있으므로 상대적으로 더 낮은 할인율을 적용하여 공공사업이 긍정적으로 평가되도록 하는 것이 바람직하다는 주장이 있다. 물론 어느 정도 설득력이 있지만 외부효과를 측정하기가 어려운 점도 있고, 할인율을 낮추는 편법으로 악용될 소지가 있기 때문에 외부효과를 별도로 고려하는 것이 좋다. 또한 민간부문에 적용되는 할인율은 보통 미래세대에 대한 고려를 하지 않는다. 그러나 공공투자사업의 경우 미래세대에 미치는 영향이 클 것으로 예상되므로 미래에 발생하는 편익과 비용에 대해 낮은 할인율을 적용할 필요가 있다는 주장도 있다. 이러한 주장도 설득력이 있지만 민간부문이라고 항상 근시안적인 현재세대만 고려한다는 보장은 없다. 따라서 분명한 사실은 자의적으로 사회적 할인율을 낮추거나 하여 편익-비용을 왜곡하면 안 된다는 것이다. 이러한 사실 때문에 사회적 관점에서 자금의 기회비용을 고려해야 한다는 당위성을 무시해서도 과소평가해서도 안 된다.

**정석 사고**

공공투자사업이 민간투자를 대체하는 경우 세전 투자수익률을 사회적 할인율로 사용하고, 민간소비를 대체하는 것이라면 현재소비의 기회비용인 소비자의 사회적 시간선호율을 사회적 할인율로 사용할 수 있다. 그리고 이 두 가지가 섞여 있는 경우 그 두 가지의 가중평균치를 사회적 할인율로 사용할 수 있다.

**정석 사례연구**

미국과 캐나다는 한때 메인(Maine)과 뉴브룬스빅(New Brunswick) 사이에 위치한 파사마쿼디 만(Passamaquoddy Bay)에 조력발전소를 건설할 수 있는지 논의에 들어갔다. 이 프로젝트는 초기자본비용이 매우 높고, 오래 유지된다는 가정하에 운영비용은 아주 낮은 프로젝트였다. 1950년대 초반에 시작된 논의가 1959년에야 프로젝트의 비용-편익분석이 완성되었다. 그런데 두 나라의 비용과 편익의 수치를 동일하게 맞추고, 각 나라가 계산한 분석결과는 완전히 달랐다. 캐나다는 발전소건설에 경제성이 없다고 결론을 내렸지만 미국은 발전소를 건설할 경제적 타당성이 있다고 결론지었다. 양국 사이에 무슨 일이 있었던 것일까?[38)]

양국의 결론이 완전히 달랐던 이유를 찾아보면, 양국이 서로 다른 사회적 할인율을 사용했다는 것을 발견할 수 있다. 캐나다가 4.125%의 할인율을 사용한 반면 미국은 2.5%의 할인율을 사용하였다. 캐나다처럼 높은 할인율을 사용하면 비용 측면에서 초기자본비용이 상대적으로 높은 비중을 차지하게 되어 비용-편익분석에서 비용이 매우 커지게 된다. 따라서 캐나다의 결론은 순편익이 음수였던 것이다. 이에 반해 미국처럼 낮은 할인율을 사용하면 장기간 미래에 발생할 운영비용이 상대적으로 높은 비중을 차지하게 되어 낮은 운영비용을 높게 우대한 것이므로 캐나다에 비해 비용이 적어지게 된다. 이로 인해 미국은 순편익을 양수로 보았던 것이다.

그 밖에 다른 사례들도 있다.[39)] 1962년 미국의회가 할인율 2.63%를 사용하여 비용-편익분석을 한 많은 수력발전프로젝트를 통과시켰다. 폭스와 허핀달(Fox and Herfindahl, 1964)은 이러한 프로젝트에 할인율 8%를 적용하면 그 많은 프로젝트의 20%만 간신히 비용-편익분석을 통과했을 것이라고 주장하였다. 할인율의 선택은 의회와 대통령 사이의 논쟁에서 뜨거운 이슈가 되기도 했다. 그 사례로 지미 카터 대통령과 의회의 수력발전소건설에 대한 논쟁이 있다. 카터 대통령은 할인율 6.38%를 사용하면 대부분의 수력발전소건설 프로젝트는 지출 낭비였다고 한 반면 의회는 매우 낮은 할인율을 사용하여 프로젝트들을 정당화시키려고 했다. 이처럼 할인율의 선택은 프로젝트 자체뿐 아니라 세대 간 자원배분의 차원에서도 매우 중요한 역할을 한다.

## 제5절 비용-편익의 위험



공공투자계획에 대한 편익과 비용을 파악하는 것은 미래에 발생하는 모든 편익과 비용을 알 수 있다는 것을 전제로 한다. 그러나 어떤 공공투자사업이든 미래에 대한 불확실성 혹은 위험성을 수반하기 마련이다. 이러한 경우 어떻게 이런 위험성의 문제를 다룰 것인가에 대해 간단히 살펴보자.[40)]

공공투자사업을 평가할 때 미래에 대한 위험성문제가 있으므로 적절히 할인율을 조정하여 사용하여야 한다는 주장이 있다. 공공투자사업의 비용은 주로 초기에 발생하고 편익은 미래 모든 시점에 걸쳐 발생한다는 것이다. 따라서 높은 할인율을 적용하여 미래에 발생할 편익이 작아지도록 위험성에 대한 조정이 필요하다는 것이다. 그러나 이러한 조정방식은 바람직하지 않은 것으로 알려져 있다. 스티글리츠(J. Stiglitz, 2000)는 할인율이 위험성에 대한 조정인자가 아니라 단순히 미래의 가치를 현재화하는 인자에 불과하다고 지적한다. 그렇다면 위험성이 있는 공공투자사업의 경우 어떻게 조정해야 하는가?

위험성문제에 가장 많이 사용하는 방식은 위험성이 내포된 편익이 확실한 금액으로 얼마에 해당하는가를 찾는 것이다. 이를 **확실대등액**(certainty equivalents)이라고 한다. 확실대등액은 공공투자사업의 순편익의 기대효용과 같은 효용수준을 가져다주는 확실한 금액을 의미한다.

예를 들어 어떤 공공투자사업에서 몇 년 후에 발생할 것으로 불확실하게 예상되는 순편익이 $a$원이라고 하자. 그런데 잘 하면 순편익이 양수이고 잘못하면 순편익이 0원이 될 수도 있을 때 그 확률은 각각 0.5, 0.5라고 하자. 이 공공투자사업의 순편익의 기댓값은 $0.5a$원이 된다. 그러나 이 기댓값은 불확실한 금액이며, 이 금액보다 작지만 확실한 금액 $b$원과 같은 효용을 느낀다고 하자. 이때 바로 $b$원을 확실대등액이라고 하며, $b/(0.5a)$의 비율만큼 위험할인을 한 것과 같다. 이처럼 순편익을 위험할인하여 확실대등액으로 바꾸어 공공투자사업의 위험성에 대한 조정액을 구하는 것이다. 이 조정액을 순편익으로 사용하여 일반적인 편익-비용분석의 절차를 따라 의사결정을 하게 된다.

**그림 5-4** **기대효용과 확실대등액**

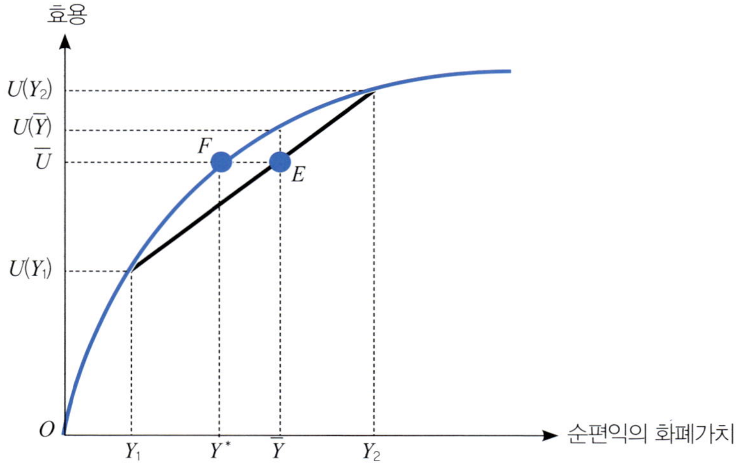


**그림 5-4**를 통하여 좀 더 명확히 이해해보자. 그림의 수평축은 순편익을, 수직축은 효용을 나타낸다. 어떤 공공투자사업이 $p$의 확률로 $Y_1$의 순편익과 $(1-p)$의 확률로 $Y_2$의 순편익이 발생한다고 하자. 이 공공투자사업에 의한 순편익의 기대치는 $\overline{Y}$이고, 순편익의 기대효용은 $\overline{U}$라고 하자. 이러한 상태를 나타내는 점이 $E$점이다. 그림의 $E$점과 같은 수준의 효용을 가져다주는 확실한 금액은 $F$점이 의미하는 $Y^*$이다. 이것이 바로 확실대등액이다. 따라서 순편익의 기댓값 $\overline{Y}$를 $EF$만큼 위험할인하여 확실대등액 $Y^*$를 구한다는 것이다.

여기서 위험성(확률) 자체를 어떻게 평가할 것인가 하는 문제는 쉽지 않다. 한 가지 희망적인 사실은 공공투자사업의 편익이 경제 전체의 국민소득에 미치는 영향이 작고 편익과 비용이 다수에게 분할되는 경우 위험도 분산되어 위험성에 따른 문제가 거의 발생하지 않는다는 것이다. 이것을 **애로-린드정리**(Arrow and Lind's theorem)라고 한다. 이 경우에는 비용-편익분석에 위험성문제를 고려할 필요가 없다는 것이다.

**정석 사고**

공공투자사업이 위험성문제를 가질 때 공공투자사업의 순편익의 기대효용과 같은 효용수준을 가져다주는 확실한 금액, 즉 확실대등액을 찾아 사용한다. 애로-린드정리에 따르면 공공투자사업의 편익규모가 작고 편익과 비용이 다수에게 분할되는 경우 위험도 분산되어 위험성문제가 거의 발생하지 않는다.

## 보론 동태적 효율성의 단순모형

석탄, 철 등의 지하자원에 대한 수요가 장기간 안정적이고 소비량과 가격이 반비례관계라고 가정하자. 이러한 경우 자원가격이 소비량과 다음의 관계를 가지는 수요곡선을 생각할 수 있다.

$$P_t = a - bq_t$$

어떤 $t$해에 생산자가 자원매장량 중 $q_t$를 채취하여 얻는 총편익은 채취량까지의 소비자의 지불의사가격을 모두 더하면 되므로 다음처럼 수요곡선의 아래 부분의 면적이 된다.

$$\text{총편익} = \int_0^{q_t} (a - bq_t)\, dq_t$$

자원을 채취하는 비용이 한 단위당 $c$원으로 일정하다고 가정하면, 총비용은 다음과 같다.

$$\text{총비용} = cq_t$$

여러 기간에 걸쳐 자원을 채취할 때 무한히 채취할 수는 없으며, 총자원매장량($Q$)의 한계 내에서 채취가 가능한 것이다. 이러한 자원제약을 수식으로 표현해 보면 다음과 같다.

$$\sum_{t=0}^{t=n} q_t \leq Q$$

이제 이러한 자원제약하에서 순편익을 최대로 하는 문제를 풀어보기로 한다. 그 문제는 다음을 푸는 것과 동일하다.

$$Max_q \sum_{t=0}^{t=n} \frac{1}{(1+r)^t}\left[\int_0^{q_t}(a-bq_t)\,dq_t - cq_t\right] + \mu\left[Q - \sum_{t=0}^{t=n} q_t\right]$$

위 문제에서 첫 번째 항은 순편익의 현재가치를 나타내는데, 두 번째 항은 마지막 기간에 남은 자원량이 있다면 그 단위가치가 $\mu$라는 것을 의미한다. 순편익의 현재가치를 가장 크게 하는 방법으로 자원채취가 이루어질 때, 어떤 해 $t$년에서의 조건을 보면 $t$년의 순편익의 현재가치가 남은 자원량의 단위가치 $\mu$와 같게 된다는 것을 알 수 있다. 즉,

$$\frac{1}{(1+r)^t}[a - bq_t - c] = \mu$$

이 조건식이 의미하는 것은 $[P_t - c]$가 할인율 $r$만큼씩 매년 증가해야 남은 자원량의 단위가치 $\mu$를 유지시킬 수 있다는 것이다.

## 연습문제

**1.** 다음은 두 공공사업($X$, $Y$)의 비용편익분석의 예를 보여준다.

| 사업 | 비용 | 편익발생기간 | 연간편익 |
|---|---|---|---|
| $X$ | 1,000원 | 1년 | 1,070원(1년후) |
| $Y$ | 2,000원 | 1년 | 2,080원(1년후) |

(1) 산업의 투자수익률을 계산한 결과, 세금을 내기 전의 투자수익률이 10%인데 이에 대하여 50%의 소득세율이 적용된다고 하자. 민간부문의 소비에 쓰일 자금이 전용되어 공공사업 $X$와 $Y$에 투입될 경우 이 공공사업의 할인율을 구하세요.

(2) 앞의 할인율을 사용하여 사업 $X$의 순편익의 현재가치를 구하세요.

(3) 사업 $Y$의 내부수익률을 구하세요.

**정석힌트** (1) $10(1-0.5)=5\%$

(2) $\dfrac{1,070}{1+0.05}-1,000=1,019-1,000=19$

(3) $\dfrac{2,080}{1+x}-2,000=0$

$\therefore x=0.04$

내부수익률은 4%이다.

**2.** 다음 보기를 읽고 물음에 답하세요.

> **보기**
>
> 공공사업의 비용과 편익은 흔히 수년에 걸쳐 발생하기 때문에 총편익과 총비용을 현재가치로 고친 후 그 사업의 타당성을 검토해야 한다. 미래가치는 선정된 할인율로 할인하여 현재가치를 구하는데, 할인율을 결정하는 대략적인 원칙은 민간부문의 소비에 쓰일 자금이 전용되었다면 전 산업의 세후투자수익률을, 민간부문의 투자에 쓰일 자금이 전용되었다면 전 산업의 세전투자수익률을 사용한다.

(1) 세금을 내기 전의 투자수익률이 15%인데 이에 대하여 20%의 소득세율이 적용된다고 하자. 민간부문의 소비에 쓰일 자금이 전용되어 공공사업에 투입될 경우 공공사업의 할인율을 구하세요.

(2) 민간부문의 투자에 쓰일 자금이 전용되어 공공사업에 투입될 경우 공공사업의 할인율을 구하세요.

(3) 민간부문의 소비에 쓰일 자금과 민간부문의 투자에 쓰일 자금들이 전용되어 공공사업에 각각 1/3, 2/3만큼 투입된 경우 공공사업의 할인율을 구하세요.

**정석힌트** (1) $15(1-0.2)=12\%$

(2) 15%

(3) $\frac{1}{3}\times 12\%+\frac{2}{3}\times 15\%=14\%$

**3.** 디즈니랜드의 대표적 소비자의 효용함수가 다음과 같다.

$U=\sqrt{M}$ (단, $M$: 화폐소득)

디즈니정부가 어떤 공공사업을 하려고 하는데 이 사업은 1/2의 확률로 100억의 순편익을 주지만, 1/2의 확률로 아무런 순편익도 주지 않는다. 이때 디즈니정부의 공공사업에서 나오는 순편익의 확실대등액을 구하세요.

**정석힌트** $\frac{1}{2}\sqrt{100}-\frac{1}{2}\sqrt{0}=\sqrt{M}$ 에서 $M$을 구하면, $M=25$이다.
따라서 기대순편익의 확실대등액은 25억 원이다.

# 제6장
# 환경의 가치

미국의 원유수송선 엑슨 발데즈(Exxon Valdez)호는 1989년 3월 24일 알래스카 해안에 좌초하면서 미국 최대의 원유유출사고를 일으켰다. 알래스카 해안의 프린스 윌리엄 사운드(Prince William Sound) 지역에 있는 1,600마일의 해안선은 온통 원유로 뒤덮였다. 이 사고로 엄청난 숫자의 해양생물과 바다새 들이 죽는 등 이 지역의 해안생태계가 파괴되었다. 또한 원유유출사고가 일어난 사운드 지역은 어업 및 관광산업과 관련된 자연환경의 거의 모든 가치를 상실하게 되었다.

알래스카 주정부는 엑슨사에 대해 피해보상 소송을 제기하면서 환경경제 전문가들을 동원하여 원유사고로 인한 손실을 평가하도록 의뢰하였다. 엑슨사는 ① 유출된 원유를 제거하고 복원하는 비용, ② 지역생태계에 발생한 피해의 보상으로 원유유출에 의한 손실을 받아들였다. 이 장에서는 해당 소송에서 애로(K. J. Arrow)와 솔로(R. M. Solow) 등을 포함하는 경제전문가들이 사용한 가치의 개념을 포함하여 다양한 가치평가방법을

# 제6장 환경의 가치

살펴볼 것이다. 기존의 편익-비용은 사과나 자동차처럼 직접 시장자료에서 구할 수 있지만 환경자원에 대해서는 그러한 자료가 거의 없다. 깨끗한 공기의 가격을 알기 위해 슈퍼마켓에 가봐도 그 가격을 알 수 없는 것이다.

이 장에서 우선 환경자원의 경우 어떤 가치들이 존재하는지를 살펴볼 것이다. 그리고 다음 장의 입문으로서 환경의 편익과 비용이 어떻게 추정될 수 있는지 평가하는 방법들에 대하여 살펴볼 것이다. 다음으로 환경의 가치를 경제적으로 분석할 때 필요한 후생변화의 측정도구들에 대하여 살펴본다. 구체적으로 소비자잉여, 보상변화, 대등변화라는 후생측정도구를 이론적으로 살펴볼 것이다.

**이 장에서 배울 것**

- 환경은 어떤 종류의 가치를 가질까?
- 환경의 편익은 어떤 방법으로 측정될까?
- 환경의 비용은 어떤 방법으로 측정될까?
- 환경의 편익측정도구로서 소비자잉여는 무엇일까?
- 환경의 편익측정도구로서 보상변화는 무엇일까?
- 환경의 편익측정도구로서 대등변화는 무엇일까?

# 제1절 환경가치의 종류

미국 최대의 원유유출사고인 엑슨 발데즈호 사고에서 보듯이 환경의 피해를 추정하는 것은 정책수립뿐 아니라 법원에서도 중요한 판단자료가 된다. 지방정부에서도 폐기물 등에 의해 피해를 본 주민들을 금전으로 보상할 필요가 있다. 따라서 보상의 기준이 반드시 필요한 것이다.

공해나 폐기물 등으로 야기된 피해는 여러 형태를 가질 수 있다. 첫 번째는 인간건강에의 효과이다. 공해나 수질오염은 체내에 흡수될 때 질병을 일으킨다. 두 번째 형태의 피해는 야외활동의 즐거움의 상실이라든가 식물, 동물 등에 대한 피해 등을 말할 수 있다.

이러한 피해들의 크기를 평가하는 데는 ① 영향을 받는 형태를 분류할 필요가 있고, ② 공해와 여러 형태의 피해들 사이의 물리적 관계를 추정할 필요가 있으며, ③ 피해를 받는 쪽에서 피해를 줄이고자 하는 회피행동에 대한 반응을 추정하고, ④ 물리적 피해에 대한 화폐적 가치를 평가하는 단계들을 거쳐야 할 것이다.

상황에 따라서 우리는 환경자원의 저량이나 유량에 가치를 매긴다. 예를 들면 수목들의 저량(stock)인 산림이나 산림이 제공하는 서비스의 유량(flow)인 목재 등에 가치를 둘 수 있다. 이러한 저량과 유량이 물론 별개의 가치는 아니며, 저량의 가치는 모든 미래를 포함하는 서비스 유량의 현재가치와 같을 것이다. 모든 미래의 서비스 유량의 현재가치가 가장 크게 되도록 사용된다면, 그 자원은 효율적으로 사용되고 있다고 말할 수 있다.

환경경제학자들은 자원이 제공하는 총 경제적 가치를 ① 사용가치, ② 옵션가치 혹은 선택가치, ③ 비사용가치 세 가지 요소로 분해한다. 피어슨(D. Pearce, 1991) 같은 경제학자에 의하면 비사용가치는 존재가치를 의미하며, 사용가치는 다시 직접사용가치, 간접사용가치, 선택가치로 구분된다. 그러나 크루틸라(J. V. Krutilla, 1976) 등과 같은 경제학자는 선택가치를 비사용가치에 포함시키고, 비사용가치를 선택가치, 존재가치, 유산가치로 구분하였다. 즉, 사용가치(직접사용가치, 간접사용가치)와 비사용가치(존재가치, 유산가치, 선택가치)로 분류한다. 따라서 경제학자들에 따라 다르긴 하지만 사용가치, 비사용가치, 그리고 그 중간적 특성들을 가지는 선택가치로 분류해 볼 수 있다. 다음 **그림 6-1**은 환경으로서의 삼림자원을 예로 하여 이를 요약하고 있다.[41]

**그림 6-1 환경의 가치**[42]

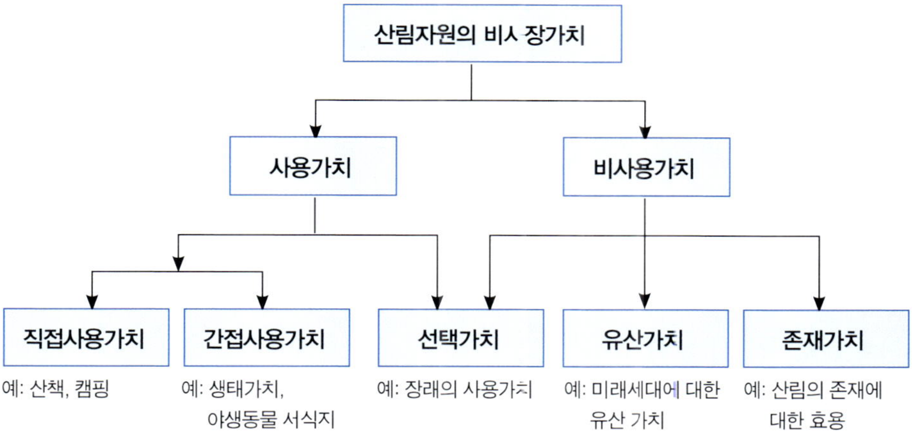


환경의 가치 중에서 사용가치는 환경자원의 직접적 사용에서 나오는 가치를 말하며, 예를 들어 바다에서 어류를 어획한다든지, 산림에서 목재를 채취한다든지, 관개수로에서 물을 끌어올려 사용함으로써 얻는 가치를 포함한다. 심지어 자연경관에서 얻는 시각적 아름다움도 이러한 가치를 가진다. 공해가 병을 일으키고, 유류의 해상오염이 어류를 죽이고, 매연이 자연경관을 흐리게 하는 것도 전부 사용가치를 잃게 하는 것이다.

선택가치는 사람들이 미래에 환경을 사용할 수 있는 가능성에 대하여 매기는 가치를 말한다. 사람들이 비록 현재 사용하지 않는다고 하더라도 미래에 환경을 사용할 선택권(옵션)을 가질 수 있는 데 대한 가치의 개념이며 이로 인해 옵션가치라고도 한다. 사용가치가 현재의 사용에서 나오는 가치라면, 선택가치는 미래의 사용에 대비한 선택권을 가지려는 욕망의 가치라고 할 수 있다.

비사용가치는 사람들이 결코 사용하지 않을 자원을 보존하거나 개선시키는 데 자발적으로 지불하려고 하는 현상에 대하여 매기는 가치라고 할 수 있다. 만일 정부가 경주의 포석정이나 첨성대를 일반인들에게 팔려고 한다면, 시민들이 플래카드를 들고 거리에서 시위를 할 것이라고 상상할 수 있다. 사람들이 결코 방문하지 않는다고 하더라도 이러한 지구상에서 유일한 자원이 가치를 가진다는 것은 두말할 나위가 없을 것이다. 어떤 경제학자들은 이 비사용가치를 존재가치라고 부르기도 한다.

크루틸라(J. V. Krutilla)는 훌륭한 경관이나 유일한 생태계의 존재를 보존하는 것은 많은 개인들의 실질임금의 한 부분이라고 말한다.[43] 그는 현재의 자원사용과 관계없는 가치를 가지는 이유를 두 가지로 요약하고 있다. 하나는 선택가치이고 다른 하나는 후손에게 자원을 물려주려는 유산가치를 든다. 후의 저술에서 크루틸라와 피셔(J. V. Krutilla and A. C. Fisher)는 존재가치의 경우 결코 사용하지 않더라도 가치가 있다고 인식하는 것이지만, 우리가 효용극대화를 추구하는 개인들에게 유산동기가 작용한다는 것을 인식한다면 존재가치라는 것은 단지 후손의 편익을 위해 환경을 보존하려는 가치일 것이라고 주장한다.[44] 그렇지만 맥코넬(J. J. McConnell, 1983)은 다른 견해를 피력한다. 그는 존재가치란 이타심이 작용할 때만 생긴다고 설명하면서 사용가치가 선호의 궁극적인 목표이며 존재가치는 자기 이외의 다른 개인들이 경험하는 가치라고 말한다. 이러한 비사용가치에 대한 논란은 아직도 진행 중이라고 보아야 할 것이다.

앞에서 설명한 세 가지 가치들을 모두 합하면 총가치인 총지불의사액이 나온다.

정석 사고

**환경의 총가치**

총가치=사용가치+선택가치+비사용가치

여기서 비사용가치는 측정하기가 대단히 어렵고 그 크기가 의외로 크게 계산될 수 있는데, 이 때문에 사용가치가 거의 없는 경우를 제외하고는 비사용가치를 포함시키지 않으려는 경향이 있다. 다음 예를 통해 이에 대하여 살펴보자.[45] 한때 산림의 벌목으로 태평양 북서쪽 산림지역에 서식하는 얼룩올빼미가 멸종위기에 빠진 적이 있다. 이에 1990년 정부의 전문위원들은 이 지역을 산림보호지역으로 보존하려고 하였다. 이것은 옳은 결정이었을까? 이 질문에 답하기 위해서 전문가들은 가상상황을 제시하고 1,000가구를 선발하여 개인들이 그 가치를 평가하도록 하는 조사를 실시하였다. 그 조사의 결과는 보존의 편익이 비용을 3배 이상 상회하였다. 이 조사의 예에서 보듯이 비사용가치가 상당히 크게 나타났으며, 보존하고자 하는 선택이 선호되었다. 이러한 결과의 한 가지 의미를 살펴보면, 보존의 편익은 전 국민들에게 고루 분포되지만 그 비용은 한 지역 내 일부 그룹의 개인들에게 집중되는 경향이 있다는 것이다. 따라서 정부는 이 지역의 세금을 할당할 때 보존의 편익을 고려하여 일부 세금은 다른 지역에서도 부담하는 것이 타당할 것이다.

**정석 사고**

환경의 총가치=사용가치+비사용가치(존재가치+선택가치+유산가치)로서 환경의 모든 가치들이 상호배타적인 개념은 아니다. 예를 들어 고향 입구의 느티나무는 고향주민에게는 쉼터로서 사용가치를, 고향을 떠난 사람에게는 선택가치, 유산가치, 존재가치를 가진다.

# 제2절 환경가치평가의 방법

앞 절에서 논한 환경의 가치들을 평가하는 방법에는 여러 가지 있을 수 있다. 이 절에서는 간단히 그 대표적인 몇 가지 방법들과 방법들 사이의 관계를 설명하고자 한다. 여기에서 설명되는 것들은 여러 방법들의 개관에 가깝다고 할 수 있으며, 상세한 설명과 실제 용례들은 다음 장에서 살펴보고자 한다.

## 1. 편익의 측면

먼저 환경가치를 평가하는 방법으로서 직접관찰방법과 간접관찰방법으로 나눌 수 있는데, 직접관찰방법은 실제 자원사용과 선택으로부터 관찰되고 그 관찰로부터 유추될 수 있는 가치평가방법이다. 예를 들면 유류오염으로 인하여 어부가 잃어버리는 가치를 계산할 때, 직접관찰법은 어획량의 감소분과 상실한 편익의 가치를 직접 계산하는 것이다. 이 경우 가격들이 직접 관찰가능하며, 그것들의 사용으로 가치의 상실분을 직접 계산할 수 있다.

가치가 직접 관찰될 수 없는 가상적인 경우, 예를 들어 앞서 본 얼룩올빼미의 경우 비사용가치 혹은 존재가치가 직접 관찰되지 않는다. 이러한 경우 올빼미의 보존을 위해 사람들이 얼마나 지불할 용의가 있는지를 물어서 가치를 평가하는 방법을 생각할 수 있다. 이러한 조건부가치측정법(contingent valuation method)은 전통적인 방법으로 계산될 수 없는 가치를 평가하는 수단을 제공한다. 조건부가치측정법은 몇 가지 편기(bias)들이 있기 때문에 사용할 때 깊은 주의를 필요로 하는데 ① 전략적 편기, ② 정보 편기, ③ 출발점 편기, ④ 가상편기가 그것이다.

전략적 편기는 특정 결과가 되도록 응답자가 답하는 경우 발생할 수 있다. 예를 들어 정부가 어획을 위한 강의 일부를 보존하려는 결정을 하고자 할 때 응답자들이 어획에 대하여 실제가치 이상으로 상당히 높은 가치를 두면 그 결정이 바뀔 수 있다. 그리고 정보 편기는 응답자들이 거의 경험을 가지고 있지 않은 속성들에 대하여 가치를 매겨야 할 때 발생할 수 있다. 출발점 편기는 응답자들이 답하고자 하는 지불용의액의 가능한 범위가 잘못될 때 발생할 수 있다. 100원에서 10,000원의 범위와 1,000원에서 10,000원의 범위가 서로 다른 결과를 가져올 수 있는 것이다. 마지막으로 가상 편기를 보면 응답자들이 실제 선택집합이라기보다는 고안된 가상적인 선택집합에 접하여 응답을 하기 때문에 편기가 있을 수 있다. 해너만(W. M. Hanemann, 1994)은 10개의 연구물들의 결과를 비교하면서 대부분의 연구에서 실제지불용의액과 가상지불용의액의 차이가 근소하다는 것을 보여주고 있다.

엑슨-발데즈호 사건의 유류유출사고에 대한 피해를 조사한 미국해양대기청(NOAA)은 경제전문가들을 모아서 비사용가치를 평가하는 방법으로 조건부가치측정법을 사용하였다. 1993년 1월 15일 발행한 보고서의 몇 가지 사항을 살펴보면 다음과 같다.

① 조건부가치측정에 의한 지불용의액수가 비합리적으로 크게 나타나는 경향이 있다.
② 응답자들이 조사의 상황을 완전히 이해하도록 하는 데 어려움이 있다.
③ 응답자들이 공익을 중시하는 공공정신이나 자선의 따뜻한 마음(warm glow of giving)보다는 조사의 구체적인 사안에 응답할 것이라고 기대하기 어렵다.

이와 같은 문제점을 지적하면서 조사가 잘 고안만 된다면 문제점들을 회피할 수 있다는 점도 강조하고 있다.

다른 방법의 하나로 간접관찰방법이 있는데, 실제 행동을 관찰하지만 간접적으로 가치를 유추하는 방법을 말한다. 예를 들어 공해에 의하여 스포츠낚시가 줄어들었다면 이러한 공해의 피해를 어떻게 평가할 것인가를 생각해보기로 한다. 한 가지 방법은 여행비용법이다. 여행비용법은 지불용의액의 수요곡선을 도출하기 위해 어떤 낚시터에 가는 데 소요되는 경비에 대한 정보를 이용하여 스포츠낚시의 가치를 평가하는 것이다. 프리먼(A. M. Freeman, 1993)은 이 접근방법의 두 가지 형태를 제시한 바 있다. 하나는 어떤 장소를 방문하는 횟수를 조사하는 것이고 다른 하나는 여러 장소 중 어떤 특징에 의해 어떤 장소를 선택하는지를 조사하는 것이다.

이러한 간접관찰방법에는 여행비용법 이외에도 속성가격법(hedonic price)과 속성임금법

(hedonic wage), 회피 또는 방어비용법(averting or defensive expenditures)이 있다. 속성가격법은 자산가치의 여러 속성을 분해하여 환경이라는 속성의 가치를 찾으려고 하는 접근법이며, 속성임금법은 임금의 구성요소 중 건강과 안전을 위협하는 환경이라는 속성에 대한 가치를 찾으려는 접근법이라고 할 수 있다. 방어비용법은 공해에 의해 발생할 피해를 방어하기 위해 지출하는 경비로서 환경의 가치를 평가하려는 접근법이다. 공해가 유입되는 것을 염려하여 공기정화기를 달고 오염수를 마시지 않기 위해 생수를 사먹는 것 등이 바로 방어비용이라고 할 수 있을 것이다. 이들에 대한 구체적 설명은 다음 장에서 상세히 다룰 것이다.

이상의 논의를 요약하여 표로 만들어 살펴보면 **표 6-1**과 같다.

**표 6-1** **환경의 잠재가격 또는 환경수요의 추정방법**[46)]

| 방 법 | 행 위 관 찰 | 가 상 |
|---|---|---|
| 직 접 | 시장가격(잠재가격) | 조건부가치측정법 |
| 간 접 | 방어비용법<br>여행비용법<br>속성가격법<br>속성임금법 | — |

**정석 사고**

환경의 가치를 평가하는 방법에는 직접관찰방법과 간접관찰방법이 있다. 직접관찰방법은 실제 자원사용과 선택으로부터 관찰되고, 그 관찰로부터 직접 가치가 유추될 수 있는 가치평가방법이다. 실제행동을 직접 관찰할 수는 없지만 가상상황에서 관찰하고 가치를 직접 유추하는 방법도 있는데 조건부가치측정법이 그 예이다. 이에 반해 간접관찰방법은 실제행동을 관찰하지만 간접적으로 가치를 유추하는 방법을 말한다. 여기에는 회피비용법 또는 방어비용법(averting or defensive expenditures method), 여행비용법(travel cost method), 속성가격법(hedonic price method) 등이 있다.

## 2. 비용의 측면

여태까지 논의가 주로 환경가치에 대한 편익의 측면을 살펴보았지만 환경개선이나 보존비용의 계산도 생각만큼 쉽지 않다. 왜냐하면 비용이 얼마 소요되었는가가 아니라 얼마나 소요될 것인가 하는 미래에 대한 예측이기 때문이다. 한 가지 방법은 비용을 부담하는 그룹에게 직접 묻는 것이다. 이 방법은 물론 대답하는 쪽이 속일 가능성이 아주 높다. 왜냐하면 비용을 적게 부담하려고 하는 유인이 있기 때문이다.

다른 방법은 환경수준의 목표를 달성할 수 있는 가능한 기술들을 모으고 그중 가장 비용이 적게 드는 기술을 사용할 때의 소요비용을 계산하는 것이다. 그러나 이 방법도 문제를 가지고 있는데, 현재 사용 중인 환경정화기술이 가장 바람직하다는 아무런 보장이 없기 때문이다. 이러한 문제들을 회피하기 위해서 직접 비용을 묻는 방법과 기술정보를 수집하는 방법을 적절히 혼합하는 방법을 생각할 수 있다. 예를 들어 직접 조사를 통해 모든 가능한 기술정보를 수집하고 그러한 기술들의 실제 소요경비들을 계산하는 것이다.

한 가지 주의할 점은 환경의 비용을 말할 때 그 비용은 실제 소용된 비용도 있지만 기회비용도 존재한다. 기회비용이 포기된 최선의 용도에서의 편익을 의미하기 때문이다. 환경서비스에 대한 기회비용은 서비스를 제공하는 자원이 이제 더 이상 차선의 사용목적을 위해 사용되지 못하여 포기한 순편익으로 보아야 한다. 따라서 비용을 고려할 때 투자비용뿐 아니라 기회비용의 하나로써 외부비용도 포함하는 것이어야 한다. 예를 들어 위락시설을 개발한다면 건설비와 운영비를 포함해서 개발에 따른 매연, 대기오염 등의 환경오염의 외부비용과 쓰레기오염과 같은 이용객들의 오염행위의 외부비용도 포함하여야 한다. 또 다목적댐을 건설하는 경우 고향마을이 수몰되어 사라진 문화 및 전통적 가치, 환경의 급변으로 인한 생물종의 멸종이나 생태계의 변화와 같은 모든 비시장적 외부비용을 포함시켜야 한다.

**정석 사고**

환경의 비용을 말할 때 그 비용은 실제 소용된 비용(명시적 비용)도 있지만 기회비용도 존재한다. 포기된 최선의 용도에서도 동일한 비용이 발생한다면 그 실제 소요된 비용은 기회비용에 포함되지 않지만 포기된 최선의 용도에서의 편익(암묵적 비용)은 기회비용에 포함된다. 기회비용의 계산에 어려움이 있어서 보통 투자비용(명시적 비용)만을 비용으로 간주하는 편법을 사용하기도 한다. 이것은 어디까지나 편법이지 원칙은 아니다.

# 제3절 환경가치의 경제적 분석

환경 또는 환경재는 시장이 없지만 가치를 가지고 있다. 많은 사람들이 환경파괴와 오염을 싫어하고 환경개선을 위해 비용을 부담할 의사가 있다면 환경은 경제적 가치를 가지고 있는 것이 분명하다. 시장가격이 없는 환경의 가치는 어떻게 구성될 수 있는지 1절에서 살펴보았다. 그리고 그것을 측정하는 현대적인 방법들도 소개하였다. 여기서는 구체적으로 경제학원론에서 다루는 이론을 바탕으로 환경의 가치가 어떻게 측정될 수 있는지 그 본질을 살펴보려고 한다.

가치란 총효용의 변화 없이 한 재화를 다른 재화로 대체할 수 있는 교환비율을 의미한다. 우리가 늘 가지고 다니는 돈도 대체할 수 있는 재화 중의 하나이며, 환경을 얼마의 돈과 대체할 수 있는가를 알 수 있다면 바로 환경의 가치를 파악할 수 있을 것이다. 어떤 환경재가 금전과 대체되는 정도는 바로 환경재의 지불용의액(willingness-to-pay)이라고 말할 수 있으며, 이를 어떤 환경재에 대한 가치라고 부를 것이다. 어떤 환경재를 한 단위 추가로 얻기 위해 지불하고자 하는 금액은 한계지불용의액(marginal willingness-to-pay)이라고 부르며, 시장이 존재하는 것은 아니지만 이를 환경재의 수요곡선이라고 부를 수 있다.

환경재의 가치를 추정할 때 주의할 점은 환경 그 자체의 본질적 가치를 직접 추정하는 것이 아니고 환경오염 등으로 경제가 기존의 상태에서 다른 상태로 변하는 것에 대한 지불용의액을 보고 가치를 추정하는 것이다. 먼저 1371년도에 있었던 시카고의 화재사고를 예로 들어 교환가치와 사용가치의 개념을 보도록 한다.

1871년도의 시카고 화재는 건물의 반을 태워버렸다고 한다. 이 경우 교환가치와 사용가치는 어떻게 변하였는지 경제학적으로 알아보자. 다음 **그림 6-2** 는 건물의 가격($P$)과 건물수($Q$)를 두 축으로 하여 2차원 평면으로 표시한 것이며 이를 통해 가치를 계산해 보려고 한다. 먼저 시장에서 교환될 가치는 화재 전의 $C+E$에서 화재 후의 $B+C$로 바뀌었으므로 교환가치의 변화는 $B-E$가 된다. 반면에 사용가치는 화재 전 $A+B+C+D+E$에서 화재 후 $A+B+C$가 되므로 $D+E$만큼 상실한 것이다. 따라서 교환가치는 증가했는지 감소했는지 알 수 없으나 사용가치는 확실히 줄어들었다. 여기서 알 수 있는 것은 수요곡선의 높이는 각 단위에 대해 지불하고자 하는 한계지불용의액이며, 그러한 높이들의 총합인 수요곡선의 아래 면적

제1편
제2편
제3편
제4편

은 총지불용의액이 되며, 이러한 총지불용의액이 바로 사용가치인 것이다. 그리고 환경재는 시장이 없으므로 사용가치와 교환가치는 같다고 볼 수 있다.

**그림 6-2 사용가치와 교환가치**

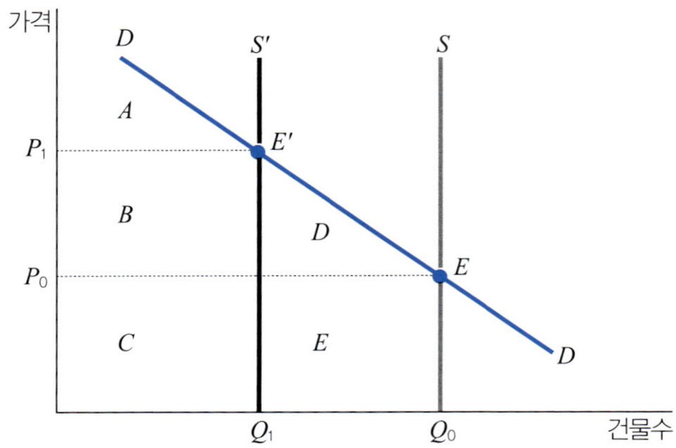


이러한 간단한 사고로 우리는 다음과 같은 후생 또는 가치의 변화를 측정할 수 있는 강력한 도구들을 이해할 수 있다. 그 첫째가 마셜(A. Marshall)의 소비자잉여 개념이며, 두 번째와 세 번째가 힉스(U. K. Hicks)의 보상변화와 동등변화 개념이다.

## 1. 소비자잉여

소비자잉여(consumer's surplus)란 소비자가 높은 가격을 기꺼이 지불하고라도 얻고 싶은 재화를 그보다 낮은 가격으로 구매한 경우에 얻어지는 순이득(net gain) 또는 잉여만족이다. 마셜(A. Marshall)은 그의 저서 《경제학원리(*Principles of Economic*)》에서 소비자잉여를 '소비자가 그 재화를 얻기 위해 기꺼이 지불할 용의가 있는 가격과 그가 실제로 지불하는 가격과의 차이'라고 정의하였다.

**그림 6-3**에서 $D_Y$곡선은 $Y$재의 수요곡선이며, $Y$재의 각 단위에 대하여 지불하고자 하는 액수인 한계지불용의액을 나타낸다. 화폐 1단위의 한계효용이 1이라면, 이 $D_Y$곡선은 또한 $Y$재의 한계효용곡선($MU_Y$)이 된다. 이제 $Y$재의 가격이 $OP_0$이라면 소비자는 $OY_0$만큼의 $Y$재를

구매할 것이다. 이 경우 소비자가 얻는 총효용의 화폐적 가치는 $OREY_0$이 된다. 그러나 소비자가 실제로 지출하는 화폐액은 $OP_0EY_0$이므로 차액인 $P_0RE$는 소비자가 대가를 지불하지 않고 얻는 잉여액이 된다. 이 잉여액 $P_0RE$를 소비자잉여라고 한다.

**그림 6-3 소비자잉여**

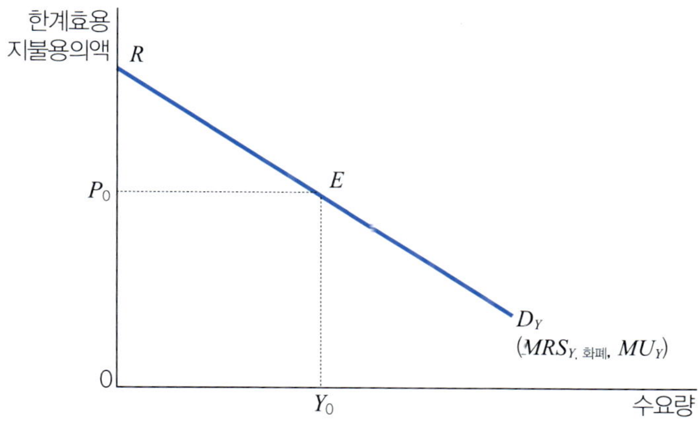


이와 같이 소비자잉여란 소비자가 구매한 재화로부터 얻는 총효용을 화폐로 환산한 금액에서 구매금액(가격×수량)을 뺀 차액이다. 좀 더 쉬운 말로 표현하면, 소비자잉여란 어떤 상품의 일정량에 대하여 구매자가 주관적으로 평가하는 가치와 실제로 지불하는 금액과의 차액이다. 사용가치를 나타내는 돈과의 한계대체율(주관적 교환비율)을 이용하여 표현하여 보면 다음과 같다.

$$\sum_{Y=0}[MRS_{Y(i),\ \text{화폐}} - p]$$

단, $Y(i)$는 $Y$재의 추가단위의 순서를 나타낸다. 만일 환경재처럼 사용하기 위해 지불할 시장가격이 없다면 이 식에서 $p=0$이므로 사용단위까지의 모든 지불용의액의 합이 소비자잉여가 된다.

**정석 사고**

소비자잉여란 어떤 상품의 일정량에 대하여 구매자가 주관적으로 평가하는 가치와 실제로 지불하는 금액과의 차액이다.

## 2. 보상변화와 대등변화

앞의 1항에서 살펴본 소비자잉여는 소비자후생의 변화를 측정하는 일반적인 접근법으로 널리 알려져 있다. 그러나 그것이 환경의 변화가 소비자후생에 미치는 영향을 측정하는 유일한 도구는 아니다. 보다 더 정확한 측정도구들이 있으며, 그것들을 고려하기 위하여 다음과 같은 간단한 예를 들어 보려고 한다.

어떤 소비자가 처음에는 화폐만을 $m_0$만큼 보유할 수 있다고 하자. 지금은 상품 $x$를 시장가격 $p$에 구매할 수 있다고 한다. 이러한 구매결정에서 그가 얼마나 더 만족할 것인지를 살펴보기로 한다. 먼저 그가 얼마까지 지불할 의사가 있는지를 알아보면 될 것이다. 그의 최대 지불용의액은 $m_0-m_2$일 것이며, 실제 시장에서 지불한 금액은 $m_0-m_1$일 것이다. 따라서 소비자의 이익은 $m_1-m_2$이다.

이제 상황을 바꾸어 상품 $x$를 $x_1$만큼 보유하고 있는 소비자에게 예전만큼의 만족(상품 $x$의 구매 전에 느끼던 만족도 $U_0$)만을 주려면 얼마만큼의 화폐액으로 보상해 주어야 하는가를 알아보기로 한다. **그림 6-4**에서 두 만족도의 거리인 $CD$가 그 보상액을 나타내며, $m_1-m_2$와 같다. 이것이 소비자후생의 다른 측정방법으로 알려진 '보상변화(Compensating Variation, CV)'이다.

다른 각도에서 이 문제를 다시 보면, 이 소비자가 현재와 같은 상품보유를 할 시장교환의 기회를 다시 빼앗길 때 느끼는 불만의 크기는 얼마의 화폐액과 동일할 것인가를 알아볼 수

**그림 6-4** 시장접근(교환)기회에 따른 보상변화와 대등변화

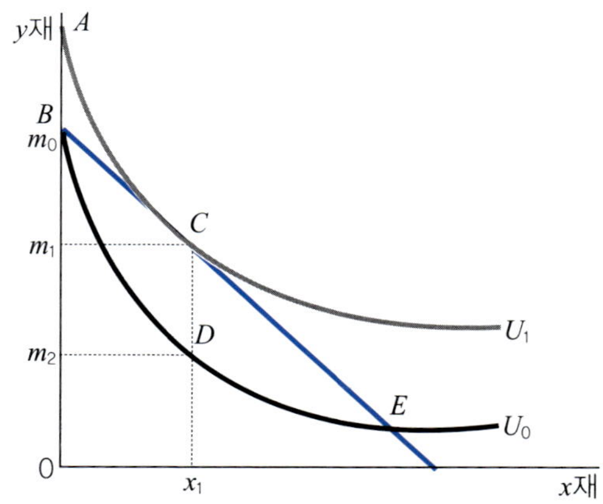

도 있다. 다시 말해서 이 소비자가 원래의 상태(상품구매가 가능하기 전의 상태)로 돌아갈 때 느끼는 만족의 변화에 대한 화폐액과 동일하다. 이러한 소비자후생의 변화를 화폐액으로 측정하는 것이 '대등변화(Equivalent Variation, EV)'이다. 그림에서 $AB$의 거리가 바로 대등변화를 보여주고 있다.

예를 들어 $x$재를 볼펜이라고 생각하여 보기로 한다. 소비자는 화폐를 $0m_0$만큼 가지고 있으며 일정한 화폐를 지출해서 $0x_1$의 볼펜(1자루)을 구입하면 최소비용으로 최대의 효용을 얻게 된다(소비자균형). 이때 실제로 지불한 금액($m_0-m_1$)과 소비자가 볼펜 $x_1$를 구입하는 데 대해서 지불해도 좋다고 생각하는 금액($m_0-m_2$)의 차이가 소비자잉여($m_1-m_2$)의 개념이다. 대등변화는 $0x_1$의 볼펜소비를 못 하게 할 때 현재와 같은 만족을 주기 위해 보상해 주어야 하는 화폐액($AB$)을 말하며, 보상변화는 소비자가 $0x_1$의 볼펜을 소비하게 될 때 이전과 같은 만족만을 주면서 빼앗아도 좋은 화폐액($CD$)을 말한다.

앞의 예에서 알 수 있듯이 이러한 두 측정도구는 특별한 대칭관계를 가지고 있다. 보상변화는 경제상태가 과거에서 현재로 변화하였고 다시 과거로 돌아가려면 얼마의 돈이 과부족한지를 보는 것이다. 이에 대해서 대등변화는 과거에서 현재로 직접 변화한 것은 아니지만 현재로 변화하려면 얼마의 돈이 과부족한지를 보는 것이다.[47] 우리는 볼펜의 예를 가지고 설명하였지만 환경재의 경우 시장에 지불할 금액이 없으므로, 즉 ($m_0-m_1$)을 지불할 필요가 없으므로 보상변화는 $CD$가 아니고 지불해도 좋다고 생각하는 금액($m_0-m_2$)이며, 대등변화는 $AB$가 아니고 현재와 같은 만족을 얻기 위해 보상받는 화폐액($Am_1$)이다.

위에서 살펴본 소비자잉여나 대등변화 등의 개념들은 주로 사용가치를 추정하는 도구들이다. 앞의 1절에서 환경재의 총가치인 총지불의사액은 사용가치, 선택가치, 비사용가치(존재가치)를 합하여 계산된다고 설명한 바 있다. 그리고 특히 비사용가치는 측정하기가 대단히 어렵고 그 크기가 의외로 크게 계산될 수 있어서 사용가치가 거의 없는 경우를 제외하고는 비사용가치를 포함시키지 않으려는 경향이 있다고 설명하였다. 그렇다면 비사용가치를 추정하는 경제학적 도구에는 어떠한 것들이 있을까?

간단히 생각해 보면 현재의 자원을 유지보존하는 데 지불하고자 하는 금액인 총가치 중에서 사용가치를 제외하면 비사용가치가 나올 수 있을 것이다. 총가치를 추정하는 한 가지 전통적인 방법은 환경재의 사용을 어떤 시장재화의 보완적 구입으로 생각하여 살피는 것이다. 만일 자원이 국립공원이라고 생각하면 보완재는 국립공원의 관광서비스를 구입하는 것이다. 자원의 사용은 구입한 관광횟수로 추정된다. 더 나아가 자원의 사용은 그 자원의 시각적 효

제1편
제2편
제3편
제4편

과를 구체화하는 보완적 시장재의 구입을 포함할 수도 있다. 랜들과 스톨(A. Randall and J. R. Stoll, 1983)은 자원의 시각적인 미를 표현하는 사진을 담은 책과 잡지의 구입까지도 사용가치로 보아야 한다고 주장한다.[48] 우리는 이러한 간접적인 사용가치를 배제하여 생각해보기로 한다.

우리가 '사용'이라고 할 때 어떤 보완적인 시장재의 구매를 필요로 한다고 보고 시장재의 구입이 없으면 '사용'이 없는 것으로 생각한다. 자원사용의 어떤 문턱점(threshold point)이 있다면 그 점 이하의 자원이 있는 경우 자원은 사용되지 않을 것이고, 보완적인 시장재의 구입도 없을 것이다. 이 경우의 자원에 대한 지불의사액은 순수한 존재가치가 될 것이다. 만일 자원이 문턱점 이상으로 있는 경우에는 자원의 사용가치가 바로 총가치가 될 수 있다는 것이다. 그러나 시장에서 관찰할 수 있는 자료를 이용하여 이러한 총가치와 비사용가치를 추정하는 것은 불가능하다고 보여진다. 따라서 비사용가치를 추정하는 첫 번째 방법은 개인들에게 총가치를 가상적인 방법으로 묻고, 그 총가치에서 시장자료를 이용하여 얻을 수 있는 사용가치를 빼는 방식으로 구하는 것이다. 두 번째는 사용을 하지 않는 사람들에게 비사용가치를 직접 묻는 것이다. 사용을 하지 않는 사람들이 평가하는 가치는 정의상 바로 비사용가치가 될 수 있기 때문이다.

여기서 문제는 사용자가 되는 특징적인 활동이 결정되기까지는 사용자와 비사용자를 구분하기가 어렵다. 그리고 사용자가 비사용가치를 가질 수 없는 사전적인 이유가 없는 것이다. 따라서 사용가치와 비사용가치의 구분은 총가치를 추정하는 데 도움이 될 때 의미를 가진다고 할 수 있다. 또 다른 문제는 비사용가치가 언제 중요한가라는 것이다. 경제학자들은 생전에 보지 못할 코뿔소나 호랑이, 반달곰, 미국의 그랜드 캐니언(Grand Canyon)이나 중국의 장강삼협 등을 보존하는 데 비사용가치가 중요하다고 본다. 반면에 통상적인 강이나 폭넓게 분포되어 있는 생물들과 같은 자원은 그와 가까운 대체재들이 존재하기 때문에 비사용가치가 크지 않을 것으로 본다. 게다가 자연회복과정에서 피해로부터의 복구가 빠르고 완전한 경우 비사용가치는 중요하지 않을 것으로 보고 있다. 그러나 자원의 유일성이나 독특성에 대한 조작적 정의를 하는 데 문제가 있다. 경제학적 용어로 유일성은 대체재가 없고 수요의 가격탄력성이 낮은 경우 발생한다고 본다. 이렇게 정의하더라도 유일성을 나타내기 위해 어느 정도까지 탄력성이 낮아야 하는지 뚜렷한 기준을 정하기가 어렵다. 현재로서는 자원이 유일한지 비사용가치가 중요한 긴 회복기간을 가진 자원을 정하는 일반적인 기준이 없다. 이러한 중요한 문제는 앞으로 계속적인 연구의 과제가 될 것이다.

**정석 사고**

보상변화는 경제상태가 과거에서 현재로 변화하였고 다시 과거로 돌아가려면 얼마의 돈이 과부족한지를 보는 것이다. 이에 대해서 대등변화는 과거에서 현재로 직접 변화한 것은 아니지만 현재로 변화하려면 얼마의 돈이 과부족한지를 보는 것이다. 그런데 소비자잉여나 보상변화, 대등변화 등의 개념들은 주로 사용가치를 추정하는 도구들이다. 비사용가치를 추정하는 첫 번째 방법은 개인들에게 총가치를 가상적인 방법으로 묻고, 그 총가치에서 시장자료를 이용하여 얻을 수 있는 사용가치를 빼는 방식이고, 두 번째 방법은 사용을 하지 않는 사람들에게 비사용가치를 직접 묻는 방식이다.

**연습문제**

**1.** 다음 그림은 산림자원의 가치를 보여준다. 다음 글을 읽고 설명하세요.

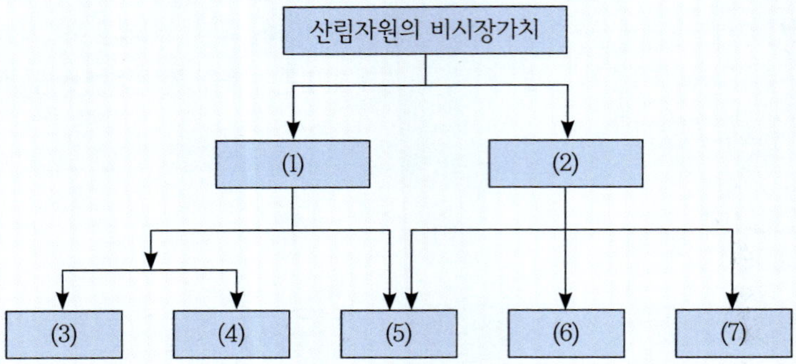


(1) 그림의 괄호를 채우세요.

(2) 다음 글의 괄호를 채우세요.

> 산림자원의 환경가치에서 사용가능성과 상관없이 단순히 아는 것만으로 흡족히 느끼는 ( ), 미래세대에 물려주고자 하는 ( ), 미래에 이용할 기회를 갖게 되는 ( ), 산림의 생태기능과 같은 ( ), 목재, 관광과 같은 ( )가 있다.

**정석힌트**

(1) ① 사용가치 ② 비사용가치 ③ 직접사용가치 ④ 간접사용가치 ⑤ 선택가치 ⑥ 유산가치 ⑦ 존재가치

(2) (순서대로) 존재가치, 유산가치, 선택가치, 간접사용가치, 직접사용가치

**2.** 다음 표는 환경수요를 추정하는 방법을 보여주고 있다. 다음 글을 읽고 설명하세요.

| 방법 | 행위관찰 | 가상 |
|---|---|---|
| 직접 | 시장가격 | ① |
| 간접 | ② | |
| | ③ | |
| | ④ | |
| | 속성임금법 | |

(1) 그림의 괄호를 채우세요.

(2) 다음 글의 괄호를 채우세요.

> 환경의 가치를 평가하는 방법에는 직접관찰방법과 간접관찰방법이 있다. 직접관찰방법은 실제 자원사용과 선택으로부터 관찰되고, 그 관찰로부터 직접 가치가 유추될 수 있는 가치평가방법이다. 실제행동을 직접 관찰할 수는 없지만 가상상황에서 관찰하고 가치를 직접 유추하는 방법도 있는데 ( )이 그 예이다. 이에 반해 간접관찰방법은 실제행동을 관찰하지만 간접적으로 가치를 유추하는 방법을 말한다. 여기에는 회피비용법 또는 방어비용법, 여행비용법, ( ) 등이 있다.

**정석힌트** (1) ① 조건부가치측정법 ② 방어비용법 ③ 여행비용법 ④ 속성가격법
(2) 조건부가치측정법, 속성가격법

**3.** 다음 보기를 읽고 빈칸에 적절한 말을 넣으세요.

> **보기**
> 환경의 비용을 말할 때 그 비용은 ( )도 있지만 ( )도 존재한다. 포기된 최선의 용도에서도 동일한 비용이 발생한다면 그 실제 소요된 비용은 기회비용에 포함되지 않지만 포기된 최선의 용도에서의 편익은 기회비용에 포함된다.

**정석힌트** 명시적 비용, 기회비용

**4.** 다음 그림을 보고 후생의 개념들을 파악하기로 하자. 그림에서 $OA$=12,000원, $OF$=8,000원, $m_0$=10,000원, $m_1$=7,000원, $m_2$=5,000원이라고 가정한다.

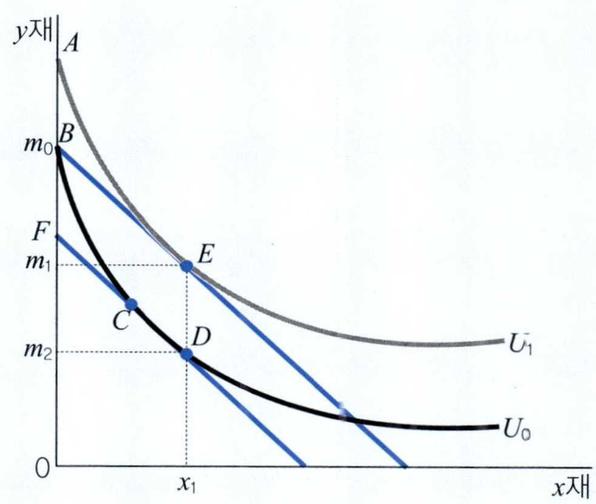


소비자는 화폐를 $0m_0$만큼(=10,000원) 가지고 있으며 일정한 화폐를 지출해서 $0x_1$의 볼펜(1자루)을 구입하면 최소비용으로 최대의 효용을 얻게 된다(소비자균형).

(1) 이때 실제로 지불한 금액( 가 )과 소비자가 볼펜 $x_1$을 구입하는 데 대해서 지불하여도 좋다고 생각하는 금액( 나 )의 차이가 소비자잉여( 다 )의 개념이다. 대등변화는 $0x_1$의 볼펜소비를 못 하게 할 때 현재와 같은 만족을 주기 위해 보상해주어야 하는 화폐액( 라 )을 말하며, 보상변화는 소비자가 $0x_1$의 볼펜소비를 할 때 이전과 같은 만족을 주면서 빼앗아도 좋은 화폐액( 마 )을 말한다.

**정석힌트** (가) $m_0-m_1=10{,}000-7{,}000=3{,}000$
(나) $m_0-m_2=10{,}000-5{,}000=5{,}000$
(다) $m_1-m_2=7{,}000-5{,}000=2{,}000$
(라) $OA-OB=12{,}000-10{,}000=2{,}000$
(마) $OB-OF=10{,}000-8{,}000=2{,}000$

(2) 위에 해당하는 수요곡선을 그려서 소비자잉여와 대등변화, 보상변화의 관계를 설명하세요.

**정석힌트** 이 경우는 특수한 경우로서 모두 동일하다, 일반적인 경우 가격하락과 같은 경제상태의 변화에서는 다음의 관계를 보여준다. 그림에서 $D_0$는 보통수요곡선, $D_1$는 대등변화를 보여주는 보상수요곡선, $D_2$는 보상변화를 보여주는 보상수요곡선이다. 이 경우 '$A$=보상변화, $A+B$=소비자잉여, $A+B+C$=대등변화'이다. 참고로 가격이 상승 시에는 정반대가 된다.

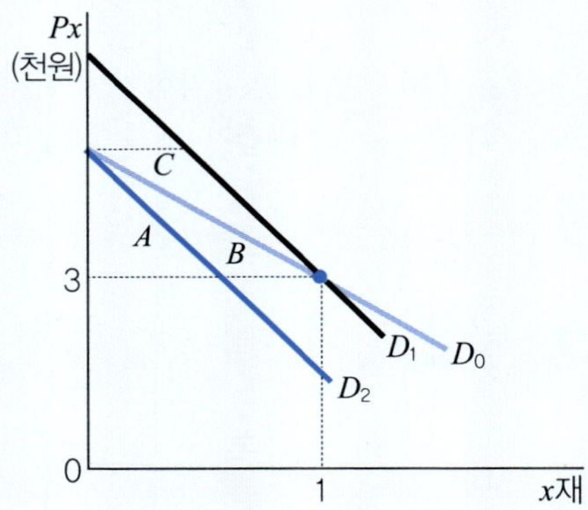

# 제7장
# 환경가치의 경제적 평가방법

본 장에서는 환경질과 관계있는 시장재의 거래를 관찰함으로써 간접적으로 환경질의 가치를 측정할 수 있는 간접적 편익추정방법과 직접 개인들에게 편익의 크기를 묻고 그 크기를 추정해내는 직접적 편익추정방법들을 상세히 소개하고자 한다. 앞 장의 2절에서 논의된 것처럼 환경의 가치를 평가하는 방법으로서 직접관찰방법과 간접관찰방법으로 나눌 수 있다.

직접관찰방법은 실제 자원사용과 선택으로부터 관찰되고 그 관찰로부터 유추될 수 있는 가치평가방법이다. 이 경우 가격들이 직접 관찰가능하며, 그것들의 사용으로 가치의 상실분을 직접 계산할 수 있다. 가치가 직접 관찰될 수 없으나 가상적으로 직접 관찰가능한 경우, 사람들이 얼마나 지불할 용의가 있는지를 직접 물어서 가치를 평가하는 방법을 생각할 수 있다. 이에 반하여 간접관찰방법은 실제 행동을 관찰하지만 간접적으로 가치를 유추하는 방법을 말한다. 이러한 간접관찰방법에는 회피 또는 방어비용법

# 제7장 환경가치의 경제적 평가방법

(averting or defensive expenditures), 여행비용법(travel cost), 속성가격법(hedonic price)과 속성임금법(hedonic wage) 등이 있다. 이러한 것들이 이 장에서 논할 간접적 편익추정방법들이다.[49)]

이 장에서는 우선 환경가치의 평가법으로서 간접관찰방법의 하나인 방어비용법 혹은 회피비용법을 자세히 살펴볼 것이다. 다음으로 주로 사용가치를 측정하는 데 유용한 여행비용법을 살펴보고 난 후, 환경이 다른 자산에 내재되어 있는 경우 사용되는 속성가격법을 알아볼 것이다. 마지막으로 적용범위가 가장 폭넓은 조건부가치측정법에 대하여 상세히 살펴볼 것이다.

**이 장에서 배울 것**

- 방어비용법은 무엇일까?
- 환경의 대체관계는 무엇일까?
- 환경의 약보완관계는 무엇일까?
- 여행비용법은 무엇일까?
- 속성가격법은 무엇일까?
- 조건부가치측정법은 무엇일까?

# 제1절 방어비용법



먼저 **방어비용법**(averting or defensive expenditure method)은 회피비용법 혹은 회피행동접근법(averting behavior approach)이라고도 부르는데, 방어비용법은 사람들이 환경오염을 회피하기 위해 구입하는 재화의 가치를 환경의 가치로 평가하는 방법을 말한다. 이 접근법은 예를 들어 농부가 오존에 의해 콩생산량이 줄어든다면 이를 회피하기 위해 사적으로 지출하는 여러 방어비용으로 환경의 가치를 평가한다. 다른 예는 대기오염으로 눈물과 콧물이 나는 증상을 회피하기 위해 구입한 약품들의 지출비용으로 환경의 가치를 파악할 수 있다는 것이다. 또 수질오염으로 수돗물을 마시기 어려워 생수를 사먹거나 정화기를 설치하는 것과 같은 사적 지출을 환경의 가치로 볼 수 있다는 것이다.

기본적으로 공해와 대체할 수 있는 재화들과의 **대체관계**를 이용하여 그 방어비용을 환경의 가치로 평가하는 것이다. 이것을 **그림 7-1** 을 통해 이해해보자. 그림은 가로축을 따라 어획량을 증가시키려면 추가적인 어획노력과 장비가 소요되어 한계비용이 증가하는 것을 나타낸다. 그러나 어획량이 증가함에 따라 한계편익 혹은 한계수입이 감소하는 것을 보여준다. 만약 수질오염개선사업으로 수질이 많이 개선되었다고 하자. 그림과 같이 수질개선에 의해 동일한 어획에 대한 한계비용이 감소하여 $MC_0$에서 $MC_1$으로 회전이동한다. 이때 수질변화의 가치는 *BCD*로 추정된다.[50)]

이러한 수질오염의 예는 대기오염의 경우에도 그대로 적용된다. 만약 대기오염이 심해져서 호흡기 등의 질환으로 건강이 악화된다고 하자. 원래의 건강수준이라도 유지하려고 건강악화를 방지해주는 약품이나 의료서비스에 대한 지출을 증가시킬 것이다. 이 경우 그림과 반대로 한계비용이 위로 회전이동하게 되며($MC_1$에서 $MC_0$), 이때에도 대기질의 변화에 대한 가치는 *BCD*로 추정된다.

이러한 방어비용법은 공해와 대체관계에 있는 재화나 서비스를 구입할 수 있는 경우에만 유용하다. 그리고 대기오염으로 공기의 질이 악화될 때 이것을 회피하기 위한 여러 노력들에 대한 가상적 한계편익을 알아야 하는 것이 가장 큰 어려움이다. 그다음으로는 구입한 재화가 결합생산효과를 가지는 경우이다. 대기오염으로 실내에서 에어컨을 가동하는 경우, 대기오염을 정화하는 기능도 있지만 시원한 공기로 땀을 식혀주는 기능도 있다. 에어컨의 가동비용 중 어디까지 회피비용인지 알기 어려운 것이다.

제1편 제2편 제3편 제4편

**그림 7-1 수질오염의 방어비용법[51)]**

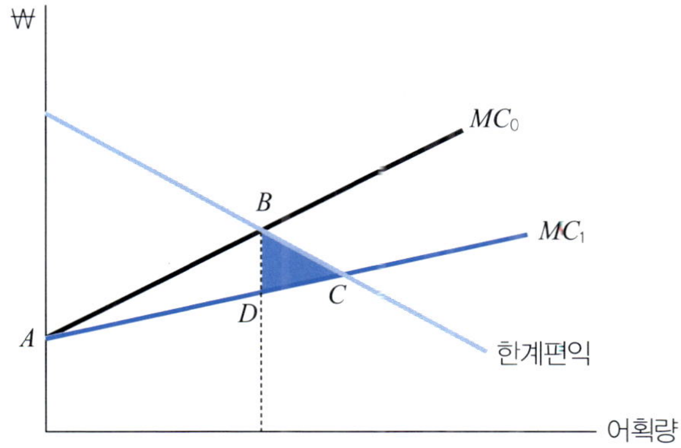


**정석 사고**

환경편익의 단위가치(잠재가격)를 평가하는 방법으로서 먼저 실제 행동을 관찰하지만 간접적으로 가치를 유추하는 방법을 생각할 수 있다. 방어비용법은 어느 개인이 수돗물이 오염되어 마시기 힘들다고 생각할 때 생수를 사거나 정수기를 달아 오염을 방어할 수 있다. 이러한 방어행위에 의한 방어지출비용을 환경의 가치로 보는 방법이다.

## 제2절 여행비용법

**여행비용법**(Travel Cost Model, TCM)은 공해에 의하여 스포츠낚시가 줄어들었다면 공해의 피해에 대한 가치를 스포츠낚시에 실제 지불하는 비용의 감소로 평가하는 하나의 가치평가방법이다. 방어비용법이 공해와 구입재화 간의 대체관계를 이용하는 것과 달리, 공해라는 환경재의 감소와 스포츠낚시의 소비지출 사이에 존재하는 **약보완관계**(weak complementarity)를 이용하는 방식이다. 약보완관계는 보완관계에 다음 두 조건이 추가적으로 필요하다.

① 여행지를 방문하지 않으면 사람들이 여행지의 환경으로부터 얻는 한계효용(한계지불용의액)도 0이다.

② 여행지의 수요(방문)를 0으로 하는 어떤 수준의 여행비용이 존재한다. 즉, 어떤 높은

수준의 여행비용(이를 초크가격[choke price]이라고 함)을 지불하면서까지 여행하지 않으므로 여행이 필수적인 것은 아니다.

이러한 약보완관계를 이용하여 스포츠낚시에 대한 소비지출을 보고 환경에 대한 수요곡선을 도출하는 방법이다. 즉, 어떤 낚시터에 가는 데 소요되는 경비에 대한 정보를 이용하여 스포츠낚시와 관련된 환경재의 가치를 평가하는 것이다. 프리먼(A. M. Freeman, 1993)은 이 접근방법의 두 가지 형태를 제시한 바 있다. 하나는 어떤 장소를 방문하는 횟수를 조사하는 것이고 다른 하나는 여러 장소 중 어떤 특징에 의해 어떤 장소를 선택하는지를 조사하는 것이다. 여기서는 첫 번째 형태에 초점을 두고 살펴보자.

이 방법의 이론적 기초는 마셜(A. Marshall)의 소비자잉여에 바탕을 두고 있으며, 클로슨과 네치(M. Clawson and J. L. Knetsch, 1966) 이후 크게 발전하였다. 이 방법은 관광지나 위락지역의 여행에 소요되는 직접적인 금전비용과 시간비용에 따라 방문횟수가 어떻게 반응하는가를 보고 그 지역의 환경질에 대한 편익을 간접 추정하는 모형이다.

먼저 어떤 장소를 방문하는 횟수를 조사하는 예를 통하여 살펴보자. 설악산의 예를 들어보면 설악산까지 가는 데 거리가 멀어 비용이 많이 소요되는 지역주민들은 연 1회 정도 방문하고 거리가 가까운 지역주민들은 연 5~6회 방문한다고 하자. 이러한 사실로부터 여행비용과 여행횟수 혹은 방문횟수 사이에 역의 관계가 있다는 것을 알 수 있다. 이것을 그림으로 나타내면 대표적 여행자의 여행수요곡선이 되는 것이다. 그런데 설악산의 환경이 개선되었다고 하자. 이로 인해 여행자들의 방문이 늘어 수요곡선이 오른쪽으로 이동하였다고 하자. 평균여행비용 이상의 원래의 수요곡선과 우측이동한 수요곡선 사이의 면적이 평균소비자잉여의 증가분이다. 이것에 연간 총여행자수를 곱하면 설악산의 개선된 환경의 연간가치를 구할 수 있다.

이것을 다음 **그림 7-2**를 통해 이해해보자. 우선 여행비용과 방문횟수 사이에 존재하는 여행수요곡선을 그린 것이 그림의 *ED*곡선이다. 이제 여행지의 수질(*Q*)이 개선된 경우 여행지의 가치가 얼마나 증가하는지 살펴보자. 원래의 여행수요곡선 *ED*가 우측으로 이동하여 새로운 여행수요곡선은 *AB*가 된다. 이때 소비자잉여의 증가분은 여행비용 *OC* 이상의 원래의 수요곡선과 우측이동한 수요곡선 사이의 면적, *ABDE*이다. 이것이 환경개선에 대한 편익, 즉 환경의 가치이다. 이 방법의 문제점은 여행자가 가지는 환경의 가치를 평가하므로 비사용가치를 추정할 수 없다는 점이다.

**그림 7-2** 여행수요곡선

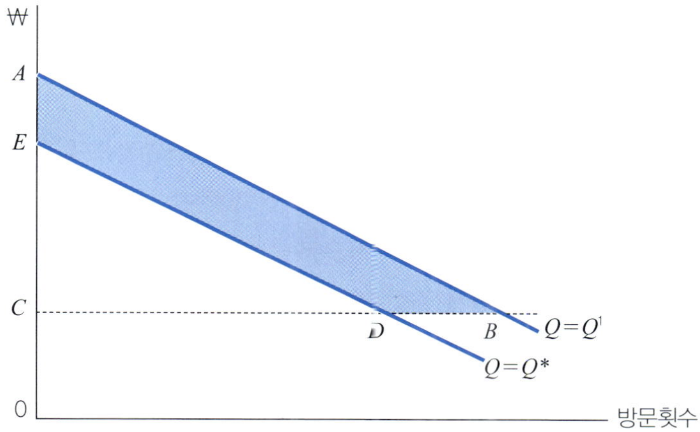


**정석 사고**

여행비용법은 환경과 약보완관계에 있는 재화시장을 이용하여 환경의 가치를 도출하는 방법이다. 어느 강의 수질개선으로 스포츠낚시가 늘었다면 이 강의 원래의 여행수요곡선과 수질개선 후의 새로운 여행수요곡선을 비교하여 수질개선의 편익을 추정하는 방식이다.



## 제3절 속성가격법

**속성가격법**(Hedonic Price Method, HPM)에는 속성자산가치법과 속성임금법이 있다. 속성자산가치법은 자산가치의 여러 속성을 분해하여 환경이라는 속성의 가치를 찾으려고 하는 접근법이며, 속성임금법은 임금의 구성요소 중 건강과 안전을 위협하는 환경이라는 속성에 대한 가치를 찾으려는 접근법이라고 할 수 있다. 두 접근법이 근본적으로 동일한 방식이므로 이 항에서는 속성자산가치법의 속성가격법을 주로 설명하고자 한다.

속성가격법은 소비자가 특정 재화를 구입한다고 할 때 재화 그 자체라기보다는 재화가 제공하는 속성을 원하기 때문에 구입한다는 랑카스터(K. J. Lancaster, 1966)의 신소비자이론에 근거를 두고 있다. 이 이론은 그릴리치(Z. Griliches, 1971)와 로젠(S. Rosen, 1974)의 선구적 연구를 출발점으로 1980년대에 비약적으로 발전하였다. 신소비자이론에 따르면 소비자들이 자동차를 구입하는 것은 단순히 교통수단으로서만이 아니라 승차감, 안전성, 사회적 지위 등의 복합적인 속성들에 대해 가치를 매기고 가격에 비해 가치가 가장 높은 차종을 선택하게 된다는 것이다. 마찬가지로 강변을 끼고 있는 아파트 가격이 상대적으로 많이 올랐다고 하였을 때 그러한 가격의 상승분은 강변의 개선된 경관 혹은 조망의 가치가 아파트 가격에 반영된 것이라고 할 수 있다. 따라서 조망이나 맑은 공기와 같은 환경의 가치를 아파트 주택시장에서 간접적으로 관찰하여 도출할 수 있는 것이다.

어느 지역이 근린공원과 수질오염의 개선프로그램으로 인해 토지가격이 상승하였다고 하자. 이 경우 먼저 주택가격에 대한 여러 속성을 분리하는 작업을 한다. 예를 들어 주택가격이 대지의 크기, 시장과의 거리, 대기오염의 정도나 조망의 범위와 같은 환경의 질에 의해 결정된다고 하자. 주택가격을 분리한 속성들에 대해 회귀분석함으로써 환경의 질이 주택가격에 미치는 한계효과(속성가격)를 파악할 수 있다. 이처럼 환경의 속성가격을 유추할 수 있다면 환경의 속성가격과 환경의 질이라는 수량의 관계로부터 환경질의 수요곡선이 도출될 수 있다.

이상의 논의를 그림과 예를 통하여 설명해 보기로 하자. 어떤 주택가격이 대지의 크기, 시장과의 거리, 환경의 질에 의해 결정된다고 하자. 이 접근법은 다음 두 단계로 나누어 환경의 수요함수를 도출한다.

### (1) 속성가격함수

환경의 속성가격을 알기 위해 다음을 추정한다. 이 식을 주택의 속성가격함수라고 하자.

$$P=\alpha+\beta S+\gamma D+\delta Q$$

단, $\alpha, \beta, \gamma, \delta$ : 추정계수
$P$ : 주택가격
$S$ : 대지의 크기
$D$ : 시장과의 거리
$Q$ : 환경의 질

주택의 속성가격함수의 $\delta$는 환경질의 변화에 대한 주택의 한계가치를 나타내며, 환경의 속성가격이다.

## (2) 환경의 수요함수

환경의 속성가격($\delta$)을 환경의 질($Q$)에 대하여 회귀분석하면 환경의 수요함수가 도출된다. 즉, 환경의 수요함수는 다음과 같다.

$$\delta = \frac{\Delta P}{\Delta Q} = P_Q = c + dQ$$

단, $c$, $d$ : 추정계수

위에서 $Q$를 한 단위 더 지닌 주택을 얻기 위하여 추가적으로 지불해야 하는 금액인 $\triangle P/\triangle Q$가 바로 환경의 속성가격이며 이를 환경의 질과 함께 나타낸 것이 **그림 7-3** 이다.

**그림 7-3** 속성가격법에 의한 환경질의 수요함수

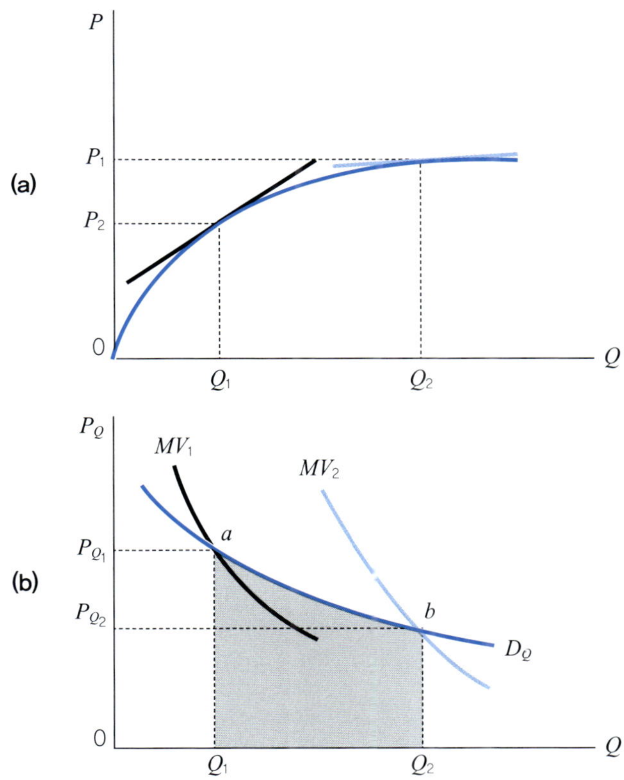


제1편
제2편
제3편
제4편

그림의 (a)는 제1단계에서 추정된 주택가격($P$)과 환경의 관계를 보여주는 주택의 속성가격함수이다. 그림의 (b)는 제2단계에서 추정된 환경의 속성가격($P_Q$)과 환경의 관계를 보여주는 환경의 수요곡선($D_Q$)이다. 이 수요곡선은 주택시장에서 소비자가 환경의 질이 한 단위씩 개선될 때마다 더 지불해야 하는 금액을 나타낸다. 모든 사람의 선호와 소득수준이 같다면 환경의 수요곡선($D_Q$) 아래 면적(색칠된 부분)이 바로 환경의 가치를 나타낸다.

그런데 환경의 수요곡선과 개인의 지불용의액은 어떻게 관련되어 있을까? 예를 들어 어떤 지역의 주택시장에서 환경의 수요함수가 그림의 $D_Q$곡선과 같이 추정되었다고 가정하자. 주택시장에서 가격수취자로서 행동하는 개인 1은 자신의 효용을 극대화하기 위하여 시장의 속성가격과 자신의 한계지불용의액이 일치할 때까지 $Q$를 조정하여 최종적으로 $Q_1$단위를 지닌 주택을 구입하게 된다. 마찬가지로 개인 2도 자신의 효용을 극대화하기 위하여 시장의 속성가격과 자신의 한계지불용의액이 일치할 때까지 $Q$를 조정하여 최종적으로 $Q_2$단위를 지닌 주택을 구입하게 된다. 그림의 하단에서 $MV_1$곡선은 개인 1의 환경에 대한 한계가치곡선을, $MV_2$곡선은 개인 2의 환경에 대한 한계가치곡선을 각각 나타낸다. 따라서 개인 1은 $D_Q$곡선과 $MV_1$곡선이 만나는 환경단위를 지닌 주택을 구입하게 되고, 개인 2는 $D_Q$곡선과 $MV_2$곡선이 만나는 환경단위를 지닌 주택을 구입하게 된다는 것이다. 관측된 균형점 $a$와 $b$를 연결하면 환경의 수요곡선이 된다.

모든 개인이 동일한 소득과 효용함수를 가지는 경우에는 관측된 균형점 $a$와 $b$를 연결한 궤적 자체가 환경의 개인별 수요곡선이다. 그러나 개인의 소득과 효용함수가 동일하지 않은 상황에서는 각 개인들의 $MV_1$곡선과 $MV_2$곡선을 어떻게 찾아내야 하는가? 이것을 속성가격법의 **식별문제**(identification problem)라고 한다. 이때는 일종의 다양한 경매액수들을 고정된 환경질의 수준 및 기타변수들에 회귀시킴으로써 수요곡선을 식별해낼 수 있다. 이때에는 환경수준이 다른 모든 점에서 $MV_1$곡선과 $MV_2$곡선처럼 개인별 수요곡선이 다르게 나타난다. 식별문제를 해결하는 다른 방식은 여러 개의 주택시장자료를 이용하여 여러 개의 주택시장에서의 개인의 선택점들을 연결하여 개인별 수요곡선을 도출하는 것이다. 이 접근법의 문제점은 주택소유자가 가지는 환경의 가치를 말하기 때문에 비사용가치를 추정하기 어렵다는 것이다.

**정석 사고**

속성가격법은 환경과 보완관계에 있는 시장자료를 이용하여 환경의 가치를 평가하는 방법이다. 만약 주택가격이 환경의 질의 영향을 받을 때 주택가격으로부터 환경의 속성가격을 유추하여 환경의 수요곡선과 한계가치를 도출하는 방법이다.

# 제4절 조건부가치측정법

이제까지 살펴본 방법은 시장에서 선호된 행동을 관찰함으로써 간접적으로 편익을 추정하는 것이다. 그러나 이와 달리 직접적으로 사람들이 환경에 부여하고 있는 가치를 도출해 내는 방법이 있다. 실제로 시장이 존재하는 것처럼 가상적인 시장을 설정하고 설문조사를 통해 소비자들에게 지불용의액을 직접 물어서 얻은 자료를 바탕으로 힉스의 보상변화(혹은 보상잉여)나 대등변화를 산출하고 가치를 구하는 방법을 **조건부가치측정법**(Contingent Valuation Method, CVM)이라고 한다. 이러한 방법은 데이비스(R. Davis, 1963)의 입찰게임법이 소개되면서 발전하였으며, 1989년의 발생한 미국 최대의 엑슨 발데즈(Exxon Valdez)호 원유유출사고를 계기로 애로(K. J. Arrow)와 솔로(R. M. Solow)를 포함한 저명한 경제학자들이 CVM에 대해 일정한 가이드라인을 따를 경우 문화적, 역사적 장소의 가치나 멸종위기의 특정 동식물의 가치는 물론 비사용가치를 측정하는 적절한 수단이라고 인정하게 되었다.

## 1. 조건부가치측정법의 이론적 배경

여행비용법의 예처럼 일반적으로 환경재와 보완관계에 있는 시장재화를 관찰함으로써 편익을 추정하는 것은 마셜(A. Marshall)의 소비자잉여에 이론적 배경을 두고 있다. 그러나 조건부가치측정법은 환경재의 질적 개선에 대한 가치인 지불용의액(Willingness-To-Pay, WTP)이나 수취용의액(Willingness-To-Accept, WTA)을 직접면담을 통해 얻는 것이다. 두 개념은 소비자의 후생변화를 측정하는 도구인 힉스(J. R. Hicks)의 보상변화와 대등변화에 이론적 기초를 두고 있다. 환경의 질을 수량으로 보고 가격변화 대신 수량변화에 대한 보상변화나 대등변화를 측정한다. 특히 이러한 수량변화에 대한 보상변화와 대등변화를 **보상잉여**(Compensating Surplus, CS)와 **대등잉여**(Equivalent Surplus, ES)라고 한다.

환경의 질은 공공재이므로 가격이 존재하지 않고 가격을 매기는 것이 바람직하지도 않다고 가정하자. 이러한 가정 때문에 일반적인 효용극대화문제를 이용하여 최적수준의 환경질을 결정할 수 없다. 그러므로 다음과 같은 질문을 통해 보상잉여나 대등잉여를 구할 수 있다.

> "만약 현재의 환경수준이 $\triangle Q$만큼 개선된다면 본인의 현재 후생수준을 유지하면서 어느 정도의 소득감소를 감당할 수 있겠는가?"

이에 대한 응답이 바로 환경질의 한계단위에 대한 지불용의액(WTP) 또는 보상잉여(CS)이다.

$$WTP = CS$$

이와 유사한 방식으로 다음과 같은 질문을 통해 대등잉여를 구할 수 있다.

> "만약 현재의 환경수준이 $\triangle Q$만큼 개선될 기회가 있는데, 이를 포기할 경우 어느 정도의 소득보상이 필요하겠는가?"

이에 대한 응답이 환경질의 한계단위에 대한 수취용의액(WTA) 또는 대등잉여(ES)이다. 즉,

$$WTA = ES$$

이것을 다음 **그림 7-4** 를 통해 이해해 보자. 그림에는 공공재의 가격이 없다는 가정에서 가격선(예산선)이 수평선으로 주어져 있고, 개인에게 주어진 화폐소득은 $Y$로 나타냈다. 만약 환경의 질이 $Q_0$에서 $Q_1$로 개선되면 소비자선택점은 $a$에서 $b$로 이동한다. 새 균형점 $b$에서 원래의 효용수준 $U_0$까지 낮추는 대가로 보상해야 하는 금액 $bc$가 보상잉여이며 한계지불용의액이다. 이번에는 원래의 균형점 $a$에서 더 나은 환경의 기회를 포기하는 대가로 받아야 하는 금액 $ad$가 대등잉여인 동시에 한계수취용의액이다. 환경의 경우 두 추정값의 차이가 클 수 있다.

**그림 7-4** 환경질의 변화와 후생변화

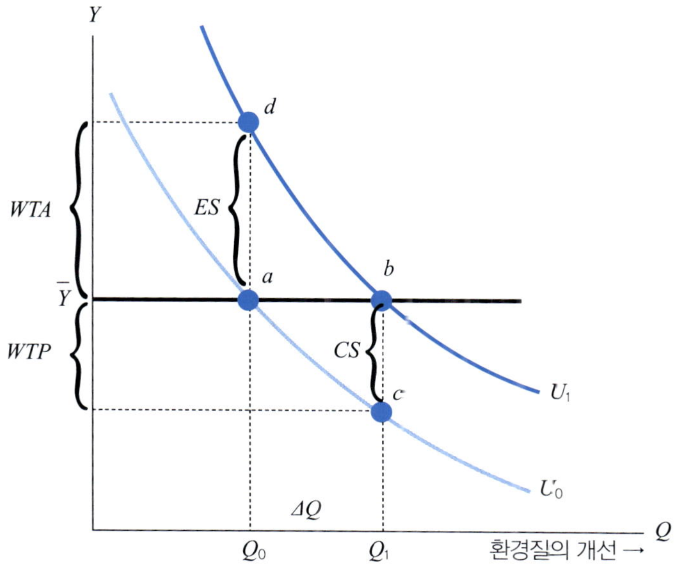


두 가지 추정값의 차이를 발생시키는 이유는 부존효과, 임베딩효과 등에 의한 것으로 알려져 있다. 행태경제학자들이 실험한 결과, 어떤 상품을 가지고 있는 상태에서 그 상품을 포기할 때 최소한 받으려고 하는 금액(수취용의액, WTA)과 어떤 상품을 가지고 있지 않은 상태에서 그 상품을 가지기 위해 지불하려고 하는 금액(지불용의액, WTP)이 서로 다르다는 것이다. 이것을 **부존효과**(endowment effect)라고 한다. 상식적으로 생각할 때 자신이 가지고 있는 물건에 대한 애착심 때문에 상당한 금액을 받지 않고서는 포기하지 않으려는 심리적 현상이 작용한다고 하겠다. 예를 들어 자신이 매우 좋아하는 머그컵을 가지고 있다고 하자. 그 머그컵은 다른 사람이 구입가격을 준다고 해도 쉽게 포기하지 않을 것이다. 환경의 가치를 평가할 때 설문조사에서 무엇을 묻는가에 따라 이처럼 가치가 달라지므로 조건부가치측정법의 신뢰성에 문제가 생길 수 있는 것이다.

또한 환경의 가치를 설문조사로 묻는다면, 환경서비스에 포함되는 여러 가지 구성요소들을 별도로 물을 때 그 구성요소들의 개별가치를 모두 더하면 환경서비스의 가치가 되어야 한다. 그러나 실제 포괄적으로 환경서비스의 가치를 물을 때 그 가치가 더 작게 나온다는 것이다. 이것을 **임베딩효과**(embedding effect)라고 부른다. 이외에도 사람들이 환경의 가치를 평가할 때 남들이 받을 혜택이나 미래세대의 혜택까지 고려한 이타적인 동기가 개입할 수 있다. 이러한 경우 환경의 가치가 과대평가될 소지가 많다. 이것을 다이아몬드-하우스만(P. Diamond and J. Housman, 1994)은 **만족감효과**(warm glow effect)라고 부른다. 그리고 설문조사방식은 질문의 순서에 따라 그 가치의 크기가 다를 수 있다. 이것을 **응답효과**(response effect)라고 한다. 이와 같은 여러 효과들이 조건부가치측정법을 신뢰하기 어렵게 하는 요인들이다. 그럼에도 불구하고 조건부가치측정법은 점점 더 적용범위가 넓어지고 있으며, 여러 학자들에 의해 더 과학적으로 만들려는 노력이 이루어지고 있다.

## 2. 조건부가치측정법의 가상성

조건부가치측정법은 먼저 환경서비스의 변화에 대한 가상적 시장상황을 설정하는 것으로 시작한다. 예를 들면 지방정부가 하천의 수질개선사업을 하여 생수와 질이 같게 될 때 이 사업투자를 위해 얼마만큼 지불할 용의가 있는지 물어보는 것이다. 이러한 가상적 시장을 통해 개인의 가치를 추정하기 때문에 사전적인 후생변화를 측정하는 방법이라고 말할 수 있으며, 가상적인 조건하에서 취해지는 의향과 행동을 예상하는 것이다. 따라서 의향과 행동 간의 강한 연관성이 있다는 것을 전제로 하고 있다.

가상적 시장상황이 실제상황을 잘 묘사하기 위해서는 다음과 같은 유효성 조건을 충족하여야 한다.[52)]

### 내용의 유효성

가상시장의 세밀한 구조와 재화의 묘사가 정확해야 한다. 환경재와 환경사업의 지불조건과 방법에 대한 설명이 명확해야 하고, 재화의 가상시장이 응답자들의 지불용의액을 유도할 수 있도록 설정되어야 한다.

### 범주의 유효성

실제시장과 가상시장에서의 지불액에 대한 응답이 유사하여야 한다. 예를 들어, 수돗물 안정성 증가에 대한 조사일 때는 지불조건으로 판매세보다는 수도세 등이 제시되는 것이 바람직할 것이다.

### 구성의 유효성

다른 방법을 통해 얻은 결과와 유사한지, 그리고 이론적 예측과 일치하는지를 검증하여야 한다. 예를 들어 이론적 예측이 지불용의액을 다른 설명변수들과 회귀분석하여 얻는 부호와 크기 등과 일치하는지 검증하는 것이다.

가상시장을 통해 개인의 가치를 추정하기 위해서는 위의 유효성조건을 고려하여 설문을 제대로 디자인하여야 한다. 설문조사는 면접조사, 우편조사, 전화조사 등이 있으며, 면접조사가 가장 일반적으로 사용되고 있는 조사방법이다. 설문조사 시 설문지의 작성에서 환경재는 일반 사람들이 대상을 정확히 파악하기가 쉽지 않다. 따라서 이러한 재화들이 설문응답자의 마음속에 구체적으로 자리 잡을 수 있도록 묘사되어야 한다.

예를 들어 하천의 수질개선사업의 경우 각기 다른 수질개선수준에 따른 야외활동 등을 묘사함으로써 응답자로 하여금 수질의 차이와 그에 따른 지불용의액의 차이를 유도할 수 있을 것이다. 이러한 목적으로 사용되는 대표적인 상황설명방법으로 수질사다리가 있다. 그림 7-5는

**그림 7-5 수질사다리**

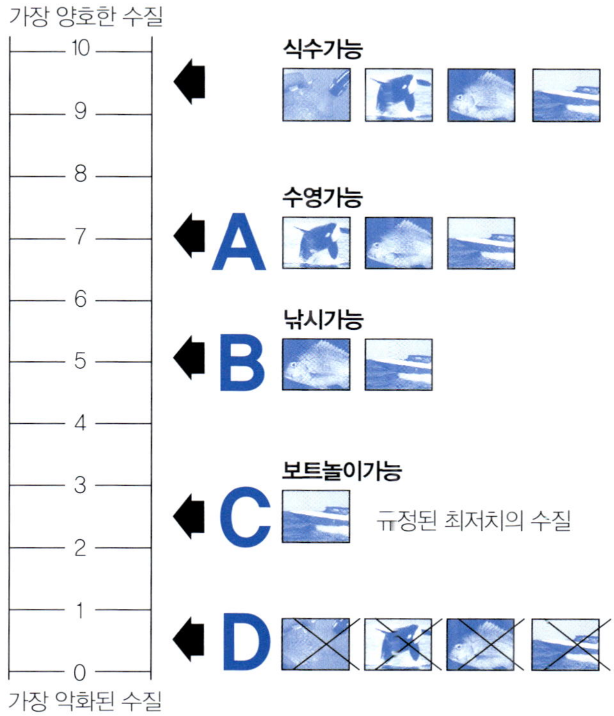

사람들이 수질의 차이를 쉽게 이해할 수 있도록 단계별로 야외활동까지 묘사하고 있다.

## 3. 조건부가치측정법의 지불용의액

현재의 상황부터 설명하기 시작하여 개선된 상태의 상황을 구체적으로 요약, 정리하여 설문지에 포함시켜야 한다. 이러한 가상상황하에서 사람들이 밝히는 지불용의액과 실제 지불할 수 있도록 지불수단을 제공하는 것이 무엇보다 중요하다. 앞서 본 수질개선사업을 위해 어떤 방법으로 대가를 지불할 것인지를 제시하여야 한다. 예를 들면 재산세의 인상, 소득세의 인상, 수도요금의 인상 등의 방법을 제시하여야 한다. 그리고 보다 정확한 지불용의액을 알아내기 위한 방법으로 다음 네 가지가 있다.[53)]

### 개방형질문법

개방형질문법은 응답자에게 1회에 한하여 직접 얼마를 지불할 용의가 있는지 물어서 알아내는 방법이다. 이 방법은 한 번의 판단으로 끝나기 때문에 금액의 신뢰성이 문제가 될 수 있다.

### 경매법

경매법은 가장 오래되고 비교적 현재까지 많이 사용된 방법이다. 랜들, 아이브스, 이스트먼(A. Randall, B. Ives, C. Eastman, 1974) 등에 의해서 고안된 이 경매법은 직접 지불용의액을 묻지 않고 경매방식을 사용해서 개인들에게 임의의 금액을 선택하여 제시하고, 응답자는 제시된 금액이 자신의 가치보다 크다면 "아니오"라고 응답을 하게 되고 다시 액수를 낮추어 질문을 하게 된다. 만일 응답자는 제시된 금액이 자신의 가치보다 작다면 "예"라고 응답을 하게 되고 다시 액수를 높여 질문을 하게 된다. 이 방식의 문제점은 처음 시작하는 액수에 따라 개인들의 지불용의액이 크게 영향을 받는 출발점 편기(starting point bias)를 가진다는 것이다.

### 지불카드법

자불카드법은 해너만(M. Hanemann, 1978), 미첼과 칼슨(R. C. Mitchell and R. T.

Carson, 1981, 1984) 등에 의해서 개발되었으며, 개방형질문법의 응답의 어려움과 경매법의 출발점 편기를 보완하기 위해 고안된 방식이다. 일련의 작은 액수부터 큰 액수에 이르기까지 금액이 적힌 카드를 개인들에게 제시하고 그중에서 하나를 선택하도록 하는 방식이다. 이 지불카드는 보조자료로서 각 금액에서 경찰, 소방, 도로, 공교육, 국방 등의 사업을 할 수 있는 시각적 단계까지 제공하는 것이다. 다만 이러한 참고카드가 환경가치를 추정하고자 하는 대상과는 크게 관련이 없어야 한다. 그렇지 않으면 그 사업 중 가장 유사한 금액을 고르는 고정점 편기(anchor bias)가 발생할 수 있기 때문이다.

### 양분선택형법(택일법)

양분선택형법(택일법)은 비숍과 허버레인(R. Bishop and T. A. Heberlein, 1979)에 의해 처음 소개되었으며, 1회에 한하여 미리 설정된 금액을 응답자에게 제시하고 "예", "아니오"로 한 번만 대답하게 된다. 응답자는 제시된 금액이 자신의 지불용의액과 같거나 작으면 "예"라고 대답하고 그 반대면 "아니오"라고 대답하게 된다. "아니오"라고 응답하는 경우에 한해 다른 금액을 제시할 수도 있다. 이 방식은 응답하기가 쉬워 응답률이 높아지게 된다. 특히 우편조사의 경우 가장 적합한 방식이기도 하다. 그러나 이 방식의 큰 단점은 불연속적인 금액자료만이 우리에게 제공되기 때문에 상대적으로 정보가 적게 담겨 있다. 따라서 보다 많은 관측치를 얻기 위해서는 표본응답자의 수를 크게 할 필요가 있다.

이러한 단계를 거쳐 자료가 수집되면 환경개선의 효과에 대한 소비자들의 평균지불용의액이 계산된다. 환경개선의 전체가치는 평균지불용의액에 해당 사업의 이용자수를 곱하여 구할 수 있다. 이처럼 조건부가치측정법은 수요함수를 추정하지 않고 소비자의 후생변화를 바로 추정할 수 있기 때문에 편리할 뿐만 아니라 비사용가치까지 큰 어려움 없이 추정할 수 있다. 이러한 장점 때문에 환경재의 가치추정에 점점 더 많이 사용되고 있으며, 호엔과 랜들(J. Hoehn and A. Randall, 1987)은 이 방식의 계측결과가 소비자의 선호도를 잘 반영하며 다른 기법에 의해 추정된 결과와 대체로 일치한다고 밝히고 있다.

그런데 설문을 통해 의향을 묻는 것은 항상 진실된 가치와의 오차가 있을 수 있다. 이러한 오차를 편기(bias)라고 하는데, 앞 장에서 살펴보았듯이 조건부가치측정법도 다음 몇 가지 편기들을 가지고 있다. 대표적인 편기로서 ① 전략적 편기, ② 정보 편기, ③ 출발점 편기, ④ 가상 편기 등이 있다. 이 중에서 전략적 편기는 특정 결과가 되도록 응답자가 답하는 경우 발생할 수 있다. 예를 들어 정부가 어획을 위한 강의 일부를 보존하려는 결정을 하고자 할 때 응답자들이 어획에 대하여 실제가치 이상으로 상당히 높은 가치를 두면 그 결정이 바뀔 수 있다. 그리고 정보 편기는 응답자들이 거의 경험을 가지고 있지 않은 속성들에 대하여 가치를 매겨야 할 때 발생할 수 있다. 출발점 편기는 응답자들이 답하고자 하는 지불용의액의 가능한 범위가 잘못될 때 발생할 수 있다. 가상 편기는 응답자들이 실제의 선택집합이라기보다는 고안된 가상적인 선택집합에 접하여 응답을 하기 때문에 발생할 수 있다.

**정석 사고**

조건부가치측정법(Contingent Valuation Method, CVM)은 가치가 관찰될 수 없는 가상적인 경우, 사람들이 얼마나 지불할 용의가 있는지를 직접 물어서 가치를 평가하는 방법이다. 실제로 시장이 존재하는 것처럼 가상적인 시장을 설정하고 설문조사를 통해 소비자들에게 지불용의액을 직접 물어서 얻은 자료를 바탕으로 환경의 가치를 구하는 방법이다.

## 연습문제

1. 환경과 같은 비시장재화의 평가가 때때로 과학인지 예술인지 구분하기 어려운 이유가 무엇인지 설명하세요.

**정석힌트** 환경의 가치를 평가한다는 것은 나름대로 과학적 접근법을 사용하지만 사실은 거의 예술과 같아서 인간의 지식을 총동원하여 모든 것을 종합하더라도 정확한 참값을 알기 어렵다는 의미이다. 역사적 예로서 엑손-발데즈호 원유유출사고처럼 그 피해가 광범위해서 사용가치와 비사용가치를 모두 평가할 때 단순히 사람에게 물어서 그 가치들을 알아내는 방법은 사실 철저히 과학적으로 설문조사를 함에도 불구하고 그 결과는 과학이라기보다 예술에 가깝다.

2. 환경정책을 실행하는 경우 환경의 편익을 추정하는 일이 중요한 과제이다. 대기나 수질 등 환경의 질이 개선될 때 소비자가 얼마만큼 지불할 의사를 가졌는지 알아볼 수 있는 여러 방법들에 대하여 설명하세요.

(1) 환경과 대체관계에 있는 재화시장을 이용하는 방법
(2) 환경과 약보완관계에 있는 재화시장을 이용하는 방법
(3) 환경을 속성으로 가지고 있는 재화시장을 이용하는 방법
(4) 환경에 대한 가상시장을 만들어 지불용의액을 구하는 방법

**정석힌트** (1) 공해와 대체할 수 있는 재화들과의 대체관계를 이용하여 그 방어비용을 환경의 가치로 평가하는 것이다.
(2) 여행비용법은 공해라는 환경재의 감소와 스포츠낚시의 소비지출 사이에 존재하는 약보완관계(weak complementarity)를 이용하는 방식이다.
(3) 속성가격법은 환경과 보완관계에 있는 시장자료를 이용하여 환경의 가치를 평가하는 방법이다.
(4) 조건부가치측정법(Contingent Valuation Method, CVM)은 가치가 관찰될 수 없는 가상적인 경우, 가상시장에서 사람들이 얼마나 지불할 용의가 있는지를 직접 물어서 가치를 평가하는 방법이다.

3. 조건부가치측정법의 문제점들에 대하여 설명하세요.

**정석힌트** 수취용의액과 지불용의액이 상이한 부존효과, 개별환경가치의 합이 환경 전체의 가치보다 커지는 임배딩효과, 이타심으로 환경가치가 과장되는 만족감효과, 질문순서에 따라 환경가치가 달라지는 응답효과 등을 들 수 있다.

제1편 제2편 제3편 제4편

# 제3편 환경재의 경제학

# 제8장
# 환경자원: 공기와 물

우리는 1장과 2장에서 자연과 경제시스템 간의 관계를 설명하였다. 한 측면은 에너지와 질량이 경제시스템으로 흘러 들어가고, 다른 측면은 폐기물이 환경으로 돌아가는 과정을 묘사하였다. 여기서 한 가지 질문이 있다면 이러한 흐름의 적정수준은 무엇이며, 환경피해를 줄일 필요가 있을 때 환경오염원들 사이에 그 비용을 어떻게 할당할 것인가 하는 것이다. 따라서 우리는 이 장에서 공해와 수질오염의 적정수준은 무엇이며, 그 수준을 초과할 때 어떻게 적절히 규제할 수 있는가를 경제학적으로 분석하는 기본틀을 설명할 것이다.

이를 위해서 오염물을 분류하여 오염물의 성질에 따라 다르게 분석할 필요가 있다. 오염물에도 환경에 누적되는 오염물이 있고 누적되지 않는 오염물도 있다. 기본오염물의 경우 적정환경오염수준 혹은 오염의 효율적 수준은 폐기물방출에 따른 순편익을 극대화하는 것이다. 이러한 극대화방식은 제4장 6절에서 환경정책의 입문으로서 설명한 적이 있다. 그런데 이 장에서는 오염물질 배출에 따른 순편익을 극대화하는 대신 환경피해비용과 환경보전비용을 극소화하는 동일한 방식이 있다는 것을 보일 것이다. 결과

# 제8장 환경자원: 공기와 물

적으로 적정환경오염수준에서 오염물배출의 순편익의 최대화는 환경비용의 최소화나 순피해감소액의 최대화와 동일한 문제이다.

이 장에서는 우선 오염물의 분류와 각 오염물의 특성에 따르는 적정수준에 대하여 설명할 것이다. 다음으로 적정환경오염수준에서 오염물질배출에 따르는 순편익의 최대화는 환경비용의 최소화나 순피해감소액의 최대화와 동일한 문제라는 점을 보여줄 것이다. 그리고 적정환경오염수준은 환경개선의 최적수준으로 바꾸어 생각할 수 있다는 것을 환경개선의 수요와 공급의 원리로 설명할 것이다. 마지막으로 효율적 환경정책은 무엇이 기준이 되어야 하는지를 살펴볼 것이며, 그 대표적 예로서 배출부과금과 배출권거래제를 비교 설명할 것이다.

**이 장에서 배울 것**

- 오염물에는 어떤 종류가 있을까?
- 오염물 종류에 따른 적정환경오염수준은 무엇일까?
- 환경개선의 수요와 공급은 무엇일까?
- 효율적 환경정책의 기준은 무엇일까?
- 배출부과금제는 무엇일까?
- 배출권거래제는 무엇일까?

# 제1절 오염

## 1. 오염물의 분류

방출되는 폐기물이 피해를 입히는지의 여부는 환경이 이를 소화해내는 능력 즉, 흡수능력 또는 자정능력에 달려 있다. 만일 공해나 수질오염이 환경의 흡수능력(자정능력)을 초과하면 환경에 누적이 되어 피해를 입히게 된다. 환경이 흡수능력을 거의 가지고 있지 않은 오염물은 **스톡오염물**이라고 부르는데, 스톡오염물은 시간이 경과함에 따라 환경에 누적된다. 그러한 오염물의 예는 납과 같은 중금속과 다이옥신, PCB(Poly-Chlorinated Biphenyls)와 같은 합성화학물질을 들 수 있다. 환경이 흡수능력을 가지는 오염물은 **기본오염물**이라고 부를 수 있는데, 환경이 소화 · 흡수능력을 가지므로 오염의 피해가 발생하지 않는다. 이러한 오염물의 예는 이산화탄소(Carbon Dioxide)가 식물과 해양에 의해 흡수된다는 사실에서 확인할 수 있다.

오염물은 환경에 영향을 미치는 수평적, 수직적 차원의 범위에 의해서도 분류될 수 있다. 수평적 차원에서 오염피해가 있는 지역이 오염원 근처에 국한된다면 **국지적 오염**(local pollutants), 광범위하게 영향을 미치면 **지역적 오염**(regional pollutants)이라고 분류한다. 국지적, 지역적 오염이 상호 배타적인 것은 아니다. 오염물이 양쪽 성질을 모두 가질 수도 있는데, 유황산화물, 질소산화물 등이 그 예이다. 수직적 차원에서 공해피해가 주로 지구표면에 집중하여 발생하는지 대기의 상층에 집중한 결과 발생하는지에 따라 분류될 수 있다. 피해가 지구표면 가까이 오염물이 집중한 결과 발생할 때 **표면오염물**(surface pollutant)이라고 부르고, 대기상층에 집중되어 피해가 발생하면 **총체오염물**(global pollutant)이라고 부른다.

수질오염은 표면오염의 예이다. 그러나 공해는 표면오염이거나 총체오염, 혹은 양쪽 모두일 수 있다. 가장 흔한 총체오염의 예는 연료의 연소에서 나오는 탄산가스(이산화탄소)가 전 세계의 온도를 올리는 "그린하우스효과"를 들 수 있으며, 염화불화탄소(Chlorofluorocarbon)의 방출로 자외선으로부터 지구표면을 보호하고 있는 오존층을 파괴하는 것을 들 수 있다. 앞으로 보겠지만 표면오염과 총체오염에 대한 적절한 정책은 매우 다를 수 있다는 것을 유의하기 바란다. 이러한 차이들을 제대로 인식하는 것이 적절한 환경규제의 수단을 찾는 데 아주 중요하다.

**정석 사고**

오염물에는 환경이 흡수능력을 거의 가지고 있지 않은 스톡오염물, 환경이 흡수능력을 가지는 기본오염물이 있다. 또한 환경에 영향을 미치는 수평적 차원의 범위에 따라 국지적 오염과 지역적 오염이 있다. 그리고 환경에 영향을 미치는 수직적 차원의 범위에 따라 표면오염물과 총체오염물이 있다.

## 2. 오염의 효율적 수준

오염물은 생산과 소비의 잔여물이다. 이러한 잔여물은 어떤 형태로든 환경으로 다시 돌아가야 한다. 따라서 자원의 효율적인 배분을 생각할 때 반드시 이러한 비용을 고려하여야 한다. 무엇이 오염의 효율적인 수준인가를 안다는 것은 오염원의 성질을 알아야 함을 필요로 한다.

### (1) 스톡오염

스톡오염물의 효율적인 배분은 시간이 흐름에 따라 환경에 누적되고 이러한 과정에서 피해가 지속되고 증가한다는 사실을 고려하여야 한다. 이러한 오염물의 특성에 따라 현재행동으로 미래에 피해를 부과하기 때문에 현재와 미래 사이의 상호의존성을 가진다.

예를 들어 상품 $X$의 배분을 고려하기로 하자. 상품 $X$의 생산이 늘어나면 비례적으로 스톡오염물도 발생한다고 하자. 그리고 오염의 피해는 누적된 스톡의 크기에 비례한다고 가정하자. 물론 오염물이 환경에 남아있는 한 피해는 지속된다. 이러한 환경에서 효율적 자원배분은 순편익의 현재가치를 극대화하는 것이다. 어떤 시점에서 순편익은 상품 $X$의 소비편익에서 환경에 스톡오염물이 남아서 일으키는 피해비용을 뺀 나머지가 될 것이다.

환경에 누적되는 스톡오염물이 증가함에 따라 피해비용이 추가적으로 증가하게 되어 상품 $X$의 효율적 수준은 시간이 경과하면서 감소하게 된다. 사회적 생산비용이 증가하여 상품 $X$의 가격도 시간 경과와 더불어 상승하게 된다. 이러한 것들을 극복하기 위해 생산과 오염배출을 규제하고 재생과정을 통해 환경에 누적되는 스톡오염량도 증가하지 않게 되어 장기균형상태에 이르게 된다. 이 상태에서 상품 $X$의 가격과 소비량은 일정한 수준을 유지하고 그 피해도 지속되게 된다. 물론 기술진보는 이러한 효율적 수준을 변화시킨다. 스톡오염물을 재생하는 기술혁신이 상품 $X$의 단위당 공해발생량을 감소시킨다면 추가적인 피해비용은 감소하게 된다.

스톡오염물은 세대 간 공평성의 측면도 가지고 있다. 현재세대가 소비의 편익을 누린 후 지속되는 피해비용이 미래세대에 이전되기 때문이다. 우리는 이러한 스톡오염물과 환경의 지속가능성 간의 관계를 이 장의 뒷부분에서 다룰 것이다.

### (2) 기본오염

기본오염물의 방출이 환경의 동화 또는 흡수능력을 초과하면 스톡오염물처럼 환경에 누적될 수 있다. 그러나 방출량이 충분히 낮다면 환경에 동화되어 현재의 방출과 미래의 피해 사이를 연결하는 고리는 필요 없게 된다. 이러한 상태에서 현재의 오염방출은 현재의 피해를 일으키고 미래의 방출은 미래의 피해를 일으킬 것이다. 따라서 미래피해의 수준은 현재의 방출과 독립적이며 이러한 시간적 독립성이 정태적 효율성의 개념을 사용하여 기본오염물의 효율적 수준을 쉽게 이해할 수 있게 한다. 정태적 분석은 불필요하게 복잡한 분석을 피하면서 여러 문제를 살펴볼 수 있다.

분석의 출발점은 적정환경오염수준 혹은 오염의 효율적 수준이 폐기물방출에 따른 순편익을 극대화하는 것이다. 제4장에서 적정환경오염수준을 설명할 때 환경편익(환경수요)과 오염피해(환경공급)의 차이를 순편익이라고 생각하여 이것을 극대화하는 방식을 설명하였다. 그러나 만일 환경피해비용과 환경보전비용을 극소화하는 동일한 방식이 있다면 환경오염문제를 때로는 훨씬 쉽게 이해할 수 있다. 이렇게 순편익의 극대화문제 대신 두 가지 상반된 비용을 이용한 비용극소화문제를 설정해 보자. 우선 환경에 관련된 비용들의 내용을 간단히 알아보기로 한다. 환경오염으로 인해 피해를 입힌 손상을 처리하기 위해 사회적으로 부담해야 하는 금액이 환경피해비용이며, 기업의 생산활동으로 인하여 발생하는 환경오염 및 환경파괴를 방지하기 위해 필요로 하는 금액이 환경보전비용이다. 기업의 입장에서 보면 환경피해비용은 외부비용이며, 환경보전비용은 내부비용이라고 할 수 있다. 이러한 비용들의 내용을 요약하면 **그림 8-1**과 같다.[54)]

**그림 8-1** 환경 관련 비용

환경오염의 효율적 수준을 그림을 통해 보기 위해 환경보전비용이 보전 정도의 변화에 따라 어떻게 변하는지, 환경피해비용이 오염배출량에 따라 어떻게 변하는지에 관한 지식이 필요하다. 비록 이와 관련된 우리의 지식이 완전하지는 않지만 그러한 관계의 형태에 개략적인 사전정보를 얻을 수 있다면 환경문제를 이해하는 데 유용하다는 사실에 많은 경제학자들은 동의하고 있다.

일반적으로 한 단위 오염에 의해 발생하는 추가적 피해는 오염배출량의 증가와 더불어 체증하게 된다. 오염배출량이 점점 많아짐에 따라 우리 신체는 참을성을 잃고 여러 질병을 앓게 되며, 동식물도 마찬가지로 사라져갈 것이다. 한편 환경오염방지 혹은 환경보전량이 증가하면 환경보전비용도 추가적으로 증가할 것이다. 예를 들어 환경보전장비가 어떤 장소의 유해미립자들의 80%를 정화시킨다고 가정하자. 처음 1대의 장비구입은 80%를 정화시킨다. 그리고 두 번째의 장비구입은 비용이 동일하지만 나머지 20%의 80% 즉, 16%를 정화시킬 것이다. 따라서 동일한 양의 오염을 정화하는 데 두 번째 장비가 훨씬 비용이 많이 든다는 것을 알 수 있다. 즉, 환경오염방지량이 증가하면 오염물의 제거에 비용이 더 많이 들고 제거하기가 점점 어려워진다고 볼 수 있다. 반대로 생각해보면 오염방지량이 줄어 오염배출량이 점점 증가할 때 오염제거비용이 점점 더 적게 소요되어 환경보전비용이 급격히 하락하게 된다.

오염의 효율적 수준을 유도하기 위해 두 비용의 정보를 기초로 그린 **그림 8-2**를 이용하여 설명해 보자. 원점에서 오른쪽으로 움직이면 오염배출량이 증가한다는 것을 나타내며, 이것은 생산이 증가하고 환경보전 정도가 상대적으로 낮아진다는 것을 의미하기도 한다. 우리가 이 그림에서 찾고자 하는 것은 오염의 효율적 수준 $Q^*$이며, 여기서의 편익은 환경보전, 피해감소이므로 순편익의 최대화는 환경비용의 최소화나 순피해감소액의 최대화와 동일한 문제가 된다.[55)]

**그림 8-2 기본오염의 효율적 수준**

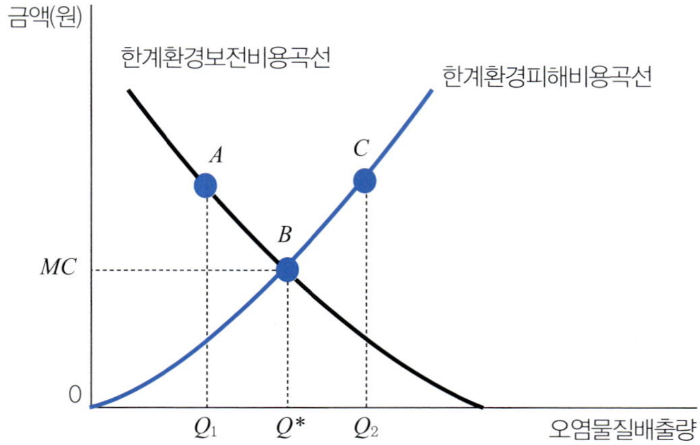


**그림 8-2** 에서 오염배출량에 대한 방지 또는 정화가 강화되어 환경이 좋아지면 점 *B*에서 점 *A*로 이동하고 이는 환경보전의 한계비용이 상승한다는 것을 보여준다. 그리고 오염배출량이 증가하여 환경이 악화되면 점 *B*에서 점 *C*로 이동하고 이는 환경피해의 한계비용이 상승한다는 것을 보여준다. 점 *A*에서는 환경피해보다 환경보전의 한계비용이 훨씬 높아 환경보전이 비효율적이며, 점 *C*에서는 그 반대로 환경보전보다 환경피해의 한계비용이 훨씬 높아 피해를 줄이기 위해 오염배출을 줄일 필요가 있다는 것을 말해준다. 따라서 점 *C*가 효율적인 오염배출량의 적정수준을 나타낸다.

그림에서 추가로 알 수 있는 사실은 오염배출수준이 0이 아니라는 것이다. 자동차사고의 피해와 자동차매연의 경우를 생각해 보면 쉽게 이 사실을 알 수 있다. 자동차사고와 매연에 의한 피해액은 상당할 것으로 예상되지만 자동차사고와 매연을 없애기 위해 자동차를 없앤다면 그 비용이 너무 크다고 생각된다. 자동차를 이용함으로써 우리가 얻는 편익이 상당하므로 자동차사고와 매연을 줄이는 비용은 자동차사고와 매연의 피해감소와 비례해서 증가할 것이다. 그래서 속도제한, 자동차 정기점검 등의 방법을 사용하지만 자동차생산을 완전히 중단한다는 말은 듣기 어려운 것이다. 자동차사고와 매연의 효율적 수준이 0이 되지 않는 이유가 여기에 있다.

정석 사고

적정환경오염수준 혹은 오염의 효율적 수준이 폐기물방출에 따른 순편익을 극대화하는 것이다. 이러한 극대화방식 대신 환경피해비용과 환경보전비용을 극소화하는 동일한 방식이 있다. 적정환경오염수준에서 순편익의 최대화는 환경비용의 최소화나 순피해감소액의 최대화와 동일한 문제이다.

## 3. 환경개선의 효율적 수준

환경개선의 적정수준을 결정하는 것은 오염물질의 적정배출량을 결정하는 것과 같은 의미이다. 환경오염개선으로 인한 자산가치의 증가나 건강의 증진이라든지 홍수방지시설에 의한 인명과 재산피해방지 같은 편익은 환경개선의 생산성이나 기회비용, 대체비용, 또는 피해방지비용 같이 간접적인 시장자료를 이용하여 추정할 수도 있고 또는 속성가격법, 여행비용법, 조건부가치측정법 등과 같은 수요곡선방법에 의해서도 추정 가능하다.

환경개선은 오염배출로 건강을 해치거나 큰 경제적 손해가 있다면 환경개선을 위해 지불할 용의가 있는 가치의 평가이며, 이는 환경개선에서 느끼는 한계효용과 동일하다. 따라서 수질오염의 경우를 생각해 보면 수질개선에서 발생하는 편익은 오염행위 때문에 환경서비스의 가치가 줄어든 부분으로 잴 수 있다. 만일 강물에 오염배출물을 버려 하류에 있는 어부의 어획량이 백만 원만큼 감소되었다면 이때의 백만 원이 오염행위의 기회비용이 되고 오염행위를 방지했을 때 얻는 편익으로 계산할 수 있다. 따라서 오염배출량이 수평축에 그려진 그림에서 환경피해비용을 오른쪽에서 왼쪽으로 읽으면 환경개선에 따른 한계효용 또는 한계지불용의액을 나타내게 된다. 그림에서 수평축을 오염증가 대신 환경개선으로 본다면 이를 **환경개선의 수요곡선**이라고 해석할 수 있다.

환경개선의 공급곡선은 환경개선의 한계비용을 반영할 것이므로 기업이 생산부산물로 나오는 오염배출물을 가장 저렴한 방법으로 처리하려는 활동의 결과이다. 만일 오염배출물을 환경 속에 직접 버리는 것이 허용되지 않는다면 기업은 비용을 적게 들이면서 오염배출물을 처리하는 방법을 강구할 것이다. 이러한 환경보전에 따르는 환경개선의 한계비용은 계속 증가할 것으로 예상된다. 앞에서 본 예에서처럼 환경보전장비가 어떤 장소의 유해미립자들의

80%를 정화시킨다고 가정하자. 처음 1대의 장비구입은 80%를 정화시킨다. 그리고 두 번째의 장비구입은 비용이 동일하지만 나머지 20%의 80% 즉, 16%를 정화시킬 것이다. 따라서 동일한 양의 오염을 정화하는 데 두 번째 장비가 훨씬 비용이 많이 든다는 것을 알 수 있다. 따라서 추가적으로 정화되는 오염물질의 양이 감소한다는 뜻이며, 환경개선이 점점 더 많이 이루어질수록 오염물질 한 단위를 추가로 제거하는 데 비용이 더 많이 든다는 것을 의미하기도 한다. 앞의 그림에서 수평축을 오염증가 대신 환경개선으로 본다면 이를 **환경개선의 공급곡선**이라고 해석할 수 있다.

현실세계에서 환경개선을 통해 얻는 혜택이 어느 한 사람에게 국한되는 것이 아니라 여러 사람들에게 관련되는 경우가 허다하다. 예를 들어 DO 12ppm의 수질을 갖고 있는 강 상류의 *A*지점에서 매일 폐기물을 BOD 12kg씩 버리다가 2kg씩 버린다고 가정해보자. 그리고 하류지역 *B*지점에는 컴퓨터 조립공장이 있다고 가정하자. 우선 수질오염에 대한 기초지식을 생각해 보자. 물속에서 유기물이 썩을 때 산소를 필요로 하는데 이때 물속에 함유된 유기물을 분해하는 데 필요한 산소량을 재는 단위를 생화학적 산소요구량(Biochemical Oxygen Demand, BOD)이라고 하며 BOD는 보통 ppm(Parts Per Million)으로 표시하고 폐수질수준을 나타낸다. 만일 1일 5kg의 BOD라고 하면 물속에 있는 유기물을 분해하기 위해서는 1일 5kg의 산소가 필요하며, 5kg의 산소가 필요한 만큼의 물속에 버려진 오염물질의 양을 뜻한다. 수질을 나타내는 지표는 용해산소량(Dissolved Oxygen, DO)으로 1백만 개의 입자 가운데 산소가 몇 개 섞여 있는가를 나타내는 ppm으로 나타낸다. 열목어나 송어 등을 제외한 대부분의 민물고기가 살 수 있기 위해서는 DO수준이 7~8ppm이 되어야 하고, 미꾸라지 같은 하등물고기는 3~4ppm의 수질에서 살 수 있다.[56)]

먼저 *A*지점에서 물속에 버려진 폐기물은 썩으면서 산소를 빼앗아가기 때문에 수질이 나빠진다. 또한 폐기물 가운데 영양염류의 인산염이나 질소산화물이 많아지면 식물성 플랑크톤류가 급격히 증식되어 물속의 산소가 줄고 결국은 물이 썩게 된다. 그러나 흐르는 물은 공기와 접촉하여 산소를 다시 만들 수 있기 때문에 하류의 어떤 지점 *B*에 이르렀을 때는 다시 수질이 12ppm으로 좋아질 수 있다. 물론 상류지점 *A*에서 매일 2kg 이내의 BOD를 방출했을 경우에 그러한 능력을 가질 수 있으며 그 한계를 넘으면 하류지점 *B*의 용해산소량은 거의 0ppm이 되어 버리고, 냉각수의 순환시스템에 녹이 나서 자주 순환시스템을 교체해야 한다.

따라서 수질이 개선되면 조립공장의 입장에서는 교체비용이 절감되므로 *A*지점의 어부뿐만 아니라 하류 *B*지점의 조립공장에서 얻는 편익까지 합산하여야 한다. 즉 전체적인 환경개선의 수요곡선은 환경개선의 단위마다 발생하는 드 당사자의 편익을 수직으로 합산함으로써 얻을 수 있다. 반면에 환경개선의 공급곡선은 환경개선의 한계비용과 같으며, 오염정화를 위한 매 지출액마다 어부와 조립공장이 얼마만큼씩 환경오염을 줄일 수 있는가를 계산하여 이것들을 수평적으로 합산하면 된다. 이것은 환경피해비용이 기업의 외부비용이고 환경보전비용은 기업의 내부비용인 것과 마찬가지로 환경개선의 편익은 한 사람에게만 혜택을 주는 것이 아니라 그것을 이용하는 모든 사람에게 추가적 비용부담 없이 혜택을 주고, 환경개선의 비용은 모든 사람들이 동일한 지출액을 사용하여 기술적으로 개선시킬 수 있는 환경질의 사회적 수준을 나타내기 때문이다. 그러므로 환경개선의 수요곡선은 주어진 환경의 질에서 모든 사람들의 편익을 수직으로 합하고, 환경개선의 공급곡선은 주어진 지출액에서 기술적으로 개선시킬 수 있는 환경질의 수준을 수평으로 합하여 구할 수 있다.

환경개선의 수요곡선과 공급곡선을 알면 얼마만큼 환경개선을 하는 것이 가장 경제적이고 효율적인가 하는 해답을 쉽게 얻을 수 있다. 환경개선의 적정수준을 결정하는 것은 오염배출량을 효율적 수준으로 통제하는 것과 동일하다. 요약하면 환경개선의 수요곡선은 사회가 보다 깨끗한 환경을 통해 얻는 편익을 나타내는 반면 환경개선의 공급곡선은 보다 깨끗한 환경을 만들기 위해 사회가 치러야 할 비용을 뜻한다. 그러므로 환경개선으로 인한 한계편익과 한계비용이 같게 되는 수준까지 환경개선이 이루어지면 효율적이라고 할 수 있다. 이때 환경개선을 통해 얻는 사회적 순편익이 극대화된다.

**정석 사고**

적정환경오염수준은 환경개선의 최적수준으로 바꾸어 생각할 수 있다. 오염증가에 따른 비용 대신 환경개선으로 인한 편익의 관점에서 환경피해비용곡선은 환경개선의 수요곡선이라고 볼 수 있으며, 환경보전에 따르는 환경개선의 한계비용은 계속 증가하므로 환경보전비용곡선은 환경개선의 공급곡선으로 볼 수 있다. 따라서 환경개선의 적정수준을 결정하는 것은 오염배출량을 효율적 수준으로 통제하는 것과 동일하다.

# 제2절 효율적 환경정책



공기와 물은 공유재산자원이므로 개인기업의 입장에서 생산량이 증가할 때 환경에 입히는 피해비용은 외부비용이며, 환경보전비용은 내부비용이 된다. 따라서 기업은 사회 전체로 볼 때 항상 가장 효율적인 수준에서 생산을 한다고 볼 수 없다. 생산의 부산물로 생기는 폐기물이 기업의 입장에서 가치가 있다고 판단되면 재생과정을 통해 이용하지만 그렇지 않으면 자신의 입장에서 가장 값싼 방식으로 처리할 것이다. 이러한 처리에 의해 발생하는 비용은 생산자가 아닌 순박한 피해자들이 부분적으로 짊어져야 하는 데 문제가 있다. 환경정화를 위해 엄격한 정화기술을 채택하는 기업이 오히려 비교열위를 가질지도 모르는 시장실패의 다른 측면이 있다. 그리하여 어떤 형태로든 정부개입이 필요하게 되는 것이다.

## 1. 최적오염수준의 정책적 의미

앞 절에서 우리가 본 최적오염수준의 결정이 환경정책수립에 대단히 중요한 이론적 근거와 수단을 제공한다. 효율성은 한계환경보전비용이 한계환경피해비용과 동일할 때 달성된다고 하였다. 이러한 균형을 달성하는 한 가지 방법은 환경오염배출량을 환경기준으로 설정하여 규제하는 것이다. 또 다른 방법은 오염배출의 각 단위당 한계피해를 조세나 부과금에 의해 내부화시키는 것이다.

이론적으로 보아서 이러한 정책수단들의 효율적인 수준과 목표가 쉽게 정의될 수 있지만 실제적으로 집행하는 데는 어려움이 많다. 이러한 정책수단들을 수행하기 위해서는 환경피해비용과 환경보전비용을 모두 알아야 하고 그 만나는 지점인 오염배출의 효율적 수준까지 정확히 알아야 한다. 그러나 환경정책입안자들은 환경보전비용과 환경피해비용에 대한 믿을 만한 정보를 가지고 있지 않는 경우가 허다하다.

정부의 환경부서가 정확한 정보를 가지고 있지 않을 때 환경규제를 어떻게 할 수 있을까? 한 가지 방법은 여러 나라에서 선택하는 환경기준을 살펴서 인간과 생태계가 한계적으로 안전한 기준인 임계점을 찾는 것이다. 이제 나머지 문제는 이렇게 정해진 환경기준인 임계점을 충족시키는 수단과 책임을 수많은 오염배출원 사이에 어떻게 할당할 것인가 하는 문제이다. 이때 비용-효과기준(cost-effectiveness criterion)이 이러한 목표를 달성하는 강력한 기준이 될 수 있다.

**정석 사고** 적정환경오염수준의 정책적 의미는 적정환경오염배출량을 찾아 환경기준으로 설정하여 규제를 하거나 오염배출의 각 단위당 한계피해를 조세나 부과금에 의해 내부화시키는 방식을 사용할 수 있다는 것이다.

## 2. 비용-효과적 환경정책

우리는 오염피해가 장소에 따라 민감하게 반응하지 않으며 두 기업만 있는 단순한 경우를 가정하고 비용-효과적 분석을 해보기로 한다. 두 기업은 현재 오염물을 30단위 배출하고 있다고 한다. 그리고 정부는 15단위가 환경의 흡수능력 혹은 자정능력이라고 보고 15단위를 감소시키려고 한다. 정부는 감소시키려는 15단위를 두 기업 사이에 어떻게 할당하는 것이 오염감소 혹은 환경개선의 총비용을 최소화하는 것일까?[57)]

**표 8-1** 오염정화량과 한계비용

| 오염정화량 | 0 | 1 | 2 | 3 | 4 | 5 | 6 | 7 | 8 | 9 | 10 | 11 | 12 | 13 | 14 | 15 |
|---|---|---|---|---|---|---|---|---|---|---|---|---|---|---|---|---|
| 기업 *A*의 한계비용 | 0 | 1 | 2 | 3 | 4 | 5 | 6 | 7 | 8 | 9 | 10 | 11 | 12 | 13 | 14 | 15 |
| 기업 *B*의 한계비용 | 0 | 2 | 4 | 6 | 8 | 10 | 12 | 14 | 16 | 18 | 20 | 22 | 24 | 26 | 28 | 30 |

**표 8-1**에서 보는 바와 같이 각 기업의 한계비용의 크기는 오염정화량에 대하여 증가하고, 오염정화총량의 비용의 크기는 한계비용의 합과 같다. 예를 들어 오염정화량이 3단위일 경우 세 번째 단위의 정화에 드는 기업 *A*의 한계비용은 3이다. 그러나 총비용의 크기는 첫 번째 단위의 정화에 드는 비용 1, 두 번째 단위의 정화에 드는 비용 2, 세 번째 단위의 정화에 드는 비용 3을 모두 합한 6이 된다. 이를 그림으로 옮겨 정부가 감소시키려는 15단위를 두 기업 사이에 어떻게 할당하는 것이 오염감소의 총비용을 최소화하는 것인지 **그림 8-3**

에서 살펴보기로 한다.

**그림 8-3 비용-효과의 한계균등의 법칙**

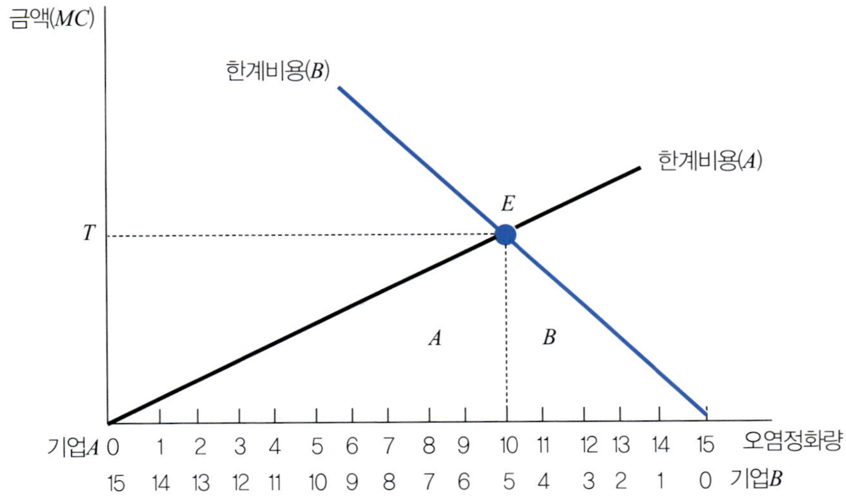


그림에서 X축을 왼쪽으로부터 읽으면 기업 A의 환경보전비용을 나타내고 오른쪽으로부터 읽으면 기업 B의 환경보전비용을 나타낸다. 한 가지 주목할 것은 X축의 모든 점들은 15단위의 오염보전량을 나타내므로 두 기업 사이의 오염보전량 또는 정화량의 조합만 다르다는 것이다. 이 경우 비용-효과적 할당방법은 기업 A가 10단위를 정화하고 기업 B가 5단위 정화하는 것인데, 이때의 총비용은 면적 A와 면적 B의 합으로 나타낼 수 있다. 면적 A는 기업 A의 환경보전비용이며, 면적 B는 기업 B의 환경보전비용이다. 어떤 다른 할당방법도 이것보다 높은 비용이 든다는 것을 알 수 있다. 따라서 환경정화를 위한 최소비용방식은 모든 기업들의 한계보전비용이 같도록 할당할 때 비용이 최소화된다는 것을 알 수 있다. 이를 **비용-효과의 한계균등법칙**이라고 부른다.[58)]

여기서 우리가 주의할 것은 정부가 각 기업의 한계환경보전비용에 대한 정확한 정보를 가질 수 없다는 것이다. 그러므로 기업 경영자들은 그들의 환경보전할당량을 줄이기 위해 환경보전비용을 과다하게 보고하고 싶은 유혹이 존재한다. 이러한 경우 정부는 어떻게 비용-효과적인 할당량을 찾을 수 있을지 문제가 아닐 수 없다. 이에 대하여 다음 항에서 여러 정책수단을 살펴보기로 한다.

**정석 사고**

환경기준을 충족시키는 수단과 책임을 수많은 오염배출원 사이에 어떻게 할당할 것인가 하는 문제는 비용-효과기준(cost-effectiveness criterion)에 의해 해결할 수 있으며, 이러한 목표를 달성하는 강력한 기준이 될 수 있다. 모든 기업들의 한계환경보전비용이 같도록 할당할 때 비용이 최소화된다는 것이 비용-효과의 한계균등법칙이다.

## 3. 배출부과금과 배출권거래

정부가 기업의 오염보전비용에 대한 정보가 없는 경우 가장 간단한 방식은 직접규제하는 방식으로 오염배출기준을 설정하고 각 기업이 동일하게 오염정화를 하도록 하는 것이다. 그러나 이 방식은 명확히 비용을 최소화하는 방식이 아니다. 왜냐하면 기업마다 오염정화비용과 기술이 다르기 때문이다. 비록 정부가 오염정화비용에 대한 정보를 가지고 있지 않더라도 오염정화비용을 최소화할 수 있는 방식으로 오염배출부과금정책과 오염배출권거래정책을 들 수 있다.

### (1) 배출부과금

오염배출부과금은 기업들이 오염배출단위당 부과금을 정부에 내는 것이다. 그러므로 기업의 지불액은 단위당 부과금에 오염배출단위를 곱하면 산출된다. 앞의 예를 사용하여 기업 *A*가 얼마의 오염배출량을 정화할 것인가를 **그림 8-4** 를 통해 살펴보기로 한다. 만일 이 기업이 정화를 전혀 하지 않으면 오염배출량은 전체적으로 15단위가 되고 기업 *A*가 지불하는 총부과금은 면적 *OTBD*가 된다. 그리고 만일 이 기업이 5단위 오염을 배출하고 10단위 정화한다면 기업의 자체 환경정화비용 *OAC*와 총부과금 *ABCD*를 합한 *OABD*가 총비용이 될 것이다. 이 비용은 정화를 하지 않을 때보다 확실히 적다. 따라서 오염배출부과금이 적절하게 부과된다면 자동적으로 비용-효과적인 오염정화량의 할당이 이루어진다. 문제는 적절한 부과금을 어떻게 알 수 있는가 하는 것이다. 기업들의 환경정화비용에 대한 정보 없이는 시행착오를 통하여 적절한 부과율을 찾아낼 수밖에 없다. 예를 들어 임의로 부과금을 부과하고 이에 맞추어 기업들이 정화하는 오염량을 관찰하는 것이다. 관찰된 환경오염정화량이 목표치보다 크다면 부과금을 낮추어 다시 부과하는 방식으로 적절한 부과금을 찾을 수 있다.[59]

**그림 8-4 배출부과금의 원리**

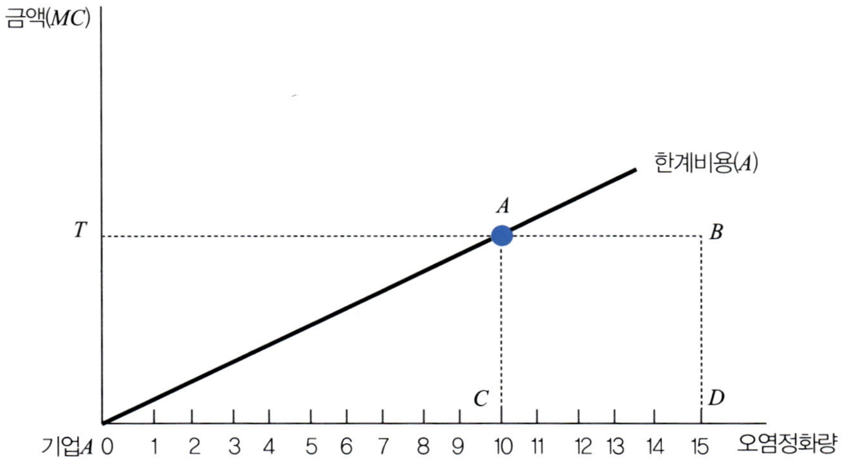


이러한 부과금제도는 비용–효과적인 할당량을 찾을 수 있을 뿐만 아니라 기술진보를 촉진할 수도 있다. 왜냐하면 기업이 기술혁신을 통해 한계환경보전비용을 낮출수록 부과금을 포함한 총비용이 줄어들어 이윤이 커지기 때문이다. 다시 말해서 그림에서 기업의 한계비용 곡선이 아래로 이동하여 면적 *OABD*가 줄어들기 때문이다.

**정석 사고**

배출부과금제도란 배출부과금이라는 일종의 가격을 통해서 총배출량과 각 기업의 배출량을 조정하는 제도라고 할 수 있다.

## (2) 배출권거래

배출부과금정책의 문제는 시행착오를 통해 적절한 부과금을 찾아야 한다는 것이다. 이러한 문제 없이 비용을 최소화하는 방식으로 오염배출권을 들 수 있다. 배출권정책하에서는 모든 기업들이 오염을 배출하기 위해서 배출허가권을 사야 한다. 각 배출허가권은 오염배출허가량을 표시하고, 매매를 통해 자유롭게 이전할 수 있도록 한다. 정부는 오염배출목표량만큼 배출허가권을 발행하는 것이다.[60)]

이 정책하에서 기업들은 비용을 최소화하는 오염배출량을 배출하게 된다. 이를 **그림 8-5**를 통해 확인해 보기로 하자. 만일 기업 *A*가 7단위의 배출허가권을 가지고 있다고 하면

8단위를 자체 정화하여야 한다는 것을 의미한다. 마찬가지로 기업 $B$는 8단위의 배출허가권을 가지며 7단위를 자체 정화하여야 한다는 것을 의미한다. 이 경우 두 기업 모두 거래를 하고 싶은 유혹을 가지게 되는데, 그 이유는 기업 $B$의 한계환경보전비용이 기업 $A$의 한계환경보전비용보다 훨씬 높아서 기업 $B$가 기업 $A$로부터 $P_3$보다 낮은 가격에 배출허가권을 살 수 있다면 비용을 낮출 수 있기 때문이다. 반면에 기업 $A$는 $P_1$보다 높게 팔 수 있다면 더 큰 이익이 된다.

**그림 8-5 오염배출권의 거래**

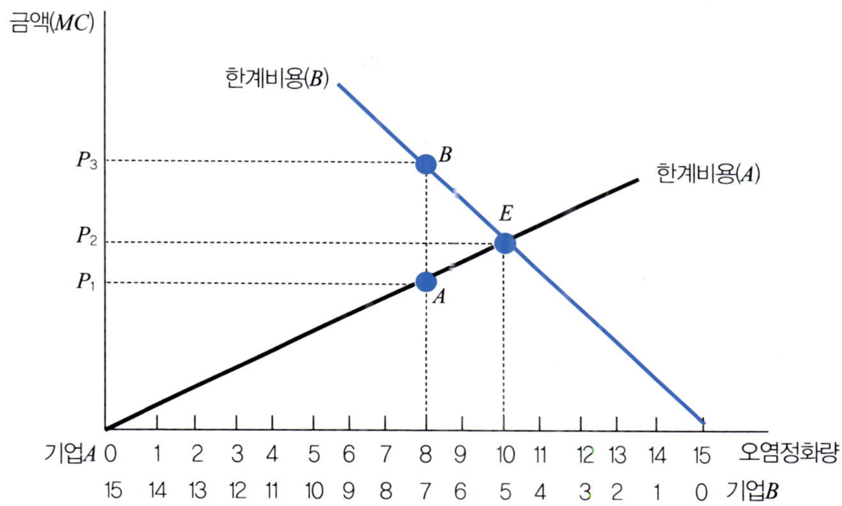


이러한 배출허가권의 거래는 기업 $A$가 5단위의 배출허가권을 가지고(10단위는 자체 정화) 기업 $B$가 10단위의 배출허가권을 가질 때(5단위는 자체 정화)까지 이루어진다. 이 지점이 바로 $E$점이 되며 이 점에서 배출허가권의 가격은 $P_2$가 되고 두 기업의 배출허가권의 한계가치가 같아진다. 따라서 두 기업은 더 이상 거래할 유인이 사라지게 되는 것이다. 이때 이루어지는 균형은 바로 우리가 찾고자 했던 비용-효과적인 할당량이 된다. 정부는 오로지 15단위의 배출허가권만을 발행하고, 나머지는 시장이 자동적으로 비용을 최소화하는 것이다.

이 방식이 가장 효율적이라고 알려져 있지만 단점도 많다. 첫째는 시장의 기존기업들이 신규기업의 시장진입을 제약하는 수단으로 배출권을 악용할 수 있다. 즉, 배출권시장의 독점화 문제가 발생할 수 있는 것이다. 둘째는 환경을 오염시킬 수 있는 권리를 노골적으로 공해기업들에게 부여한다고 할 수 있다. 따라서 환경운동가나 환경단체들이 거부감을 가질 수 있는 제도라고 하겠다. 셋째는 배출권거래시장이 활성화되려면 많은 기업들의 참여가 필요한데, 후진국의 경우 참여하는 기업의 수가 적어서 배출권거래시장이 활성화되기 어려우므로 널리 사용되기 어려운 방식 혹은 제도라고 할 수 있다.

**정석 사고**

배출권거래제도는 총배출량만 조정하며 각 기업의 배출량은 배출권거래시장에서 결정된 배출권가격에 의해서 정해진다. 배출부과금과 같은 환경세가 가격조정방식이라면 배출권거래제도는 수량조정방식의 환경정책이라고 할 수 있다.

**정석 사례연구**

1990년 미국의 연방정부는 대기정화법(Clean Air Act)에 따라 전력회사들에게 아황산가스의 배출권거래제를 허가함으로써 그 첫 번째 실험을 시작하였다. 그 후 2000년에는 아황산가스를 더 많이 감축하도록 하는 배출권거래제를 시행하였다. 그 결과는 매우 성공적인 것으로, 연방정부가 설정한 목표수준을 초과하여 아황산가스의 배출량이 50% 이상 줄었다고 보고되고 있다.

## 연습문제

**1.** 다음 보기를 읽고 빈칸에 적절한 말을 넣으세요.

> **보기**
>
> 오염물에는 환경이 흡수능력을 거의 가지고 있지 않은 ( ), 환경이 흡수능력을 가지는 ( )이 있다. 또한 환경에 영향을 미치는 수평적 차원의 범위에 따라 ( )과 지역적 오염이 있다. 그리고 환경에 영향을 미치는 수직적 차원의 범위에 따라 ( )과 총체오염물이 있다.

**정석힌트** 스톡오염물, 기본오염물, 국지적 오염, 표면오염물

**2.** 배출권거래제도와 배출부과금제도의 차이점에 대하여 설명하세요.

**정석힌트** 배출권거래제도는 총배출량만 조정하며 각 기업의 배출량은 배출권거래시장에서 결정된 배출권가격에 의해서 정해진다. 배출부과금과 같은 환경세가 가격조정방식이라면 배출권거래제도는 수량조정방식의 환경정책이라고 할 수 있다.

**3.** 어떤 지역에 있는 철강업자 $A$사와 $B$사가 생산과정에서 발생하는 폐수를 깨끗이 정화처리하는 데 비용이 들어간다. 예를 들어 폐수방출량이 s톤일 때 각사의 정화처리비용은 다음과 같다.

> $A$사의 정화처리 비용 : $c = 10s - \frac{1}{2}s^2$
>
> $B$사의 정화처리 비용 : $c = 15s - \frac{1}{2}s^2$

(1) 상수도관리본부는 $A$사와 $B$사의 한계정화처리비용을 다음과 같이 구한 후,

> $A$사 한계정화처리비용 : $mc_a=10-s$
>
> $B$사 한계정화처리비용 : $mc_b=15-s$

실험적으로 폐수 1톤당 5원의 배출부과금을 부과하였다. 이때 각사의 최적폐수방출량을 구하세요.

**정석힌트** 단위당 배출부과금을 $p$라고 하면 각사에 대하여 $p=mc$를 이용하여 최적배출량을 구할 수 있다. 즉, $mc_a=10-s=5$, $mc_b=15-s=5$이다. 따라서 $s_a=5$, $s_b=10$이다.

(2) 상수도관리본부는 배출부과금의 결과에 만족하지 못하여 이번에는 폐수배출총량을 10톤으로 규제하기로 했다. 무상으로 각사에 5톤의 폐수배출권을 나누어 주고 서로 사고팔 수 있도록 하였다. 이때 각사의 최적폐수배출량을 구하고, 배출권거래시장의 균형에 대하여 설명하세요.

**정석힌트** 배출권시장에서 배출권의 가격이 $p$로 형성된다면 각사는 $p=mc_a=mc_b$가 성립하는 단위만큼의 배출권을 가지고 배출한다. 그런데 폐수배출총량이 $s_a+s_b=10$이다. 이 두 식을 연립으로 풀면 최적폐수배출량을 구할 수 있다. 즉 (1) $p=mc_a=mc_b=10-s_a=15-s_b$, (2) $s_a+s_b=10$이다. 따라서 $s_a=2.5$, $s_b=7.5$, $p=7.5$이다. $A$사의 배출권에 대한 초과수요은 $2.5-5=-2.5$이다. 음수의 의미는 배출권을 판매해서 이윤을 얻는다는 것이다. $B$사에 대해서는 스스로 학습해보자.

# 제9장
# 자연자원: 지하자원과 수산자원

환경은 깨끗한 공기나 물과 같은 환경자원이나 나무, 물고기, 토지, 석탄, 석유 등과 같은 자연자원을 모두 포함하는 개념이다. 환경자원은 획득하는 데 노동력이나 자본이 들지 않고 대체로 작은 단위로 나눌 수 없는 경우가 많아 질로서 평가한다. 이에 반해 자연자원은 자원을 사용하기 위해 노동력, 자본 등이 소요되고 작은 단위로 나눌 수 있는 것을 의미한다. 이 장에서는 지하자원과 수산자원에 대하여 자원사용의 적정수준은 무엇이며, 그 수준을 초과할 때 경제와 환경시스템의 붕괴를 막기 위해 어떻게 적절히 규제하고 배분할 수 있는가 하는 경제학적 분석틀을 설명할 것이다.

지하자원은 고갈성자원인 동시에 재생불능자원이라는 특성을 가지고 있다. 이러한 자원의 효율적 배분과 보전은 동태적 효율성기준을 적용하여 자원사용의 순편익의 현재가치를 가장 크게 하는 것으로 자원의 현재사용과 미래사용의 조화를 꾀하는 지속성기준을 충족할 수 있다. 이때 자원이 최적보전(optimum state of conservation)되고 있다고 한다. 한편 수산자원은 재생가능자원이지만 임계치를 넘어서 이용하면 고갈되는 고갈성자원이기도 하다. 수산자원의 정태적인 효율적 지속가능생산량(Efficient

# 제9장 자연자원: 지하자원과 수산자원

Sustainable Yield, ESY)은 편익에서 비용을 뺀 순편익을 가장 크게 하는 생산량이다. 그런데 동태적 효율성기준을 적용할 경우 할인율이 개입되어 현재의 어획이 오히려 늘어나게 되어 자원저량은 더 감소하게 된다. 이때에는 할인율의 선택이 수산자원보전에 매우 중요하게 된다.

이 장에서는 우선 지하자원의 특성을 살펴보고 동태적 효율성기준을 적용하여 자원의 최적보전수준을 살펴본다. 그리고 대체자원이 존재하거나 기술진보가 이루어지는 경우 최적보전에 어떤 영향이 있는지 살펴볼 것이다. 다음으로 수산자원의 특성을 살펴보고 다양한 균형의 개념을 알아본 후 동태적 기준을 적용하는 경우 자원의 최적사용은 어떤 수준이 되어야 하는지 살펴볼 것이다. 마지막으로 수산자원이 시장에 맡겨둘 때 어떤 배분을 가져오는지 살펴보면서 자원의 효율적 관리를 위한 정책들을 소개할 것이다.

**이 장에서 배울 것**

- 지하자원의 특성은 무엇일까?
- 지하자원의 최적보전은 무엇일까?
- 지하자원의 동태적 효율성은 무엇일까?
- 수산자원의 특성은 무엇일까?
- 수산원의 동태적 효율성은 무엇일까?
- 수산자원의 시장배분경과와 정책은 어떤 관계가 있을까?

# 제1절 지하자원: 석탄, 석유, 가스

## 1. 지하자원의 특성

지하자원의 특성을 보기 위해서 자연자원을 몇 가지 기준에 따라 분류해 보기로 한다. 공급 측면에서 볼 때 자연적 재생산이 가능한가 불가능한가를 기준으로 재생가능자원(renewable resources)과 재생불능자원(nonrenewable resources)으로 나눌 수 있다. 재생가능자원은 자원 자체가 재생산되어 수량이 스스로 증식되는 자원을 말하며, 산림, 물고기, 태양열 등이 그 대표적인 예이다. 재생불능자원은 자원의 총량이 한정되어 있어서 그 수량이 증식되지 않는 자원을 말하며, 석탄, 석유, 가스 등의 지하자원이 그 대표적인 예이다.

또 다른 자원분류방식으로 자원의 고갈가능성을 기준으로 자원을 분류하는 것이다. 자원을 지나치게 많이 사용할 경우 자원이 고갈될 수 있느냐 또는 아무리 사용해도 없어지지 않느냐를 기준으로 고갈성자원(exhaustible or depletable resources)과 비고갈성자원(nonexhaustible or nondepletable resources)으로 나눌 수 있다. 천연가스나 석탄 등은 재생이 불가능할 뿐만 아니라 고갈될 수 있는 자원이다. 한편 물고기, 산짐승, 식물종 등은 재생이 가능하지만 임계치를 넘어서 사용되면 고갈될 수 있는 자원이다. 그러나 태양열이나 바람, 모래 등은 많이 사용해도 고갈되지 않는 자원이라고 할 수 있다. 따라서 지하자원은 고갈성자원인 동시에 재생불능자원이라는 특성을 가지고 있다.

**정석 사고**

천연가스나 석탄 등은 재생이 불가능할 뿐만 아니라 고갈될 수 있는 자원이다. 따라서 지하자원은 고갈성자원인 동시에 재생불능자원이라는 특성을 가지고 있다.

## 2. 지하자원의 효율적 배분과 보전

재생이 불가능한 지하자원은 내구재와 에너지의 생산에 원료로 이용되고 있다. 이러한 자원들은 아직도 매장량이 완전히 밝혀져 있지는 않다. 미래의 자원공급이 새로운 매장량의 발견이나 과학기술의 발전으로 급격히 증가할 수도 있어 희망적이다. 그러나 일단 사용되고 나면 재생이 불가능하고 스톡(매장량)이 감소하는 특성을 가지고 있으므로 지금 얼마나 사용하고 나중에 얼마나 사용할 것인가 하는 자원사용의 시간적 배분에 관한 선택이 중요한 문제이다.

우리가 시장의 배분방식이 효율적인지를 알기 위해서 주로 정태적 효율성의 기준을 사용하였지만, 고갈성자원의 경우 시간의 경과에 따른 자원배분이 효율적인가를 알기 위해 제5장의 동태적 효율성의 기준을 적용하여 판단하여야 한다. 동태적 효율성기준은 사회가 자원사용의 순편익의 현재가치를 최대화하는지를 보는 것이다. 자원사용의 순편익의 현재가치를 가장 크게 하여 자원의 현재사용과 미래사용의 조화를 꾀하는 것이다. 이를 일컬어서 자원이 **최적보전**(optimum state of conservation)되고 있다고 한다.

간단한 예를 사용하여 동태적 효율성기준을 적용하여 보기로 한다.[61] 우리는 두 기간에 걸쳐 고갈성자원을 사용하고자 하며, 고갈성자원의 공급량은 한정되어 있다. 그리고 수요는 두 기간에 걸쳐 일정하며, 한계지불용의액(수요곡선의 높이)은 $P=8,000-400q$에 의해 계산된다고 가정한다. 또한 한계채굴비용은 단위당 2천 원으로 일정하다고 가정한다. 만일 자원의 총공급량이 30단위라고 하면 각 기간에 15단위씩 사용하면 효율적이다. 왜냐하면 공급이 수요를 충분히 충족시키기 때문에 시간이 배분에서 중요한 역할을 하지 못하며 정태적 효율성기준을 적용하면 된다.

**그림 9-1 고갈성자원사용의 배분**

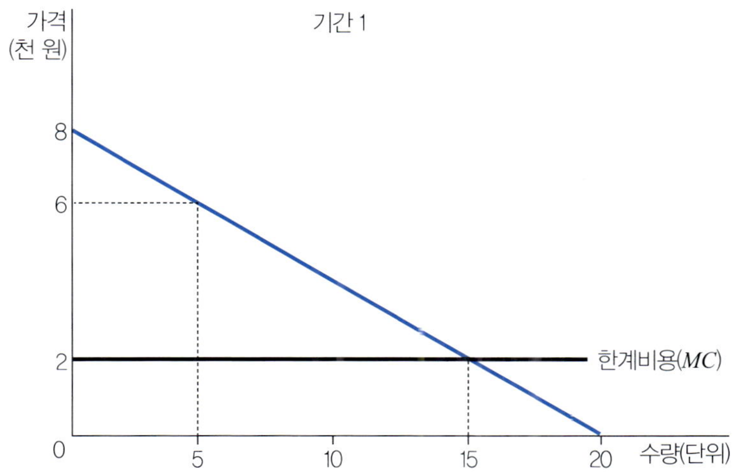


제1편
제2편
제3편
제4편

그러나 만일 총공급이 30단위보다 적은 20단위라고 한다면 어떻게 될 것인지 살펴보기로 한다. 동태적 효율성기준에 따르면 효율적 자원이용 또는 효율적 자원배분은 두 기간의 순편익의 현재가치를 가장 크게 하도록 자원을 사용하는 것이다. 예를 들어 기간 1에서 15단위를 사용하고 기간 2에서 5단위의 자원을 사용한다고 하자. 이 경우 자원사용의 순편익의 현재가치는 각 기간의 한계비용곡선과 수요곡선 사이의 면적이 되며, 기간 1의 순편익, 즉 (1/2)(8−2)(15)=45천 원과 기간 2의 순편익, 즉 (1/2)(8−6)(5)+(6−2)(5)=25천 원을 할인한 금액의 합이 된다. 만일 할인율이 시장이자율과 동일한 10%라고 하면 기간 2의 순편익의 현재가치는 25/1.10인 22.73천 원이 된다. 따라서 총현재가치는 67.73천 원이 된다. 이러한 현재가치를 최대화하는 각 기간의 자원사용량을 알아내려면 기간 1과 2의 자원사용량의 합이 20단위가 되는 모든 조합의 현재가치를 계산해야 한다. 이러한 번거로운 계산을 피하는 한 가지 방법은 한계균등의 원리를 사용하여 기간 1의 마지막 사용단위에 대한 한계순편익의 현재가치가 기간 2의 마지막 사용단위에 대한 한계순편익의 현재가치와 같도록 하는 각 기간의 자원사용량을 찾으면 된다. 이때의 자원사용량조합은 동태적 효율성기준을 만족시킨다. 이 원리를 **그림 9-2**로 좀 더 상세히 살펴보기로 하자.

**그림 9-2 동태적 효율성의 기준**

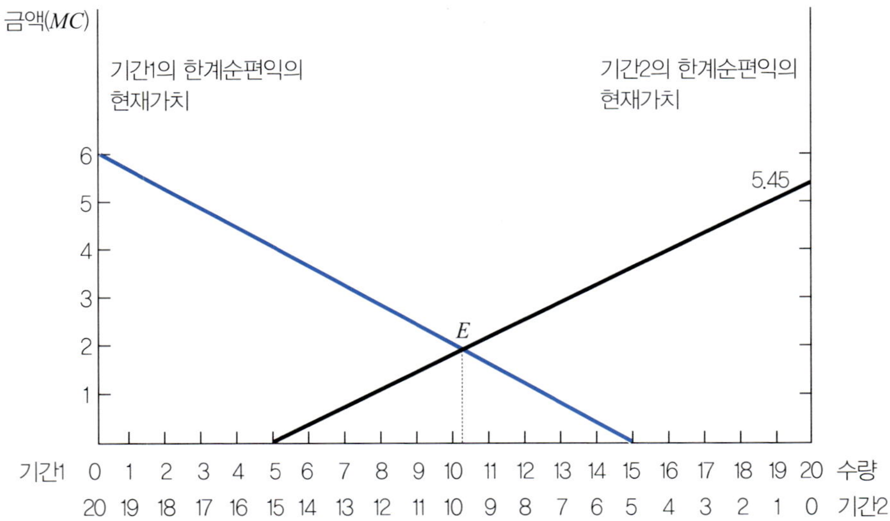

**그림 9-2**는 각 기간의 사용단위에 대한 한계순편익의 현재가치를 그린 곡선들이다. 기간 1의 순편익곡선은 왼쪽에서부터 읽으면 되고, 기간 2의 순편익곡선은 오른쪽에서부터 읽으면 된다. 그리고 그림의 수량축(수평축)의 모든 점에서 두 기간의 사용단위의 합은 20이며, 기간 2의 순편익곡선이 5.45천 원에서 출발하는 이유는 0단위에서의 순편익 6천 원을 (1+0.10)으로 할인하여 얻은 현재가치를 나타내기 때문이다. 그리고 할인율이 커질수록 오른쪽 수직축의 절편이 작아진다.

한계균등의 원리에 따라 두 기간의 효율적인 자원사용량을 구해보면 그림에서처럼 기간 1에서 10단위를 조금 넘어 사용하고 기간 2에서 10단위 조금 덜 사용하는 것이 동태적으로 효율적임을 알 수 있다. 그림에서처럼 이때 효율적인 자원사용량까지의 한계순편익곡선의 아래면적의 합이 가장 크게 된다는 것도 확인할 수 있다. 여기서 한 가지 주목할 것은 자원이 시간적 희소성을 가지며, 이러한 희소성은 자원사용의 기회비용으로서 **한계사용자비용**(marginal user cost)이라고 부른다.

자원의 공급이 30단위일 때는 수요가 각 기간에 한계채굴비용과 같게 되는 15단위를 사용하고 미래기회의 박탈이라는 기회비용이 없으므로 한계사용자비용이 0이다. 그러나 자원의 공급이 20단위일 때는 현재의 사용은 미래사용의 기회를 박탈하는 기회비용이 존재하므로 한계사용자비용이 0이 아니며, 그 크기는 두 기간의 순편익곡선이 만나는 점과 수량축 사이의 수직거리가 된다. 그림에서 $E$점의 높이가 한계사용자비용을 나타내며, 정확한 수치는 제5장의 보론에 있는 방식으로 풀어서 1,905원을 구할 수 있다. 그리고 같은 방식으로 풀면 동태적으로 효율적인 자원사용량은 기간 1에서 10.238단위, 기간 2에서 9.762단위임을 확인할 수 있다. 따라서 효율적으로 자원을 사용한다고 할 때 자원의 가격은 한계채굴비용(2천 원)과 한계사용자비용(1,905원)의 합과 같게 된다. 참고로 미래에 대한 비중이 작아서 할인율이 점점 커지면 기간 2의 수직축 절편이 작아지므로 기간 2의 자원사용량이 감소하게 된다는 것을 알 수 있다.

요약하여 보면 재생이 불가능한 고갈성자원의 경우 소비할 자원량이 시간이 감에 따라 감소하게 되고 자원의 가격과 한계사용자비용(미래의 포기된 자원사용기회)은 계속 상승하게 된다. 한계사용자비용의 현재가치는 두 기간 모두 같지만 실제 한계사용자비용은 시간이 감에 따라 (1+0.10)의 배율로 증가한다. 이것을 여러 기간으로 확장하여도 동일한 결론을 얻을 수 있다.

### (1) 대체가능자원의 존재

지금까지 우리는 대체자원이 없는 경우 고갈성자원(석탄, 석유, 지하수 등)의 자원배분을 살펴보았다. 만일 대체가능한 재생가능자원(태양열, 표면수 등)이 있다고 한다면 앞에서 본 효율적 자원사용이 어떻게 변하는지 살펴볼 필요가 있다.[62] 이 경우 고갈성자원은 여전히 소멸될 것이지만 적절한 시기에 재생가능자원으로 사용을 전환할 것으로 예상된다. 이러한 예상을 확인하기 위해서 대체자원은 단위당 6천 원의 비용으로 사용할 수 있다고 하자. 이때 단위당 6천 원의 대체자원이 있으므로 기존의 고갈성자원의 총한계비용은 절대 6천 원을 넘지 않을 것이다. 대체자원의 총한계비용이 자원가격의 상한을 설정하는 것이다. 이때 총한계비용은 한계채굴비용과 한계사용자비용의 합을 말한다.

여러 기간에 걸친 자원배분의 수치적인 예를 들진 않겠지만 대체자원이 존재하므로 초기에 고갈성자원이 더 많이 채굴될 것으로 예상된다. 그리고 자원사용전환점에 이르러서는 총한계비용의 증가속도가 부드럽게 하락할 것으로 예상된다. 이를 **그림 9-3** 을 통해 설명하여 보기로 한다.

**그림 9-3** 대체자원으로의 전환

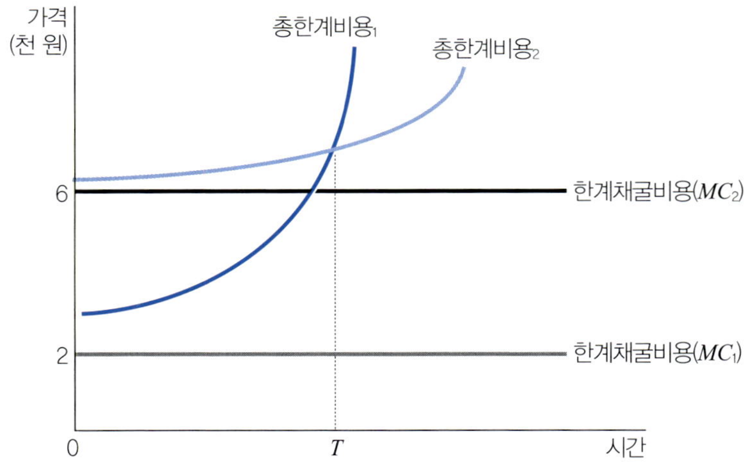

앞에서 설명하였듯이 총한계비용은 한계채굴비용과 한계사용자비용의 합인데, 기존 사용자원의 총한계비용 혹은 자원의 가격은 시간이 감에 따라 증가속도가 커진다. 그러나 전환점 *T*에 이르러서 대체자원으로 사용을 대체함으로써 총한계비용의 증가속도가 떨어지게 된다(기존자원의 총한계비용$_1$→대체자원의 총한계비용$_2$). 그리고 자원사용의 총한계비용은 절대 비연속적으로 급격히 증가하는 일이 없다는 것을 주목해야 할 것이다. 왜냐하면 전환점 *T*에서 기존자원과 대체자원은 총한계비용이 일치하고 그 이후 대체자원의 총한계비용이 서서히 상승하기 때문이다.

### (2) 기술혁신

기술혁신이 일어나면 지식의 진보와 더불어 자원의 채굴비용이 감소하게 될 것이다(**그림 9-3**에서 기존자원의 한계채굴비용$_2$→기존자원의 한계채굴비용$_1$). 이러한 한계채굴비용이 감소하면 대체자원으로의 전환이 늦게 이루어지게 될 것이다. 그리고 기술혁신효과가 시간의 경과와 더불어 계속된다면 총한계비용이 감소하고 채굴자원량이 증가하게 된다. 이때에는 자원사용전환점이 점점 늦어지게 된다.

어떠한 경우에도 대체자원으로의 전환은 부드럽게 이루어지며, 〈성장의 한계〉에서 주장하는 '과잉사용–붕괴현상'을 보여주지 않는다. 물론 실제 시장의 자원배분이 정태적으로, 동태적으로 효율적인지는 실증적으로 살펴보아야 할 일이다.

**정석 사고**

자원사용의 순편익의 현재가치를 가장 크게 하여 자원의 현재사용과 미래사용의 조화를 꾀하는 것을 자원의 최적보전(optimum state of conservation)이라고 한다. 각 기간의 사용단위에 대한 한계순편익의 현재가치가 같도록 하면 동태적 효율성을 만족하게 된다. 자원사용의 총한계비용은 한계채굴비용과 자원사용의 기회비용으로서 한계사용자비용의 합으로 구성된다. 기술혁신이 일어나면 한계채굴비용이 낮아져서 자원사용전환점이 늦어진다.

## 3. 지하자원의 동태적 효율성과 공평성

자원사용에 대한 공평성을 고려할 때 보편타당한 기준은 없지만 일반적으로 미래세대에 대한 고려를 통해 이루어진다. 이러한 세대 간 공평성에 대해서는 롤스(J. Rawls)의 《정의론》에 입각하여 판단할 수 있다. 만일 현재세대와 미래세대가 가상적으로 만나서 세대 간 자원배분규칙을 결정한다고 하자. 그리고 모든 세대의 구성원들은 "무지의 베일(veil of ignorance)"에 가려져서 자신들이 어느 세대에 속하는지를 알 수 없다고 하면 과도하게 사용하거나 과도하게 보전하고자 하지는 않을 것이다.[63]

이러한 미래세대와 현재세대의 가상적 회의에서 결정되는 규칙은 어떠한 것일까? 한 가지 가능한 답은 **지속가능성기준**(sustainability criterion)이다. 이 기준은 최소한 미래세대가 현재세대보다 후생이 악화되지는 말아야 한다는 것을 의미한다. 그러므로 이 기준에 비추어 볼 때 현재세대를 위해 미래세대를 희생시키는 어떠한 행동도 불공평하다고 할 수 있다.

우리가 앞에서 살펴본 동태적 효율성의 사례로 돌아가서 결론을 다시 보면 기간 1에서 자원사용이 더 많으므로 기간 2의 순편익이 더 낮다는 것을 알 수 있다. 따라서 지속가능성기준에서 볼 때 동태적으로 효율적인 자원배분이 공평하다고 볼 수 없다. 그러나 만일 기간 1에서 발생하는 순편익의 일부를 저장 또는 저축하여 기간 2에서 사용할 수 있다면 기간 2의 후생이 어떤 다른 방식의 자원배분상태에서의 후생보다 더 클 수 있고 적어도 기간 1의 후생만큼 될 수 있다. 이것은 동태적 효율성이 자동적으로 지속가능성기준을 충족시키지는 못하지만 지속가능성기준과 양립할 수 있다는 것을 암시하고 있다.

지속가능성기준을 적용하기 위해서는 시간경과에 따른 자원배분경로와 미래세대의 선호를 알아야 한다. 그러나 이러한 정보를 알아내기란 불가능에 가깝다고 할 수 있다. 이러한 정보를 이용하지 않고 이 기준을 적용하는 한 가지 대안적인 규칙이 있는데, 이를 **하트위크 규칙**(Hartwick rule)이라고 부른다. 존 하트위크(John Hartwick, 1977)는 그의 한 논문에서 만일 모든 희소성이윤이 자본에 투자된다면 소비수준은 고갈되지 않고 영원히 일정하게 유지될 수 있다는 것을 증명하였다. 이러한 하트위크 규칙은 지속가능성기준에 대하여 다음 두 가지 중요한 의미를 가진다.

첫째는 총자본스톡의 가치가 감소하는지의 여부를 조사하여 자원배분의 지속가능성을 판단할 수 있다.

둘째는 모든 희소성이윤이 투자되는지의 여부로 세대 간 공유의 정도를 파악할 수 있다.

이러한 하트위크 규칙의 의미를 일상생활에서 경험하는 사례로 생각하여 보기로 하자. 만일 우리가 10,000원을 상속받았으며, 은행에 넣어주고 연간 10%의 이자를 받는다고 하자. 연간 1,000원을 영구적으로 소비한다고 하더라도 원금 10,000원은 고갈되지 않고 그대로 있다. 따라서 연간 1,000원 혹은 이보다 적게 소비한다면 지속가능성 기준이 충족된다. 여기서 하트위크 규칙이 의미하는 것은 시간경과에 다라서 원금이 보전되고 있는가를 살핌으로써 지속가능성 여부를 판단한다는 것이다.

현재세대는 환경과 자연자원이라는 자연자본과 건물, 학교, 도로 등의 물적자본을 선조의 상속으로 받았다. 이때 시간이 경과해도 원금에 해당되는 자연자본의 가치가 줄지 않으면 **강지속가능성**(strong sustainability)기준을 충족시킨다고 말하며, 물적자본이 자연자본을 대체할 수 있다고 하면 이 두 자본의 합의 총가치가 감소하지 않으면 **약지속가능성**(weak sustainability)기준을 충족시킨다고 말한다. 약지속가능성에서 말하는 총자본스톡의 가치를 유지하는 것으로 충분하지 못한 어떤 자원, 예를 들어 수산자원은 어획량이 어류의 자연스톡의 증가량을 초과되지 않도록 지속가능한 이용량(sustainable yield)을 유지하여야 한다. 다음 장에서 상세히 살펴보겠지만 이를 **환경지속가능성**(environmental sustainability)라고 부른다.

앞에서 논의한 결과를 가지고 정책적 함의를 찾아보면 우리의 지속가능성기준과 효율성기준은 동의어가 아니며 그렇다고 양립하지 못하는 상충적인 것도 아니다. 효율적인 자원배분이라도 지속가능하지 않을 수 있고, 모든 지속가능한 자원배분이라고 해서 효율적인 것도 아니다. 단지 효율성기준은 모든 지속가능한 자원배분 중에서 후생을 가장 크게 하는 것을 찾아내는 수단을 제공한다. 흔히 비효율성을 제거함으로써 순편익이 증가하고 이러한 증가가 보상수단으로 사용되면 지속가능성 기준을 충족시키게 되는 경우가 많다. 현재세대와 미래세대의 복지가 동시에 증가하는 윈-윈상태(win-win situation)가 될 수 있다는 것이다.

**정석 사고**

롤스적 정의관에 입각한 자원배분기준은 자원사용의 지속가능성기준(sustainability criterion)이다. 이 기준의 현실적 어려움으로 사용되는 하트위크 규칙은 모든 희소성이윤이 자본에 투자된다면 소비수준은 고갈되지 않고 영원히 일정하게 유지될 수 있다는 것이다. 시간이 경과해도 자연자본의 가치가 줄지 않으면 강지속가능성(strong sustainability)기준을 충족시킨다고 말하며, 물적자본이 자연자본을 대체할 수 있다고 하면 이 두 자본의 합의 총가치가 감소하지 않으면 약지속가능성(weak sustainability)기준을 충족시킨다고 말한다.

# 제2절 수산자원

새 환경경제학

바다에는 총 30여만 종의 다양한 생물이 살고 있으며, 이 중 일부는 우리 국민의 영양공급원으로 상품화되어 있다. 여기서 수산자원이란 경쟁어업의 대상이 되는 어류, 갑각류, 패류, 해초류 등의 생물을 포함하여 지칭한다. 최근 우리나라 주변수역의 수산자원은 과도한 어획노력, 육상오염물질에 의한 서식환경의 악화, 효율적인 관리정책수단의 부재 등으로 인하여 고갈되어가고 있다. 이러한 상황은 1990년대에 들어와서 200해리체제의 본격적 정착, UN해양법에 의한 신해양질서의 개막과 더불어, 1993년의 UR타결과 1995년의 WTO체제의 출범 등을 신호로 하는 새로운 세계경제질서의 재편 등으로 더욱 악화되고 있다. 이제 200해리시대를 맞아 우리 국민의 동물성 단백질 공급원으로서의 연안어장의 중요성은 그 어느 때보다 증대되고 있으며, 이러한 해역을 최대한 효율적으로 활용하기 위해서는 수산자원에 대한 보호, 육성, 관리를 더욱 체계적이고 합리적으로 강화하여 지속가능한 발전을 도모할 필요성이 강조되고 있다.

## 1. 수산자원의 특성

자연자원은 재생가능자원과 재생불능자원으로 구분되는데, 수산자원은 바로 재생가능자원이지만 임계치를 넘어서 이용하면 고갈되는 고갈성자원이기도 하다. 수산자원은 해양생태환경에서 다른 생물자원과의 포식과 비포식 관계를 가지면서 자원증식의 순환과정을 반복하고 있다. 자원생산의 측면에서 보면 자연증가량(증식량+성장량−사망량)만큼만 인간이 매년 어획한다면 자원저량은 변동 없이 유지될 수 있을 것이다. 그러나 이러한 지속적인 자원저량이 변동하면 자원의 재생산 메커니즘과 소비에도 변화를 일으키게 된다. 이렇게 자원의 저량이 변동하여 경제현상에 영향을 주는 것을 자원 · 환경경제학에서는 **저량효과**(stock effect)라고 부른다.

미래의 자원이용가능성을 결정하는 수산자원의 저량은 자원 자체의 재생산 메커니즘뿐만 아니라 사회가 취하는 행동에 의해 영향을 받기 때문에 시간과 세대 간 최적사용률을 결정하는 것이 중요하게 된다. 수산자원은 재생 가능한 고갈성자원이라는 특징 이외에도 소유권이 불분명한 공유재산적 특성 때문에 누구나 접근하여 어획할 수 있다. 이러한 특성 때문에 수산자원의 합리적인 관리와 이용이 어려워진다.

**정석 사고**

수산자원은 바로 재생가능자원이지만 임계치를 넘어서 이용하면 고갈되는 고갈성자원이기도 하다. 지속적인 자원저량이 변동하면 자원의 재생산 메커니즘과 소비에도 변화를 일으키는 저량 효과가 있고, 재산권이 불분명한 공유재산적 특성이 있다.

## 2. 수산자원의 효율적 배분과 관리

수산자원의 효율적 자원배분상태를 알기 위해서 섀퍼(M. B. Schaefer, 1957)가 제시한 단순 생물학적 모형을 설명하고자 한다.[64] 섀퍼 도형은 어류 저량의 크기와 어류 저량의 성장률 사이의 평균적 관계를 설정한다. 저량의 크기를 수평축에, 저량의 성장률을 수직축에 표시한 그림을 사용하여 생태학적 관계를 보기로 하자. 어떤 수산자원이든 서식지의 부양능력에 한계가 있어서 저량이 어느 정도 커지면 먹이의 유한성 등의 서식환경 악화로 자연사망률이 늘어나 순성장률은 낮아지다가 제로가 되고 마침내 자원저량의 성장이 멈춘다.

**그림 9-4** 에서 $S_0$는 저량의 성장이 멈춘 **자연균형**(natural equilibrium)이다. 이 균형은 사망 등에 의한 감소가 출생과 성장에 의한 증가에 의해 정확히 상쇄되는 안정적 균형이다.

**그림 9-4 어류저량과 성장**

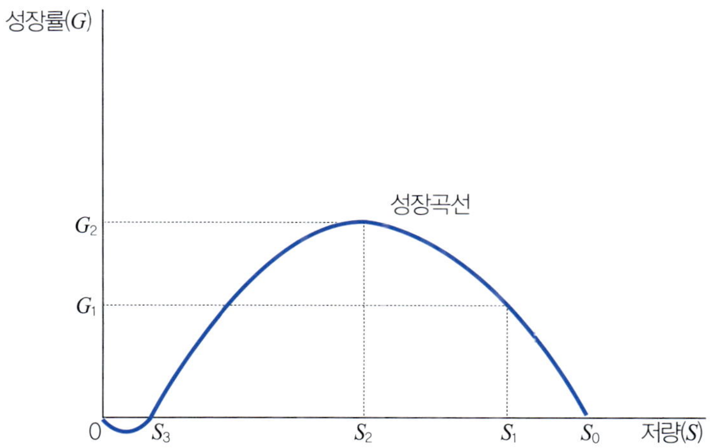


제1편
제2편
제3편
제4편

왜냐하면 이 저량을 초과하면 서식지의 부양능력의 한계로 사망률이 증가하여 저량이 줄어들기 때문이다. 한편 $S_3$은 최소생존저량으로서 이보다 작은 저량에서는 어류가 멸종해버린다는 것을 보여준다. 따라서 이 균형은 불안정적이다.

이러한 수산자원의 생태학적 섀퍼 모형에 사람들이 어로행위를 했을 때는 어떠한 균형이 가능한지 살펴보자. 만일 어획비용이 없다면 어획률이 저량의 성장률과 같을 때 저량의 감소는 없으며, 이를 지속가능어획률 또는 **지속가능생산량**(sustainable yield)이라고 부른다. 그림에서 어획률이 성장률 $G_1$과 같다면 $S_1$이 그때의 저량이며 $G_1$이 지속가능생산량이 된다. 특히 어획률이 최대성장률 $G_2$와 같을 때 $G_2$를 **최대지속가능생산량**(Maximum Sustainable Yield, MSY)이라고 부르며 그때의 저량이 $S_2$이다.

### (1) 정태적 효율성과 지속가능생산량

그림의 최대지속가능생산량(*MSY*)은 효율적인가? 효율성은 자원사용의 순편익을 가장 크게 하는 것이다. 만일 우리가 효율적 자원사용에 대하여 알아보고자 한다면 편익뿐만 아니라 어획비용까지 포함시켜 생각하여야 한다. 따라서 정태적으로 **효율적 지속가능생산량**(Efficient Sustainable Yield, ESY)은 비용을 뺀 순편익을 가장 크게 하는 생산량이 될 것이다.

이러한 *ESY*를 찾기 위하여 다음 3가지 가정을 하기로 한다.

① 어류가격이 일정하고 판매량에 따라 변하지 않는다.
② 어획노력(어로)의 한 단위의 한계비용이 일정하다.
③ 어로단위당 어획량은 어류저량의 크기에 비례한다.

두 번째 가정에서 어획노력이란 어획을 하기 위해 투입되는 자본과 노동을 말하며, 어선, 그물, 기름 등의 자본과 어획을 위해 동원된 어부의 노동을 말한다. 어획노력의 단위는 어선의 척수와 톤수 또는 마력수, 어부 1인당 어로일수, 어선 척당 출어일수 등으로 나타낼 수 있다. 마지막 가정은 어류집단의 크기인 저량이 클수록 어로단위당 어획량이 크다는 것을 의미한다.

**그림 9-5** 어류의 효율적 지속가능생산량(ESY)

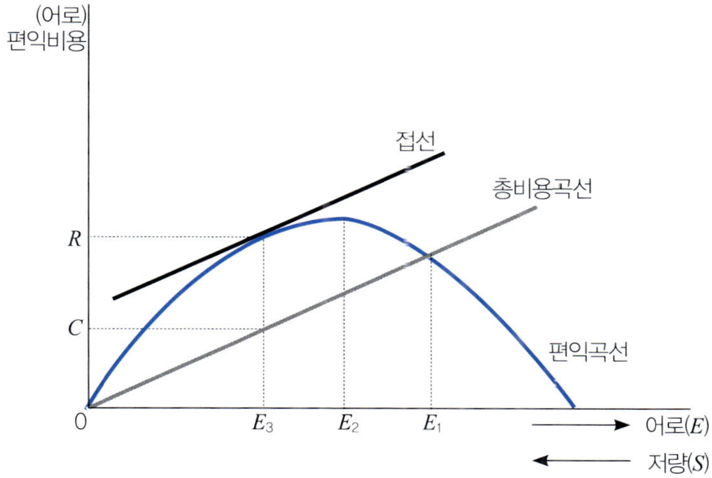


**그림 9-5**의 수평축은 어획노력의 크기(생산요소의 투입량)를 나타내며, 이것이 클수록 어획량이 많아지고 자원저량은 감소하게 된다. 따라서 각 어획노력의 크기에 대응하는 자원저량이 존재하고 수평축을 오른쪽으로부터 읽으면 자원저량의 크기가 된다. 즉 어획노력과 자원저량은 역함수관계에 있다고 할 수 있다. 그림에서 순편익은 편익(=어류가격×어획량)과 비용(=어획노력의 한계비용×어획노력량)의 차이로 나타난다. 순편익이 가장 크게 되는 어획노력량은 $E_3$이므로 이것이 효율적 어획노력량이 된다. $E_3$에서 한계편익과 한계비용이 같게 되어 그 이상의 어획노력은 낭비적인 행위인 것이다. 따라서 $E_2$와 대응되는 자원저량의 크기에서의 최대지속가능생산량(*MSY*)은 비효율적이라고 말할 수 있다. 효율적인 어획노력은 최대지속가능생산량(*MSY*)을 생산하는 어획노력보다 더 작아야 하며, 이때의 자원저량은 최대지속가능생산량(*MSY*)을 생산하는 자원저량보다 더 커야 한다. 환언하면 주어진 수준의 어획량을 가장 싼 비용으로 잡기 위해서는 물고기의 저량을 크게 하는 것이 좋다는 얘기이기도 하다.

만일 기술혁신이 일어나서 어획의 한계비용이 낮아진다면 효율적 지속가능생산량에 어떤 변화가 있을까? 모든 어획노력에 대해 한계비용이 낮아지므로 총비용곡선이 원점을 중심으로 오른쪽으로 회전하게 된다. 현재의 효율적인 생산량에서 한계비용이 한계편익보다 더 낮아지므로 비효율적인 생산량이 되고, 어획을 더 많이 하여 한계편익을 낮춤으로써 효율적인 어획량이 될 수 있다. 이것은 어획노력이 증가한다는 것을 의미한다.

### (2) 동태적 효율성과 지속가능생산량

정태적으로 효율적 지속가능생산량(*ESY*)은 미래의 시간할인율 또는 시장이자율이 제로일 때의 동태적 효율성을 나타내기도 한다. 왜냐하면 효율적 지속가능생산량(*ESY*)보다 높은 어획노력은 현재 일시적으로 높은 어획량과 순편익을 가져다주지만 자원저량의 감소로 미래의 순편익이 더 많이 감소된다는 점에서 동태적 효율성과 다를 것이 없다.

만일 시간할인율이 제로가 아니면 어떤 수준의 자원저량을 유지하는 비용이 증가하게 된다. 왜냐하면 어획을 연기하면 시장의 시간할인율인 이자율만큼 손실비용이 발생하고 어획을 더 하면 자원저량의 감소로 인한 성장률 손실비용이 발생하기 때문이다. 효율적인 어획노력이 $E_3$ 이상으로 증가하면 순편익이 증가하지만 미래의 자원저량이 감소하고 어획량도 감소하여 새로운 균형을 가지게 될 것이다. 클라크(C. Clark, 1976)는 할인율이 무한대라고 할 때 어획노력의 동태적 효율성은 순편익이 완전히 사라지는 $E_1$까지 어획노력을 증가시키는 것임을 수학적으로 보여주었다. 그 이유를 간단히 살펴보면 석탄과 같은 고갈성자원에서 보았듯이 시간이 지남에 따라 현재 어획노력 증가의 기회비용인 한계사용자비용이 증가한다. 이 기회비용은 현재 자원이 더 많이 사용될 때 포기된 미래의 순편익을 반영한다. 따라서 효율적인 자원사용은 한계지불용의액이 한계사용자비용과 한계채굴비용의 합과 같을 때 달성된다. 만일 할인율이 무한대이면 미래자원사용에 아무런 가치를 두지 않기 때문에 한계사용자비용은 제로가 된다. 이것은 한계어로비용이 한계지불용의액과 같고, 한계지불용의액이 시장가격과 동일하여 총편익이 총비용과 같게 된다는 것을 의미한다.

일단 할인율을 고려하면 동태적 *ESY*는 정태적 *ESY*보다 자원저량이 더 작고 어획량은 더 크게 된다. 요약하여 보면 어로비용이 작을수록, 그리고 할인율이 클수록 어획노력의 동태적 *ESY*는 정태적 *ESY*보다 더 크게 된다. 극단적인 경우들을 생각해 보면 그 이유를 간단히 알 수 있다. 한계어로비용이 제로이면 정태적 *ESY*는 *MSY*와 같게 되며, 이때 미래의 시간할인율이 도입된다면 어획노력의 동태적 *ESY*는 정태적 *ESY*와 *MSY*보다 더 크게 된다.

어떤 수준의 동태적 *ESY*가 수산자원을 고갈시킬 수 있는 가능성이 있는가? 앞의 **그림 9-5**에서는 가장 어획량이 많은 경우의 동태적 *ESY*가 $E_1$이므로 고갈가능성은 없어 보인다. 수산자원의 성장률이 할인율보다 작지 않은 한 이것은 사실이다. 그러나 만일 성장률이 할인율보다 낮다면 그리고 마지막 단위를 어획하는 비용이 낮다면 수산자원도 고갈될 수 있다. 성장률이 자원고갈과 깊은 관계를 갖는 이유는 성장률이 제로일 때 공급이 고정된 지하자원과 동일하여 자원의 가격이 마지막 단위의 채굴비용을 초과하는 한 완전히 고갈되어 미래세대에게 남겨질 자원저량은 없는 것이다.

대부분의 실증적 연구들은 어획노력비용이나 차굴비용이 중요하므로 동태적으로 효율적인 어획량은 흔히 최대지속가능어획량보다 작다. 그러므로 수산자원고갈은 효율적이지 않다는 것이다. 마지막 남겨진 몇 마리의 물고기를 잡는 비용이 흔히 시장가격보다 훨씬 높다는 것이다. 따라서 동태적 효율성기준은 자동적으로는 아니지만 지속가능성기준과 양립할 수 있다.

**정석 사고**

어획률이 저량의 성장률과 같을 때 생산량을 지속가능생산량(sustainable yield)이라고 한다. 특히 어획률이 저량의 최대성장률과 같을 때 생산량을 최대지속가능생산량(Maximum Sustainable Yield, MSY)이라고 한다. 정태적으로 효율적 지속가능생산량(Efficient Sustainable Yield, ESY)은 비용을 뺀 순편익을 가장 크게 하는 생산량이다. 동태적으로 효율적 지속가능생산량(Efficient Sustainable Yield, ESY)은 할인율이 개입하므로 자원저량이 더 작고 어획량은 더 크게 된다.

## 3. 시장의 자원배분

이제 우리는 정상적이고도 현실적인 곳으로 눈을 돌려 시장은 어떠한 자원배분을 하는지 살펴보고자 한다. 이러한 배분이 앞에서 살펴본 효율성기준과 지속가능성기준을 벗어난다면 정부가 개입하여 이를 교정하는 정책을 고안해야 한다.

먼저 어떤 어장의 관리권 내지 소유권이 단독소유자(예: 수산업협동조합)에 위임되어 있어서 입어자의 수나 어획량을 통제할 수 있다고 가정하자. 이 경우 어장의 소유권이 분명하므로 자신의 이윤을 극대화하는 자원배분을 하려고 할 것이다. 할인율을 무시한다면 한계수입과 한계비용이 같을 때까지 어획노력을 증가시킬 것이다. 이를 앞의 **그림 9-5** 에 대응하는 시장상태를 함께 그려서 다시 생각해보자. **그림 9-6** 에서 어장의 소유자는 $E_3$의 어획노력량을 선택할 것이다. 이러한 선택은 바로 정태적 *ESY*와 일치한다.[65]

**그림 9-6 시장의 수산자원배분**

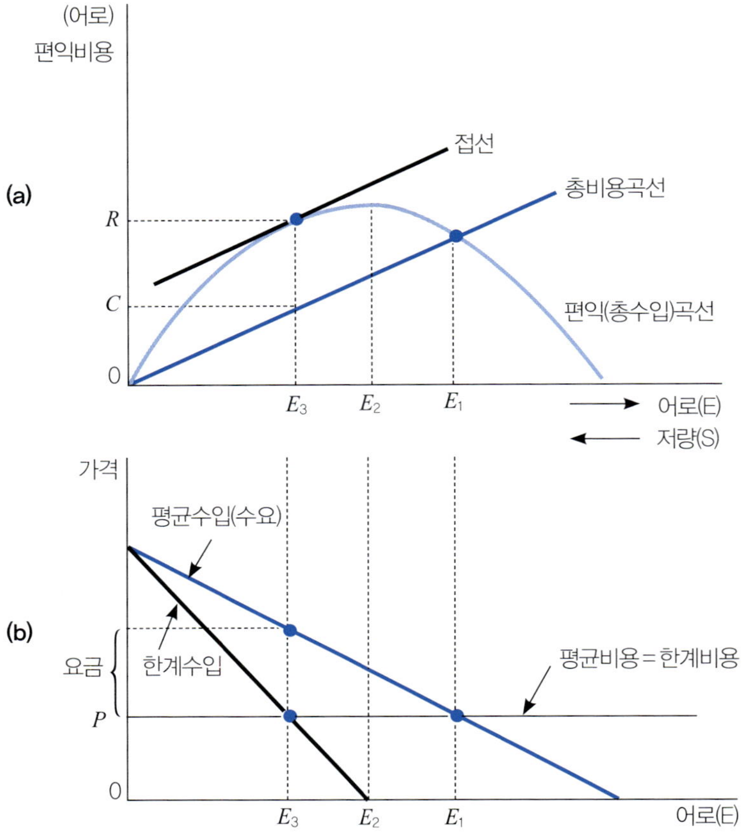


그러나 해양어장의 경우 흔히 소유권이 불분명하기 때문에 누구나 어획을 할 수 있는 공유재산적 성격을 가진다. 이처럼 아무런 제약이 없고 또한 어부가 잡아갈 수 있는 어획량에도 아무런 규제가 없는 경쟁적 개방어장의 경우에는 자원남획을 통해 다른 사람들에게 손실비용을 부과하는 외부효과문제가 발생한다. 구체적으로 보면 자원의 자유이용은 두 가지 외부성을 발생시킨다. 하나는 **현세대외부성**(contemporaneous externality)이고 다른 하나는 **세대간외부성**(intergenerational externality)이다. 현세대외부성은 수산자원의 남획(지나치게 많은 어선, 어부, 어로행위)으로 인해 어로의 보수율이 낮아지는 것을 말하며, 세대간외부성은 수산자원의 남획으로 자원저량이 감소하고 미래의 어획량이 감소하여 미래세대의 이윤이 낮아지는 것을 말하며, 미래세대가 감당하여야 할 손실이다.

다시 **그림 9-6**으로 돌아가서 이러한 외부성들이 어떻게 일어나는지 생각해보기로 한다. 효율적인 수준의 어획량에서 각 어선이 희소성이윤(scarcity rent)과 같은 이윤을 나누어 받을 수 있다. 어류를 판매하여 비용 이상으로 수입을 획득하는 것은 엄밀히 말하면 자연으로부터 획득한 것이므로 이윤이 아니고 경제적 지대(economic rent)이다. 이러한 어업에서의 경제적 지대는 희소성이윤이라고 하며, 수산자원 자체가 갖고 있는 특수성에서 나오기 때문에 수산자원지대(fisheries rent 혹은 resource rent)라고도 한다.

이러한 희소성이윤은 새로운 어부가 참가하는 유인이 된다. 따라서 이러한 초과이윤이 존재하는 한 새로운 어부의 참가에 의한 어획노력이 증가하게 된다. 그 결과는 자원의 남획이며, 그 균형상태는 **그림 9-6**에서 $E_1$의 어획노력량과 그때의 어류가격 $P$로 요약되어 있다. 이때 평균수입과 평균비용이 같아서 초과이윤이 제로이다. 전체어부로 보아서는 $E_3$ 이상으로 어획을 하면 초과이윤이 줄어든다. 그러나 문제는 개인어부로 보아서는 초과이윤이 있는 한 이익이 된다는 것이다. 효율적인 수준에 비해서 과도한 어르행위와 어획량이 현세대외부성을 보여준다. 휴퍼트(D. Huppert, 1990)는 실제 벌링해와 알류산열도에서 이러한 현상이 일어나고 있음을 보여주고 있다.

세대간외부성은 개방어장의 자원저량이 감소하여 미래세대의 이윤이 감소할 때 발생한다. 자원저량이 감소하면 일시적으로 자유어획량이 증가하지만 성장률이 영향을 받아서 정상상태의 이윤수준(steady-state profit level)이 감소하게 된다. 배타적 소유권을 가진 단독소유자는 자원을 가지고 있을 때 자산가치와 사용가치를 균형 있게 관리한다. 개방어장에서처럼 배타성이 상실될 때는 누구도 전유할 수 없으므로 아무도 자산가치를 고려하지 않는다. 단지 사용가치를 극대화한 결과 모든 희소성이윤이 소멸되어 버리는 것이다. 이러한 자원사용의 결과는 할인율이 무한대일 때의 동태적 *ESY*와 동일하다. 일반적으로 개방어장의 균형은 효율성기준과 지속가능성기준을 모두 충족시키지 못한다. 우리는 다음 항에서 이러한 기준들을 충족시키기 위한 수단과 방법들을 살펴볼 것이다.

**정석 사고**

자원의 자유이용은 두 가지 외부성을 발생시킨다. 하나는 현세대외부성(contemporaneous externality)이고 다른 하나는 세대간외부성 (intergenerational externality)이다. 현세대외부성은 수산자원의 남획(지나치게 많은 어선, 어부, 어로행위)으로 인해 어로의 보수율이 낮아지는 것을 말하며, 세대간외부성은 수산자원의 남획으로 자원저량이 감소하고 미래의 어획량이 감소하여 미래세대의 이윤이 낮아지는 것을 말한다. 이러한 외부성으로 인해 개방어장의 시장균형은 효율성기준과 지속가능성기준을 모두 충족시키지 못한다.

# 4. 수산자원정책

이제 우리는 수산자원의 남획으로부터 얻는 이익은 자원저량의 크기가 감소하여 생기는 비용에 의해 결국 없어진다는 것을 보았다. 그런데 문제는 어획량의 증가로 이익을 보는 사람과 자원저량의 크기의 감소로 인해서 생기는 다음 기의 어로비용의 증가를 부담하는 주체가 다르다는 점이다. 아무런 장치가 없는 상황에서 오늘의 자기이익을 희생해서 내일의 다른 사람에게 이익을 주지는 않을 것이므로 개인적 입장에서는 자기비용만 최소화하는 데 관심이 있으며 이것이 자원의 남획을 가져오는 것이다. 이와 같은 자원남용을 막기 위해서는 개인의 도덕심에 호소하기보다는 적절한 규제장치와 유인장치가 필요하다.

## (1) 규제의 종류

자원을 관리하기 위한 규제방법으로 다음 세 가지를 들 수 있다. 첫째, 어획금지기를 설정하는 등의 방법으로 대상어종에 직접적으로 영향을 미치도록 규제하는 것이다. 이 경우의 문제에서 중요한 차원은 비용 차원인데, 어획금지기를 둘 경우 어획허용기간 동안 집중적으로 포획된다는 점이 있고, 작은 어선 대신 거대한 어선과 장비가 동원되어 포획된다는 점을 고려한다면 비효율적일 수 있다.

둘째, 세금을 통하여 어획노력 등의 투입량에 영향을 주어서 목적을 달성하는 것이다. 어획노력에 대한 세금이 어획비용을 높이지만 사회로 보면 단순한 이전비용(transfer costs)이며 실제자원비용(real-resource costs)은 아니다. 따라서 첫 번째 규제방법보다 더 효율적일 수 있다.

셋째, 어획량을 제한하는 한편 세금으로 정부가 가져가는 이윤(rent)을 어부가 가지도록 하는 규제방식이 있다. 이를 흔히 쿼터제(quotas)라고 부르는데 개인 간 이전이 가능하면 **전매쿼터제**(individual transferable quotas)라고 한다. 전매쿼터제가 중요한 이유는 그것이 효율적인 쿼터제라는 것이다. 효율적인 쿼터제의 특징을 열거해보면 다음과 같다.

① 쿼터는 쿼터소유자에게 구체적인 대상어종과 어획가능량을 명시하고 어획할 수 있는 권리를 주는 것이다.

② 쿼터에 의해 어획되는 총량은 효율적인 어획수준과 같아야 한다.

③ 쿼터는 어부 개인 간 자유롭게 이전될 수 있어야 한다.

첫 번째 특징은 만일 쿼터가 어선의 소유와 사용에 대한 권리로 명시된다면 누구나 보다 더 큰 어선을 가지려고 할 것이므로 어획량을 효율적인 수준으르 규제할 수 없게 된다. 두 번째 특징은 먼저 효율적인 총량수준을 결정한다는 의미이며 세 번째 특징은 가장 중요하므로 더 자세히 살펴볼 필요가 있다. 전매가 가능하다는 것은 쿼터시장에서 편익을 가장 많이 얻는 어부들, 기술혁신을 통해 비용을 낮출 수 있는 어부들부터 구입한다는 의미이다. 따라서 효율적인 어획이 가능하다.

## (2) 양식과 재산권부여

어장이 공유재산이라는 특징 때문에 수산자원의 남획이 발생한다고 하였는데 만일 사적으로 소유하도록 할 수 있다면 문제는 해결될 수 있다. 이러한 접근은 수산자원이 이동할 수 없을 때 가능하다. 즉 인위적인 벽이나 장소를 만들어 이동을 못 하게 하고 그것에 대한 사적 소유를 인정하는 것이다. 이러한 방식으로 수산자원을 기르고 어획하는 것을 **양식**(aquaculture)이라고 부른다.

한편 특정 어장에서의 재산권을 수협이나 어촌계와 같은 단체에 위탁하여 자발적으로 소속 어민을 규제하여 사회후생을 극대화하는 방향으로 어장을 관리하는 방법을 들 수 있다. **그림 9-6**에서 어장이용에 일정한 요금을 내도록 하는 방법을 생각할 수 있다. 개인에게는 한계비용에 요금이 더해져서 실제 한계비용이 높아진 것과 동일하기 때문에, 그림의 효율적인 어획량 $E_3$를 달성할 수 있다. 물론 경영성과는 의사결정체계와 어장유지관리비용부담의 형평성 등에 따라 달라질 수 있다.

**정석 사고**

수산자원의 규제정책으로는 어획금지기를 설정하는 방식, 어획노력에 대한 세금부과방식, 개인 간 이전이 가능한 전매쿼터제(individual transferable quotas)방식이 있다. 또 다른 방식은 사적 소유가 가능한 양식의 경우 재산권을 설정하는 방식이 있다.

## 연습문제

**1.** 다음 보기를 읽고 빈칸에 적절한 말을 넣으세요.

> **보기**
>
> 롤스적 정의관에 입각한 자원배분기준은 자원사용의 (　　　)이다. 이 기준의 현실적 어려움으로 사용되는 (　　　)은 모든 희소성이윤이 자본에 투자된다면 소비수준은 고갈되지 않고 영원히 일정하게 유지될 수 있다는 것이다. 시간이 경과해도 자연자본의 가치가 줄지 않으면 (　　　)기준을 충족시킨다고 말하며, 물적자본이 자연자본을 대체할 수 있다고 하면 이 두 자본의 합의 총가치가 감소하지 않으면 (　　　)기준을 충족시킨다고 말한다.

**정석힌트** 지속가능성기준(sustainability criterion), 하트위크 규칙, 강지속가능성(strong sustainability), 약지속가능성(weak sustainability)

**2.** 다음 보기를 읽고 빈칸에 적절한 말을 넣으세요.

> **보기**
>
> 자원의 자유이용은 두 가지 외부성을 발생시킨다. 하나는 (　　　)이고 다른 하나는 (　　　)이다. 전자는 수산자원의 남획(지나치게 많은 어선, 어부, 어로행위)으로 인해 어로의 보수율이 낮아지는 것을 말하며, 후자는 수산자원의 남획으로 자원저량이 감소하고 미래의 어획량이 감소하여 미래세대의 이윤이 낮아지는 것을 말한다. 이러한 외부성으로 인해 개방어장의 시장균형은 (　　　)과 (　　　)을 모두 충족시키지 못한다.

**정석힌트** 현세대외부성(contemporaneous externality), 세대간외부성 (intergenerational externality), 효율성기준, 지속가능성기준

**3.** 수산자원의 규제정책에 대하여 설명하세요.

**정석힌트** 수산자원의 규제정책으로는 어획금지기를 설정하는 방식, 어획노력에 대한 세금부과 방식, 개인 간 이전이 가능한 전매쿼터제(individual transferable quotas)방식이 있다. 또 다른 방식은 사적 소유가 가능한 양식의 경우 재산권을 설정하는 방식이 있다.

# 제4편 환경의 국제경제학

# 제10장 성장과 빈곤, 환경

앞의 여러 절에서 우리는 개별적인 환경자원과 자연자원문제와 정책방안을 살펴보는 데 많은 시간을 보냈다. 일반적으로 말해서 해결방안은 존재하지만 우리의 경제와 정치체계는 아직 방향을 잡지 못하고 있는 점도 많다. 우리의 다음 과제는 세계적 경제체계와 다음 세대가 직면할 도전과 과제를 살펴보려고 한다. 다음 세대가 직면할 도전 중 가장 중요하다고 생각되는 것은 환경을 위태롭게 하지 않고 자원을 고갈시키지 않으면서 세계적 빈곤을 해결하는 방법을 찾는 것이다.

빈곤은 환경문제를 일으키는 중요한 원인의 하나이다. 고소득을 누리는 국가들의 산업도시들보다 저소득 국가들의 중요한 산업도시들이 공해 등의 환경문제를 더 많이 가지고 있다. 이러한 현상은 생활수준이 어느 정도 향상될 때까지는 환경문제를 해결할 효율적인 방안을 찾기 어렵다는 것을 말해주기도 한다. 전통적으로 빈곤은 경제개발을 통해 해결하여 왔다. 그리고 경제개발을 위한 정책들은 경제성장을 위한 것과 동일시되어 왔다. 물론 엄밀히 말해서 경제개발과 경제성장은 같을 수 없다. 우리가 1장에서 본 것처럼 〈성장의 한계〉와 〈한계를 넘어서〉 속의 견해는 경제성장이 해결방안이 아니라

# 제10장 성장과 빈곤, 환경

문제를 일으키는 원인이라는 것이다. 반대로 사이먼(J. Simon)의 견해는 경제성장이 미래세대의 복지와 후생을 증대시키는 중요한 수단이라는 것이다. 어느 견해가 타당한지 살펴보기 위해 전통적으로 사용되는 경제성장모형의 타당성을 검토할 필요가 있다.

이 장에서는 우선 무엇이 경제성장을 가져오는지 살펴볼 것이다. 또한 반대로 경제성장이 둔화된다면 무엇이 그 원인인지도 살펴볼 것이다. 다음으로 경제성장은 경제개발을 의미할 수 있는지 여러 측정 가능한 지표를 가지고 논의할 것이다. 그리고 선진국들의 경험을 통해서 경제성장과 빈곤은 경제성장으로 인한 시장경제의 발전보다 경제성장에 따른 소득이전능력과 의지에 의존함을 설명할 것이다. 마지막으로 시장경제체계의 자원배분의 효율성이 지속가능성을 보장할 수 있는지 여러 지속가능 후생시나리오와 함께 살펴볼 것이다.

**이 장에서 배울 것**

- 경제성장의 원인은 무엇일까?
- 경제성장 둔화의 원인은 무엇일까?
- 경제성장과 경제개발은 어떻게 다를까?
- 경제성장은 빈곤을 해결할까?
- 수렴가설은 무엇일까?
- 지속가능성장으로 환경문제가 해결될까?

# 제1절 경제성장

## 1. 경제성장의 원인

전통적인 경제성장모형에서 알려진 사실은 노동, 자본, 자원과 같은 생산요소가 양적으로 증대하거나 기술혁신을 통해 생산성이 증가할 때 경제가 성장한다는 것이다. 생산요소가 증가하여 경제가 성장할 때 지배하는 두 가지 법칙이 있다. 하나는 **규모의 경제**(economies of scale)이고 다른 하나는 **수확체감의 법칙**(the law of diminishing returns)이다. 규모의 경제는 모든 생산요소들이 같은 비율로 증가할 때 생산량이 증가하는 정도를 지배하는 법칙이다. 수확체감의 법칙은 어떤 하나의 생산요소가 증가하는 반면 다른 요소들이 고정되어 있을 때 생산량이 증가하는 정도를 지배하는 법칙이다. 일반적으로 규모의 경제는 장기적인 법칙이고 수확체감의 법칙은 단기적인 법칙이다. 이러한 두 가지 법칙이 지배하는 생산관계에서 경제성장의 정도를 설명할 수 있다.

한편 생산요소의 증가 없이 기술혁신을 통해 경제성장을 가져올 수 있다. 기술혁신은 생산요소를 보다 효율적으로 사용한다는 의미이다. 새로운 기술로 훨씬 적은 에너지와 자원을 사용하여 상품을 생산하기 때문에 생산성의 증가를 통해 경제성장을 가져온다.

예를 들어 무인도에 표류한 로빈슨 크루소의 상황을 생각해보자. 단순화를 위해 로빈슨 크루소가 생활수준을 향상시키는 방법은 맛있는 물고기를 많이 잡는 것과 관련이 있다고 하자. 어떻게 물고기를 많이 잡는가의 문제는 생산성과 관련된 문제이다. 생산성을 높이는 문제는 근력을 키우는 방법, 낚싯대의 수를 늘리는 방법, 물고기를 잡는 기술을 익히는 방법, 물고기가 어디에 많이 있는가를 아는 지식과 물고기가 많이 몰리는 자연환경 등이 영향을 미친다고 할 수 있다. 그림 10-1 은 이러한 요인들을 정리하여 요약하고 있다.

**그림 10-1 무인도경제의 경제성장요인**

로빈슨 크루소의 삶의 수준의 결정요인

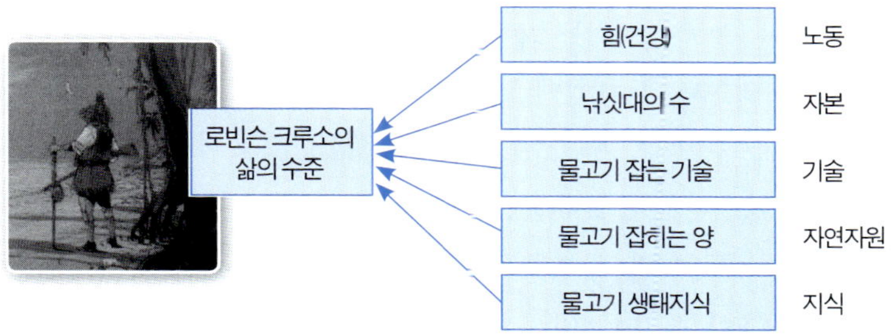


**정석 사고**

경제성장을 가능케 하는 요인은 노동, 자본, 자원과 같은 생산요소가 양적으로 증대하거나 기술혁신을 통해 생산성이 증가하는 것이다. 홀로 사는 무인도경제를 상상할 때 경제성장의 요인은 노동, 자본, 기술, 자연자원, 지식이다.

## 2. 경제성장의 둔화

생산요소의 증가와 기술혁신이 경제성장의 주요한 원인이라면 경제성장을 둔화시키거나 후퇴시키는 요인도 여기서부터 찾아야 할 것이다. 대부분의 국가에서 인구증가가 둔화되거나 감소되었다. 이는 바로 노동이라는 생산요소를 감소시켜서 경제성장을 둔화시킨다. 그리고 자원가격의 상승이 자원사용에 제약요인이 되고 있다. 그러나 자본형성(capital formation)은 노동이나 자원을 대체할 새로운 기계와 장비를 만들어 생산성을 증가시키고 이를 통해 경제성장에 기여하여 왔다. 이러한 자본이 계속적인 경제성장을 가져올 수 있는가 하는 물음에 대한 대답은 한계를 가지는 다른 생산요소들과의 대체 정도에 달려 있다.[66]

### (1) 자본의 대체가능성

먼저 노동과 자본의 대체가능성을 짐작해 보면 대부분의 연구들은 강한 대체성을 가지고 있다고 본다. 그리하여 인구가 감소하더라도 자본으로 대체하는 것이 가능하다면 경제성장에 제약요인이 되지는 않는다. 한편 자본과 자원의 대체가능성을 보면 여러 연구들이

상이한 결론을 내리고 있다. 예를 들면 브라운과 필드(G. Jr. Brown and B. Field, 1979)는 대체가 쉬워서 대체탄력성이 1보다 크다는 것을 발견하였고, 험프리와 모로니(D. B. Humphrey and J. R. Moroney, 1975)는 대체가 어려워 대체탄력성이 1보다 작다는 것을 발견하였다.[67] 이러한 연구들에 비추어볼 때 그 대체가능성은 산업의 특성에 따라 결정된다고 여겨진다. 그런데 자본과 에너지 간의 대체가능성을 보면 더욱 복잡하다고 할 수 있다.

번트와 우드(E. R. Bernt and D. Wood, 1975)는 자본과 에너지가 대체재가 아니라 보완재라는 것을 발견하였다.[68] 따라서 자본과 에너지는 함께 노동과 다른 자원을 대체하여왔다고 할 수 있다. 일상생활의 주변에서 자주 볼 수 있는 기계와 장비들(예: 트랙터, 비행기 등)을 생각해 보면 당연한 사실이다. 물론 자본과 에너지가 미래에도 계속 보완재로 남아있다는 것을 의미하지는 않는다. 예를 들면 지구온난화를 방지하기 위해서 화석연료에너지의 사용을 줄여야 하므로 보완관계에 있는 자본의 형성도 감소하여야 한다. 그러나 에너지 절약형 장비와 컴퓨터식 냉난방설비 등이 이미 생산되므로 에너지 대체도 어느 정도 가능하다고 할 수 있다.

역사적 경험을 통하여 볼 때 에너지와 자본이 보완재였으므로 자원가격의 상승은 자본형성을 저해한다. 동시에 에너지와 노동이 대체재이므로 에너지가격의 상승으로 노동의 사용이 증가할 것이다. 이것은 다시 노동의 평균생산성을 저하시킨다. 이러한 사실은 1973~1974년 동안 일어난 석유위기 시 경험한 현상이다(D. W. Jorgenson, 1981).[69] 그리고 에너지가격의 상승은 기술혁신을 저해한다. 단기적으로 자본은 고정요소로서 에너지대비 비율이 어느 정도 고정되어 있다. 이때 에너지 가격이 극적으로 상승하면 기존 자본스톡의 이용을 줄여서 총요소생산성이 하락하게 된다(E. R. Bernt and D. Wood, 1987).[70]

### (2) 자본의 생산성

공해가 증가함에 따라 공해를 줄이기 위해 사용될 자원량도 증가한다. 공해방지를 위해 새로운 기계와 장비지출이 증가하게 된다는 의미이다. 보통 투자를 늘리면 상품의 생산량이 증가하지만 이 경우 더 깨끗한 환경을 생산할 뿐이다. 이러한 환경생산에 대한 가치는 기존의 생산가치에 반영되지 않으므로 경제성장이 둔화되는 것으로 나타난다.

환경을 규제하는 경제체계에서는 기존의 자본스톡에 대한 이윤율이 새로운 자본증가, 즉 신투자에 비해 상대적으로 높다. 이러한 신투자편기(new investment bias)현상이 기술혁신을 느리게 하는 요인이 되기도 한다. 대부분의 기술혁신이 새로운 생산설비들에 체화되어 나타나므로 환경규제로 인한 신투자편기는 새로운 설비를 줄여서 기술혁신을 방해하는 요인이 된다.

**정석 사고**

경제성장을 둔화시키거나 후퇴시키는 요인은 인구의 감소, 자본가격의 상승인데, 노동과 자본의 대체 정도, 자본의 생산성에 따라 그 영향이 달라진다.

## 제2절 경제성장과 경제개발



댈리와 코브(H. E. Daly and J. B. Jr. Cobb, 1989)에 따르면 개발은 복지의 질적 증대이며, 성장은 재화와 서비스 생산량의 물질적 증가현상을 말한다. 경제성장은 경제개발을 위한 수단이 되어 왔는가? 이러한 물음에 대한 답을 찾기는 지극히 어렵지만 성장 그 자체의 의미를 다시 생각해봄으로써 개발과의 관계를 모색할 수 있을지 모른다.

진정한 개발의 측정은 우리가 더 낫다고 느낄 때 측정치가 올라가는 바로미터(barometer)가 되어야 한다. 그러한 추정치를 **후생측정치**(welfare measure)라고 부른다. 불행히도 우리는 현재 상품과 서비스가 얼마나 많이 생산되었는지를 보는 생산량측정치(output measure)밖에 가지고 있지 않다. 경제성장을 측정하는 가장 간단한 측정치가 국내총생산(GDP)이다. 개념적으로 이것은 최종생산물이 팔릴 때까지 생산과정의 각 부문에서의 부가가치를 합계한 것과 같다. 이 경우 최초로 투입되는 원료들은 부가가치가 없는 것으로 본다. 당연히 GDP는 진정한 후생측정치가 아니며, 게다가 한 가지 큰 결함은 마모된 기계를 대체하는 새로운 기계의 가치가 총생산의 가치에 더해지는 것이다. 이러한 후생측정의 결함을 수정하기 위해 사용되는 것이 순국내생산(NDP)의 개념이다. 이것은 국내총생산에서 감가상각분을 뺀 가치총액을 말한다.[71)]

NDP와 GDP는 인플레이션의 영향을 받는다는 결함을 가지고 있다. 상품과 서비스의 생산량이 변하지 않더라도 가격이 두 배가 되면 이러한 측정치들도 두 배가 된다. 이러한 결함을 해결하는 방법으로 불변가격 GDP와 NDP를 계산할 수 있지만 여전히 진정한 후생을 나타내는 지표는 아니다. GDP 구성요소중 소비자들의 후생을 반영하는 항목이 있다면 그것은 소비인데, 소비를 인구수로 나누어 얻는 1인당 실질소비(real consumption per capita)가 후생을 반영하는 생산량측정치에 가장 가깝다. 물론 이것도 완전한 후생지표는 되지 않으며, 소득증가에 의한 경제성장과 토양, 대기, 물과 같은 자연자본의 감가에 의한 경제성장을 구분하지 못한다.

힉스(J. R. Hicks, 1947)에 의한 전통적인 소득의 정의에 따르면 다음과 같다.[72)]

> "일상생활에서 소득계산의 목적은 사람들에게 자신들이 가난해지지 않으면서 그들이 소비할 수 있는 최대금액의 지표를 제공하는 것이다. 이러한 생각을 따르면 한 사람의 소득은 그가 처음에 누렸던 후생만큼 그 주일의 끝에서도 누릴 수 있으면서 일주일 동안 소비할 수 있는 최대한의 가치로 정의되어야 한다."

이 말은 미래소득의 감소 없이 소비할 수 있는 최대한의 소득을 말하며, 자본의 감소 없이 얻을 수 있는 최대의 소득을 의미하기도 한다. 이러한 개념으로 볼 때 건물, 교량과 같은 인조자본이 마모되어 대체투자를 하는 것은 소득으로 보지 말아야 한다. 그리고 토양과 산림 등의 자연자본에 대해서 이미 존재하는 자연자본을 현금화하는 개발전략과 자연자본을 감가시키지 않는 개발전략은 구분되어야 한다. 토양을 척박하게 하고 산림을 훼손하여 얻는 개발이익은 소득으로 보기보다는 자연자본의 감소로 보아야 하기 때문이다.

몇몇 연구들은 1인당 실질소비를 적절히 조정하여 후생지표에 가깝도록 만드는 데 노력을 경주하여 왔다. 그중 환경적 측면의 문제점을 개선시키기 위한 처음의 시도가 노드하우스와 토빈(W. Nordhaus and J. Tobin, 1972)의 연구에 의해 이루어졌다. 하나의 조정으로써 공해에 의한 환경오염을 고려하였는데, 그 방법은 도시와 농촌의 가족 간 소득격차를 환경오염의 화폐가치로 보고 그것을 실질소비지출액에서 차감하였다. 또한 회사에 출퇴근하기 위해 소비하는 교통비용을 제외하고 여가시간과 가사생산활동을 시장임금으로 환산하여 소득에 포함시켰다. 마지막 조정항목으로서 개인소비지출액에 정부서비스의 가치를 포함시켰다. 이러한 일련의 조정을 거쳐 만들어진 후생지표를 **경제후생측정치**(Measure of Economic Welfare, MEW)라고 부른다. 노드하우스와 토빈은 1929~1965년 동안 미국의 1인당 MEW의 성장률을 추산하였는데 연평균 42%로 나타나서 같은 기간의 1인당 실질NDP 성장률 87.5%에 비해 훨씬 낮았다.

1980년대 들어와서 보다 진전된 방법으로 환경적 측면의 문제점을 개선시킨 녹색GDP를 추계한 많은 연구들이 있다. 어셔(Usher, 1980), 졸로타스(Zolotas, 1989), 레페토

(Repetto, 1989), 댈리와 코브(H. Daly and J. Cobb, 1989) 등의 연구들이 그러한 예이다. 이 중 댈리와 코브는 **지속적 경제후생지표**(Index of Sustainable Economic Welfare, ISEW)라는 개념을 연구하였다.[73] ISEW는 GDP에서 교통혼잡비용, 각종 환경오염과 자원고갈비용, 건강과 교육을 위한 예방적 지출을 가감하여 만든 일종의 후생지표이다. 댈리와 코브는 미국의 1인당 후생이 1951~1986년 기간 동안 20% 상승하였으나 1970~1980년 동안 오히려 감소하기 시작했다고 주장한다. 이러한 증거가 사실이라면 경제성장이 1인당 후생을 증가시키다가 최근에 와서는 환경악화에 따라 오히려 1인당 후생을 감소시키고 있다는 것이다.

앞에서 언급한 모든 지표들은 평균개념에 초점을 맞추어 후생을 측정하고 있다. 이러한 문제를 극복하기 위해 1990년 유엔개발계획(UNDP)은 **인간개발지수**(Human Development Index, HDI)라는 것을 개발하였는데, 그 중요한 구성요소는 생활수준, 건강, 지식 등이다. 지수화 할 때 생활수준은 1인당 국민소득, 건강은 평균수명, 지식은 교육수준으로 측정한다. 유엔개발계획(UNDP)은 1990년부터 각국의 HDI를 분석하여 〈인간개발보고서〉를 발간하는데, HDI 값이 0.8 이하인 국가를 개도국, 그 이상인 국가를 선진국으로 분류했다. 한국은 그 값이 0.901(2015년 기준)로 선진국에 해당한다. 1인당 국민소득과 인간개발은 소득이 어디에 사용되는가에 따라 서로 달라질 수 있다. 그렇지만 여전히 소득이 인간개발을 가져오는 중요한 결정요소라고 볼 수 있다.

**정석 사고**

경제성장을 넘어서 진정한 경제개발의 측정은 생산량이 아니라 바로 우리의 행복을 측정하는 후생측정치(welfare measure)이다. 생산량지표에 환경오염, 교통비용을 빼고 가사활동, 정부서비스가치를 더한 경제후생측정치(Measure of Economic Welfare, MEW)가 있고, GDP에서 교통혼잡비용, 각종 환경오염과 자원고갈비용, 건강과 교육을 위한 예방적 지출을 가감하여 만든 지속적 경제후생지표(Index of Sustainable Economic Welfare, ISEW)가 있으며, 생활수준, 건강, 지식을 평균한 유엔개발계획(UNDP)의 인간개발지수(Human Development Index, HDI)가 있다.

# 제3절 경제성장과 빈곤

1인당 후생이 동일하게 성장하고 있는 두 사회에서조차 사람들이 동일하게 느낀다고 볼 수는 없을 것이다. 경제성장이 그 사회의 평균적인 사람들을 잘 살게 해왔지만 가난한 사람들이 공평하게 부를 분배받았는가 하는 것은 완전히 다른 문제이다.

성장은 가난한 사람들을 두 가지 방식으로 도울 수 있다. 하나는 소득을 벌 수 있는 기회를 더 많이 제공할 수 있는 것이고, 다른 하나는 전체의 소득이 커짐에 따라 소득을 이전하기가 더 쉽다는 것이다. 선진국들의 배경을 보면 경제가 성장하는 기간 동안 빈곤의 정도가 낮았다. 물론 정부가 소득이전정책을 실시하지 않았다면 빈곤은 더 큰 문제가 되었을 것이다. 따라서 경제성장과 빈곤은 시장보다 소득이전능력과 의지에 따라 그 관계가 결정된다.

개발도상국들은 전통적인 경제성장모형을 따라 선진국의 경험전략을 그대로 모방하여 발전할 수 있는가? 그리하여 빈곤을 퇴치할 수 있는가? 불행히도 그렇지 않은 것 같다. 그 이유는 다음 몇 가지로 요약할 수 있다.[74)]

첫째, 전통적인 성장모형이 빈곤을 없애기 위한 경제활동들의 생태계적 효과를 무시하고 있다. 예를 들면 새로운 산업을 부흥시키기 위해 에너지 소비를 증가시키면 그린하우스 가스가 발생하게 된다. 과거 선진국들은 아무 비용 없이 대기에 이러한 가스를 방출해왔다. 그러나 개도국은 이제 비용을 부담하면서 가스를 방출해야 한다. 왜냐하면 대기자정능력의 한계 내에 방출할 수 있는 공간이 얼마 남지 않았기 때문이다.

둘째, 선진국의 경험에 비추어 볼 때 개발초기단계에는 노동집약적인 생산형태를 취하였다. 그리고 현재 개도국의 인구증가율은 선진국에 비해 확실히 높다. 그러나 이러한 인구성장은 자연자본의 저량을 급속히 감소시키고 있다. 즉 토지와 산림을 황폐화시키고 있다. 이러한 현상은 인간의 기본욕구를 충족시키기보다 오히려 파괴하는 것이다.

셋째, 개도국이 발전하는 데 선진국들의 무역정책이 오히려 방해가 되고 있다. 물론 이러한 방해는 인위적인 정책의 결과보다는 국제시장의 자연적인 결과라고 볼 수도 있다. 선진국이 수입대체품을 개발할 능력을 가지고 있고 선진국의 경제성장률이 낮아졌기 때문에 과거의 선진국처럼 국제시장의 수요가 무한하지 않다.

넷째, 개도국들은 과거 선진국들이 황금을 캔 것과는 달리 자본을 빌려서 개발하는 관계로 많은 채무를 안고 있다. 그리고 한때 고금리 시대에는 채무를 갚기 위해 많은 외환을 소진해버렸다. 이러한 외환은 빈곤을 퇴치하기 위한 수입을 지원하도록 사용되어야 하는데 그 기회를 박탈당한 것이다. 〈이코노미스트(*Economist*)〉에 따르면 대부분의 채무국가들은 GDP 대비 투자비율이 상당히 낮아졌다고 말한다. 특히 아르헨티나와 베네수엘라 등 남미국가들에서 이러한 현상이 뚜렷하게 나타난다. 이렇게 투자가 낮아짐으로써 성장이 둔화되고 채무를 갚을 능력을 잃게 되는 것이다.

가난한 나라들은 부유한 나라들을 추격해서 삶의 수준을 높일 수 있을까? 이에 대한 답으로 수렴가설이라는 것이 있다. **수렴가설**(convergence hypothesis)이란 부유한 나라보다는 가난한 나라의 생산성증가율이 높기 때문에 가난한 나라는 부유한 나라와의 격차를 좁혀 추격하게 된다는 것이다.[75] 이러한 추격현상이 발생하는 이유를 다음과 같이 설명할 수 있다.

첫째, 가난한 나라에서는 낮은 교육수준이 매우 빠르게 높아질 수 있다. 장기적으로 수렴현상을 기대하는 이유는 과학지식과 경영노하우가 전 세계로 퍼져나가면서 생산성이 낮은 나라가 쉽게 학습할 수 있기 때문이다.

둘째, 새로운 첨단기술을 개발하는 혁신보다 모방이나 채택을 통해서 기술이 앞선 선진국의 기술을 수용하는 것만으로 생산성을 높일 수 있다. 모방을 하면 창조하는 것보다 따라잡기가 더 수월하다.

셋째, 인터넷과 같은 커뮤니케이션 수단이 기술과 정보의 확산을 보다 빠르게 하고 있다. 최근에 인간 유전자 및 줄기세포 연구성과나 경제학 관련 최신 논문도 실시간으로 전 세계 연구자들에게 빠르게 전달되고 있다.

**그림 10-2** 는 수렴가설에 따른 가난한 나라들의 추격현상이 이루어지는 경우와 그렇지 않은 경우를 보여주고 있다. (a)에서 국가별 위치가 우하향하는 직선에 가까울수록 추격현상이 존재한다. 공업화한 산업국가 내에서 1960년대 1인당 실질GDP가 낮은 나라들은 1960~2000년 동안 연평균성장률이 상대적으로 높았음을 알 수 있다. 그러나 (b)에서 보듯이 나이지리아, 중앙아프리카와 같은 후진국을 포함한 모든 국가를 대상으로 할 때에는 추격현상이 뚜렷하지 않다는 것을 알 수 있다. 따라서 경제가 발전하여 선진국에 추격할 수 있는지의 여부는 각 나라마다 다르게 나타난다고 할 수 있다.

**그림 10-2** **경제의 추격현상**

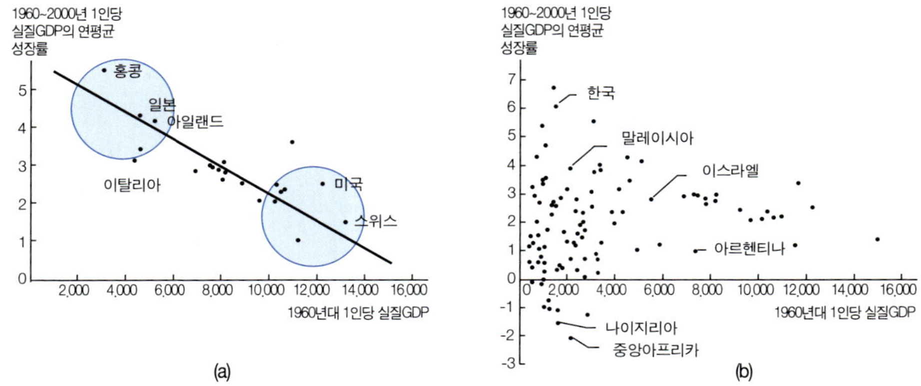


어쨌든 여러 증거로 보아 성장과 발전이 모든 문제를 해결하지는 못하지만 발전과 성장이 없는 사회보다는 나은 것으로 여겨진다. 그리고 선진국의 과거 성장모형이 현재 개도국의 성장모형에 적합한지 의문의 여지가 있다. 산업혁명 이래 환경이 너무나 많이 변화했기 때문이다. 다음 절에서는 변화하는 환경에 적합한 접근법을 찾아보고자 한다.

**정석 사고**

경제성장은 가난한 사람들을 두 가지 방식으로 도울 수 있다. 하나는 소득을 벌 수 있는 기회를 더 많이 제공할 수 있는 것이고, 다른 하나는 전체의 소득이 커짐에 따라 소득을 이전하기가 더 쉽다는 것이다. 따라서 빈곤은 기회의 제공과 소득이전능력과 의지에 의존한다. 가난한 나라들이 부유한 나라들을 추격해서 삶의 수준을 높일 수 있는지는 역사적 증거를 볼 때 나라마다 다르며, 주로 선진국과 개도국에 그 추격현상이 뚜렷하다.

**정석 사례연구** [76)]

생산요소는 토지, 노동, 자본이다. 토지라는 용어는 자연이 제공하는 모든 기회와 힘을 의미한다. 노동이라는 용어는 모든 인적 노력을 의미한다. 자본이라는 용어는 더 많은 부를 생산하기 위해 사용하는 모든 부를 의미한다. 총생산물은 이 세 가지 요소에 대한 대가로 모두 분배된다. 자연적 기회의 사용에 대한 대가로 토지소유자에게 지불되는 부분을 지대라고 한다. 인적 노력에 대한 대가가 되는 부분을 임금이라고 한다. 자본의 사용에 대한 대가가 되는 부분을 이자라고 한다. 이 세 용어는 상호 배타적이다. 어느 개인의 소득은 이 중 어느 하나 또는 둘 또는 세 가지 모두로 이루어진다.

현대경제학에서는 국부를 지대, 임금, 이자가 아니라 지대, 임금, 이윤으로 나누고 있다. 여기서 말하는 이윤은 위험부담에 대한 보상, 기업관리에 대한 임금(자기노동의 임금), 자기자본

사용에 대한 대가(이자)라는 세 부분으로 구성된다. 따라서 이윤의 범주에는 여러 잡곡들이 들어가서 부의 분배원칙에 혼동을 일으키게 하고 있다. 부를 지대, 임금, 이윤으로 나누는 것은 마치 인류가 남자, 여자, 인간으로 나누어진다고 하는 것과 같다.

## 제4절 지속가능발전과 환경

새 환경경제학

1992년 6월 리오 데 자네이로(Rio de Janeiro)에서 178개국이 참가한 지구정상회담(Earth Summit)이 있었다. 이 환경회의의 핵심주제가 지속가능발전(Sustainable Development)에 관한 것이었다. 지속가능발전의 개념은 UN의 〈브룬트란드 보고서(*Brundtland Report*)〉(1987)에 의해 처음 제시되었다.

> "지속가능발전은 미래세대가 자신들의 필요를 충족시킬 능력을 손상시키지 않고 현재세대의 필요를 충족시키는 발전이다."

그러나 이 개념은 여전히 연구되고 있는 과정에 있기 때문에 이것이 유일한 정의는 아니다.

만일 우리가 그 사회의 평균적인 의미의 대표소비자가 가질 수 있는 후생의 장기적인 추세를 여러 경로를 고려하여 그려본다면 **그림 10-3**과 같다.[77] 그림에서 수평축은 역사적인 시간의 흐름 ($t^*$는 현재시점), 수직축은 1인당 후생을 나타낸다.

제1편
제2편
제3편
제4편

**그림 10-3** **후생경로 시나리오**

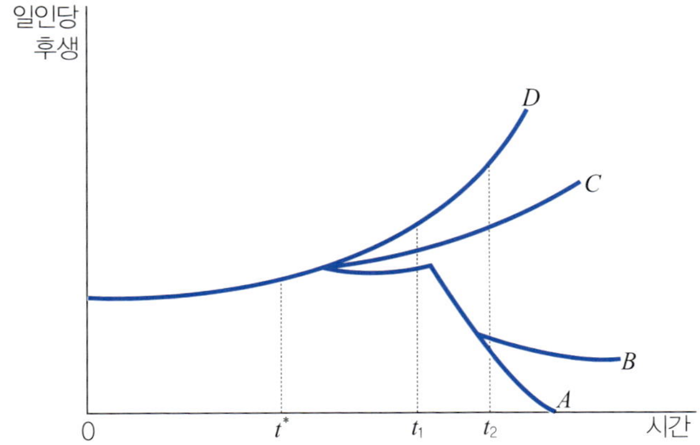


먼저 경로 $D$는 지수적 성장경로를 나타낸다. 이 경로 상에서는 후생수준뿐만 아니라 후생의 성장률도 지속가능하다. 그리고 현재세대가 가장 가난하므로 미래세대에 대해서는 전혀 염려할 필요가 없다. 경로 $C$에서는 성장률이 감소하여 후생수준이 정상상태에 있다. 이 경우 현재의 후생수준은 지속가능하지만 후생의 성장률은 지속가능하지 않다. 각 세대의 후생수준이 지속가능하므로 인위적인 규제나 정책이 필요하지 않다. 경로 $B$는 정상상태로 가다가 $t_1$과 $t_2$ 사이의 세대에서는 후생수준이 악화되는 시나리오이며, 〈성장의 한계〉의 저자들이 예견한 시나리오와 같다. 이 경로 상에서는 후생수준과 성장률 모두 지속가능하지 않다. 경로 $A$는 유일한 지속가능한 1인당 후생수준이 제로이다.

이상의 시나리오에서 우리는 지속가능성에서 다음 세 가지 사실이 중요하다는 것을 알 수 있다.

① 제로가 아닌 후생의 지속가능수준이 존재할 수 있는지의 여부가 중요하다.
② 현재 후생수준과 비교한 최종 후생의 지속가능수준의 크기가 중요하다.
③ 이전세대의 행위에 대해서 미래의 후생수준이 반응하는 정도가 중요하다.

첫 번째 사실로부터 제로가 아닌 후생의 지속가능수준이 가능하다면 경로 $A$가 제거될 수 있다. 두 번째 사실에서 최종적으로 갖는 후생수준이 현재보다 커야 한다면 경로 $B$도 제거될 수 있다. 세 번째 사실에서 현재세대의 행위로 최종 지속가능 후생수준이 나빠지는지 좋아지는지를 판단할 수 있다.

현실에서 볼 때 태양에너지와 같은 재생가능자원이 존재하기 때문에 제로가 아닌 지속가능 후생수준이 존재한다고 말할 수 있다. 그러므로 경로 *A*는 가능하지 않다. 그리고 경로 *B*가 현실에서 가능하지만 성장이 느린 것이 자연현상이며 태양에너지 등이 풍부하다는 사실을 고려하면 경로 *C*가 가장 그럴 듯한 경로인 것으로 여겨진다. 지속가능성의 세 번째 중요한 사실은 우리 현재세대가 어떻게 행동하는가에 따라 미래세대의 지속가능 후생수준에 영향을 미칠 수 있다는 것을 말해준다. 따라서 우리는 자원이 미래세대에게 많은 편익을 주도록 자본을 축적해야 할 것이다. 그러나 건물과 기계 등의 물적자본은 영구히 남아있지 못한다. 그러므로 미래세대까지 가장 오래 지속하는 자본은 사람에게 투자하는 인적자본이다. 교육을 받고 지식을 가지는 인간은 유한하지만 그 사고와 지식은 영원할 수 있기 때문이다. 이제 남은 문제는 우리의 경제체계가 이러한 지속가능 후생수준을 보장하는 성장경로를 자동적으로 선택할 것인지의 여부이다.[78]

### (1) 시장배분

시장의 불완전성, 공유자원, 세대간외부성, 시장지배력 등은 시장체계가 스스로 지속가능성을 달성하는 데 방해가 되고 있다. 공유자원은 현재세대에 의해 과도하게 사용되어 미래세대에 남겨질 자원저량이 줄어들고 있다. 세대간외부성(intertemporal externality)의 예로서 현재세대는 비용 없이 그린하우스 가스를 방출하여 미래세대에 비용을 부과하고 있다.

그렇지만 시장이 불완전하다고 해서 지속가능성을 악화시킨다고만 볼 수 없다. 왜냐하면 석유카르텔 등은 수요를 떨어뜨려 미래세대에게 석유자원을 보전할 수 있을지도 모른다. 그리고 수산자원의 양식산업처럼 시장이 수산자원의 공급을 위협할 때 대체방식으로 등장할 수 있다. 또한 천연가스의 대체재로서 태양에너지 시장이 존재할 수 있다.

### (2) 효율성과 지속가능성

만일 미래의 정부가 모든 시장의 불완전성을 제거하여 효율적인 경제체계로 복원시켰다고 가정하자. 이러한 정부의 정책과 시장이 지속가능성을 보장하는 데 충분할 것인가? 이 질문에 대답하기 위한 한 가지 방법은 세대 간 자원배분을 설명하는 모형들을 살펴보는 것이다. 물론 이미 알고 있는 것처럼 효율성의 복원은 지속가능성을 보장하는 충분조건이 되지 못한다.

다스굽타와 힐(P. S. Dasgupta and G. M. Heal, 1979)은 자본과 고갈성자원을 결합하여 한 개의 소비재만 생산하는 경제를 가정하고 지속가능성의 문제를 풀려고 하였다.[79] 그들은 모형에서 지속가능한 소비수준이 존재한다는 것과 자본저량의 증가가 고갈성자원의 생산성을 높여 고갈성자원의 감소를 보상할 수 있다는 것을 증명하였다. 그러나 그들은 또한 동태적 효율성을 위해서 미래세대에 적용되는 할인율(시간선호율, 시장이자율)을 사용할 때 소비는 감소해야 하고 이로 인해 지속가능성을 보장하지 못한다는 것도 증명하고 있다. 하트위크(Hartwick, 1977)가 보여준 것처럼 지속가능한 소비수준은 희소성이윤(렌트)이 현재세대에서 조금도 소비되지 않고 자본에 완전히 재투자될 때 달성된다. 그러나 할인율이 양수인 한 수학적으로 희소성이윤의 일부는 소비되고 하트위크 법칙을 어기게 된다.

수산자원이나 식량자원과 같이 고갈될 수 있지만 재생가능한 자원에 대해서는 어떠한 결과가 나오는지 다른 모형을 살펴보자. 존 페지(John Pezzey, 1992)는 옥수수라는 한 종류의 재생가능자원만을 가지고 지속가능성을 조사하였다.[80] 이 모형에서 후생의 지속가능발전은 다음 두 조건이 충족될 때만 가능하다. 첫째, 자원의 성장률이 할인율과 인구성장률의 합보다 커야 한다. 둘째, 초기의 식량공급이 현재의 총인구를 먹여 살리는 데 충분하여야 한다. 첫 번째 조건을 보면 인구성장이 빠르고 생태학적으로 식물성장이 느린 한 충족되기 어렵다. 그리고 두 번째 조건도 충족시키기가 어렵다. 가난한 사회에서는 모든 옥수수를 먹고도 모자라므로 미래세대를 희생시키게 된다. 그의 연구에서 우리가 얻을 수 있는 메시지는 가능한 한 빨리 행동에 옮겨 이 정도로 악화되는 것을 막아야 하고 부유한 사회는 원조 등의 방법으로 가난한 사회가 지속가능한 발전을 하도록 도와야 한다는 것이다.

효율적인 자원배분은 어떤 의미에서 근본적으로 지속가능성의 조건을 충족시키지 못하고 있다. 어떤 자원이 소멸되더라도 미래의 총후생수준이 감소하지 않으면 지속가능성을 위배하지 않는다. 예를 들어 지리산 반달곰이 멸종되더라도 다른 자원으로 충분히 보상된다면 약지속가능성은 충족된다. 그러나 우리는 미래세대가 그러한 멸종된 생물을 얼마나 높이 평가하는지를 알 수 없다. 만일 미래세대가 더 높이 평가한다면 현재세대의 보상은 충분하지 않게 된다. 그래서 우리가 할 수 있는 유일한 방법은 미래세대가 모든 자원에 접근할 수 있는 선택권을 주는 것이다. 이러한 측면에서 효율성은 지속가능성을 보장하지 못한다. 이처럼 효율적인 시장체계가 지속가능한 발전을 보장해 주지는 못하지만 그렇다고 이것이 지속가능한 발전을 결코 가져올 수 없다는 것을 의미하지는 않는다. 역사적으로 자본축적과 기술진보는 그러한 가능성을 보여주었으며 효율성과 지속가능성이 양립할 수도 있다는 사실 또한 간과해서는 안 될 것이다.

**정석 사고**

UN의 〈브룬트란드 보고서(*Brundtland Report*)〉에 따르면 지속가능발전은 미래세대가 자신들의 필요를 충족시킬 능력을 손상시키지 않고 현재세대의 필요를 충족시키는 발전이라고 정의한다. 우리의 장기적 후생수준의 추세는 정상상태의 성장이나 지수적 성장이 가능하지만 현실적인 경로는 정상상태의 성장이다. 시장의 불완전성, 공유자원, 세대간외부성, 시장지배력 등은 시장체계가 스스로 지속가능성을 달성하는 데 방해가 되고 있다. 그러나 효율성이 지속가능성을 보장하지는 않는다. 우리가 할 수 있는 유일한 방법은 미래세대가 모든 자원에 대한 접근을 할 수 있는 선택권을 주는 것이다.

## 연습문제

**1.** 경제성장을 가능하게 하는 요인들을 설명하세요.

**정석힌트** 경제성장을 가능케 하는 요인은 노동, 자본, 자원과 같은 생산요소가 양적으로 증대하거나 기술혁신을 통해 생산성이 증가하는 것이다. 홀로 사는 무인도경제를 상상할 때 경제성장의 요인은 노동, 자본, 기술, 자연자원, 지식이다.

**2.** 수렴가설을 정의하고 그 가설의 근거가 되는 이유를 설명하세요.

**정석힌트** 수렴가설(convergence hypothesis)이란 부유한 나라보다는 가난한 나라의 생산성증가율이 높기 때문에 가난한 나라는 부유한 나라와의 격차를 좁혀 추격하게 된다는 것이다. 그 가설의 근거가 되는 이유는 다음과 같다. 첫째, 가난한 나라에서는 낮은 교육수준이 매우 빠르게 높아질 수 있다. 장기적으로 수렴현상을 기대하는 이유는 과학지식과 경영노하우가 전 세계로 퍼져나가면서 생산성이 낮은 나라가 쉽게 학습할 수 있기 때문이다. 둘째, 새로운 첨단기술을 개발하는 혁신보다 모방이나 채택을 통해서 기술이 앞선 선진국의 기술을 수용하는 것만으로 생산성을 높일 수 있다. 모방을 하면 창조하는 것보다 따라잡기가 더 수월하다. 셋째, 인터넷과 같은 커뮤니케이션 수단이 기술과 정보의 확산을 보다 빠르게 하고 있다.

**3.** 다음 보기를 읽고 빈칸에 적절한 말을 넣으세요.

**보기**

UN의 〈브룬트란드 보고서(*Brundtland Report*)〉에 따르면 (   )은 미래세대가 자신들의 필요를 충족시킬 능력을 손상시키지 않고 현재세대의 필요를 충족시키는 발전이라고 정의한다. 우리의 장기적 후생수준의 추세는 정상상태의 성장이나 지수적 성장이 가능하지만 현실적인 경로는 (   )의 성장이다. 시장의 불완전성, 공유자원, 세대간외부성, 시장지배력 등은 시장체계가 스스로 지속가능성을 달성하는 데 방해가 되고 있다. 그러나 효율성이 (   )을 보장하지는 않는다. 우리가 할 수 있는 유일한 방법은 미래세대가 모든 자원에 대한 접근을 할 수 있는 (   )을 주는 것이다.

**정석힌트** 지속가능발전, 정상상태, 지속가능성, 선택권

# 제11장
# 국제무역과 환경

환경문제는 재화의 소비와 생산과정에서 발생한다. 따라서 환경문제는 본질적으로 경제행위의 일부이다. 환경문제를 자연현상으로만 취급하거나 일부 기업들의 비도덕적인 행위로 인식하면 해결하기가 쉽지 않다. 물론 환경교육, 환경의식개혁을 위한 시민운동, 또는 환경개선을 위한 정부의 각종 캠페인 등도 병행되어야 하지만 경제학자들은 이러한 것들에만 의존하는 방법의 효과에 대해 확신을 하지 못하고 있다. 그래서 환경을 효율적으로 이용할 수 있는 시장체계를 만들고자 노력하고 있다.

국제환경문제는 환경적인 측면에서 국가 간의 외부효과를 발생시킴으로써 국제분쟁을 일으키고 있다. 일반적인 국내환경문제에서 발생하는 외부효과가 국내경제주체 간의 문제라면 국제환경문제는 외부효과가 국가 간으로 확장된 것이다. 이러한 문제는 국가 간의 경제적 이해관계로 연결되어 이를 해결하기 위해서는 반드시 국가 간 협상이 필요하다. 또한 최근에는 환경문제를 무역제재의 수단으로 활용하고 있는 형편이다. 그동안 경제학자들과 환경전문가들이 무역과 환경에 대해 논의해왔지만 아직 분명한 결론

# 제11장 국제무역과 환경

을 내리지 못하고 있다. 이 장에서는 이러한 복잡한 양상과 견해를 소개하고 설명하고자 한다.

이 장에서는 우선 국제환경문제가 무엇이며, 어떤 유형들르 이루어져 있는지 살펴볼 것이다. 다음으로 자유무역화가 환경에 미치는 영향과 환경규제의 변화가 자유무역에 미치는 영향으로 나누어 자유무역과 환경의 관계를 살펴볼 것이다. 그리고 환경규제가 국제적으로 어떤 문제와 분쟁을 가져올 수 있는지에 대한 가설들을 살펴볼 것이다. 마지막으로 범지구적 환경문제로서 기후변화와 지구온난화에 대한 국제환경정책에 초점을 맞추어 상세히 살펴볼 것이다.

**이 장에서 배울 것**

- 국제환경문제는 무엇일까?
- 국제환경문제의 유형에는 어떤 것들이 있을까?
- 자유무역과 환경은 어떤 관계가 있을까?
- 환경규제는 어떤 국제적 문제를 불러올까?
- 국제환경정책은 무엇일까?
- 국제환경정책의 수단은 어떤 것이 있을까?

# 제1절 국제환경문제



국제환경문제라고 하면 주로 지구온난화, 오존층의 파괴와 같은 범지구적인 환경오염문제를 들 수 있지만 소수국가들 사이의 환경문제인 지역적 환경오염문제도 포함된다. 이러한 국제환경문제를 성격에 따라 몇 가지 유형으로 나누어 보면 월경환경오염, 범지구적 환경오염, 환경규제의 차이에 따른 환경문제 등이 있다.[81)]

## (1) 월경성 환경오염

월경환경오염은 환경오염물질이 국경을 넘어 다른 국가로 운반 · 확산됨으로써 발생하는 국제환경문제이다. 가장 고전적인 예는 국제하천의 상류에 있는 국가에서 방출된 오염물질이 하류의 국가에 수질오염피해를 입히는 경우이다. 또 다른 예는 바람을 통해 대기오염물질이 다른 국가로 확산되는 경우이다. 이러한 오염의 대표적인 예는 산성비인데, 미국 오대호 주변의 공업지역에서 발생하는 대기오염물질이 캐나다로 날아가서 산성비가 되어 떨어지는 바람에 캐나다의 숲이 황폐화되었다고 한다.

이처럼 자연의 힘에 의해 오염이 확산되는 경우도 있지만 사람들이 직접 운반하여 오염을 확산시키는 경우도 있다. 그 예로서 과거 러시아가 행한 핵폐기물의 해양투기문제를 들 수 있다. 바로 이러한 문제에 대처하기 위해 1989년 유해폐기물 교역에 관한 바젤협약이 등장하였다.

## (2) 범지구적 환경오염

범지구적 공유자원의 훼손 및 파괴로 인한 국제문제라고 할 수 있으며 지구온난화나 오존층의 파괴를 그 대표적인 예로 들 수 있다. 사실 지구온난화현상은 과거 선진국들이 경제성장을 위해 지구의 화석연료를 마음대로 사용한 결과, 그 연료에서 나오는 이산화탄소가 국경을 넘어 이 지구를 덮어서 발생한 문제이다. 그러나 이미 지구의 자정능력을 초과하였다고 보고 범세계적인 차원에서 국제환경협약, 즉 기후변화협약, 비엔나협약, 람사협약, 몬트리올 의정서 등을 구체화하고 있다.

기후변화협약은 1992년 6월 브라질 리우에서 개최된 유엔환경개발회의에서 160여 개국의 서명을 받아 채택되었으며, 지구온난화로 인한 재앙을 방지하기 위하여 온실가스의 배출을 감축하는 것을 목적으로 하는 국제협약이다. 한편, 비엔나협약은 1985년 3월 오스트리아의 비엔나에서 20개국이 서명하여 채택된 국제환경협약이며, 몬트리올 의정서는 비엔나협약에서 제시된 오존층 파괴에 대한 국제사회의 우려와 이에 대한 범지구적 대처방안을 구체화한 것으로 1987년 9월에 채택되어 1989년 1월부터 효력을 갖는 국제적인 법적 기준이 되었다. 우리나라도 1992년 2월 가입하였다. 그리고 람사협약은 물새서식지로 중요한 습지에 관한 협약으로서 1971년 이란의 람사에서 채택된 국제환경협약이다. 우리나라는 1997년 가입하였다.

지구오존층의 파괴문제도 같은 형태의 문제이다. 냉장고나 에어컨의 냉매제, 단열제의 발포제, 정밀기기의 세정제로 사용되고 있는 프레온가스(freon gas) 등의 물질이 지구의 성층권을 둘러싸고 있는 오존층을 파괴한다고 알려져 있다. 지구오존층이 파괴되면 태양으로부터 오는 자외선 등 각종 유해파장을 차단할 수 없어서 각종 피부병과 백내장 등의 질병이 발생하고 농작물에도 많은 피해가 발생한다고 한다. 환경오염물질이 국경을 넘어 범지구적으로 환경문제를 발생시키지 않는데도 사람들의 관심이 국경을 넘어 범지구적으로 확산되어서 국제환경문제가 발생할 수도 있다. 인도의 호랑이, 아프리카 어느 나라의 코뿔소, 바다거북이, 돌고래 등에 대해서 다른 나라사람들이 관심을 넘어 보호문제를 제기하는 것은 생물다양성을 보존하여 존재가치가 있는 범지구적 공유자원을 미래세대에 넘겨 그들에게 선택권을 주자는 것이다. 이것을 다른 각도에서 말하면 다른 나라에 존재하는 자원이 언젠가 자기 나라에 유용하게 이용될지도 모른다는 미래의 이익을 위한 것일 수도 있다. 하여튼 생물다양성이 급격히 감소하는 데 대한 세계인들의 우려가 1992년 6월 유엔환경개발회의에서 생물다양성협약을 만들었다. 1992년 6월 브라질의 리우에서는 의제21과 생물다양성협약을 채택하였다. 의제21은 생물다양성의 보전과 지속가능한 이용을 위한 각국 정부와 국제기구의 이행과제를 제시하고 있고, 생물다양성협약은 각국이 생물다양성보전을 위하여 각국의 보전의무와 권리 등을 규정하고 있다. 생물다양성협약은 생물다양성을 보존하고 그 구성요소를 공정하고 공평한 방식으로 지속가능한 이용을 행하기 위한 국가 간의 합의이다.

### (3) 환경규제의 차이에 따른 환경문제

국제환경문제는 개별국가의 환경규제나 환경정책이 상품 및 자본의 국제적 이동이라는 과정을 거쳐서 다른 국가에 영향을 미침으로써 발생할 수 있다. 국가마다 환경기준과 목표가 다르고 환경을 규제하는 정도가 다르다. 그 이유는 국가마다 자연적 조건이 다르고 국가마다 국민들이 환경에 부여하는 가치가 다르기 때문이다. 이와 같이 국가마다 환경규제의 정도가 다르면 이 차이로 어떤 국가는 이익을 보고 또 어떤 국가는 손해를 보기 때문에 국가간 무역분쟁의 소지가 있다.

**정석 사고**

국제환경문제는 성격에 따라 다음 세 가지 유형으로 나눠볼 수 있다. 첫째 환경오염물질이 국가 사이에 확산되어 발생하는 월경환경오염, 둘째 범지구적 공유자산의 파괴로 인해 발생하는 범지구적 환경오염, 셋째 환경규제의 차이에 따른 환경문제 등이 있다.

## 제2절 자유무역과 환경

새 환경경제학

경제를 성장시키고 개발하는 전통적인 경로의 하나는 경제를 개방하여 무역을 하는 것이다. 보다 자유로운 국제시장은 소비재의 가격을 낮추어 소비자들의 후생을 높이고 국내상품을 해외로 수출하여 자본을 축적할 기회를 가지게 된다. 그러나 국제시장에서 생산된 상품과 자본이 국경을 넘어 자유롭게 이동함에 따라 발생하는 환경문제가 새로운 이슈로 등장하고 있다.

환경이 생산과 소비의 과정에서 문제가 될 수 있다면 자유무역은 생산과 소비를 변화시키는 과정에서 환경과 관련성을 가질 수 있다. 따라서 자유무역은 환경에 영향을 미친다. 자유무역과 환경의 관계는 자유무역화가 환경에 미치는 영향과 환경규제의 변화가 자유무역에 미치는 영향으로 나눌 수 있는데, 이 절에서는 이들에 대한 내용을 살펴보기로 한다.

한 국가 내의 시장에서 개인들이 상품을 사고팔면 모두 이익이 되듯이 국가 간에도 상품을 서로 사고팔면 교역당사국 모두에게 이익이 된다는 주장은 애덤 스미스 이래로 줄곧 전통이론으로 자리 잡고 있다. 어떤 상품을 한 국가가 다른 국가보다 더 적은 양의 생산요소를 투입해서 만들 수 있다면 이 국가는 이 상품의 생산에 있어서 절대우위를 가지고 있다고 말한다. 그리고 각 국가가 절대우위를 가진 상품들을 서로 교역하면 모두에게 이익이 된다는 것이다.

애덤 스미스의 절대우위론에서 한 걸음 더 나아가 리카도는 한 국가가 비록 모든 상품의 생산에 있어서 절대우위를 가지고 있다고 하더라도 그중에서 상대적으로 싸게 생산할 수 있는 상품의 생산에만 전문화하고 나머지 상품은 다른 국가로부터 수입하는 것이 교역당사국 모두에게 이익이 될 수 있음을 보였다. 이러한 리카도의 비교우위론은 자유무역의 복음으로서 설파되고 있다.[82]

그뿐 아니라 국가 간의 자유무역은 기업에게 보다 더 넓은 시장을 가져다주며 따라서 생산규모를 확장할 기회를 준다. 생산을 많이 함에 따라 생산구모에 따른 단위당 생산비가 떨어지는 규모의 경제가 작용한다. 규모의 경제가 작용하면 소비자들은 보다 더 값싸게 상품을 구입할 수 있다. 따라서 산에서 눈덩이가 구르듯 사회후생은 교역으로 인해 훨씬 커지게 된다.

그러나 최근에 와서 자유무역주의는 환경보호론자들의 강력한 도전을 받고 있다. 환경보호론자들은 세계의 환경을 보전하기 위해서는 환경을 지나치게 오염시키면서 만들어진 상품이나 환경의 파괴를 초래하는 상품 또는 희귀한 동식물의 멸종을 초래하는 상품의 교역에 높은 관세를 부과해야 하며, 필요에 따라서는 교역금지조치를 해야 한다고 주장한다.[83]

분명한 사실은 자유무역론자들도 어떤 상황에서는 정부가 전혀 개입하지 않고 환경오염을 방치해야 된다고 주장하지는 않을 것이다. 그러나 이들은 환경규제에 대한 효과가 개별오염기업에 해당될 뿐 한 국가의 전반적인 무역경쟁력에 미치는 영향은 경미하며 일시적이라고 보고 있다.[84] 토비(J. A. Tobey, 1990)는 1960~1970년 기간 동안 선진국 경제에서 환경규제가 오염기업의 행위에 별다른 영향을 주지 않았다고 주장한다.[85] 한편 앤더슨(Kym Anderson, 1994)은 무역자유화가 환경적으로 건전한 기술과 소비재의 도입가격을 낮추므로 환경비용을 절감하는 효과가 있다고 주장한다.[86] 이뿐만 아니라 산성비와 지구온난화의 주범인 석탄은 현재 전 세계 에너지원의 30% 이상을 차지하고 있는데(2017년 기준 26%), 이는 자국 석탄산업의 보호와 막대한 보조금 지급 때문이라고 주장한다. 이하에서는 전통적 자유무역이론을 이용하여 환경규제의 수출효과, 교역조건효과, 환율효과와 국제수지균형 문제를 살펴보자.

### (1) 환경규제와 수출효과

환경규제의 강화는 기업으로 하여금 오염물질의 배출량을 줄이게 하므로 환경을 덜 이용하게 한다. 기업으로서는 상품의 생산량을 줄이거나 대체비용을 추가로 부담해야 하므로 생산비가 종전보다 더 비싸질 수밖에 없다. 따라서 이러한 생산비의 증가로 국제시장에서 수출경쟁력을 잃기 때문에 수출이 감소하게 될 것이다.

그러나 장기적으로 환경규제의 강화가 수출에 미치는 영향은 비교우위부문의 성격에 따라 달라질 수 있다. 헥셔-올린의 이론에 따르면 각 국가는 각기 상대적으로 풍부한 생산요소를 많이 사용하여 생산되는 상품에 비교우위를 가지게 된다. 그러므로 만일 환경개선을 위한 자원이 주로 노동보다 도구나 기계, 약품 등 자본재를 더 많이 필요로 한다면, 환경규제의 강화가 자본의 상대적 가격을 높이고 자본집약적인 산업에 비교우위가 있는 산업의 생산비를 증가시켜 수출경쟁력이 감소하게 된다. 그러나 환경개선사업이 자본집약적이고 비교우위를 가진 산업은 노동집약적이라면 수출경쟁력이 더욱 강화되는 결과가 될 수도 있다.

### (2) 환경규제와 교역조건효과

환경규제의 강화는 기업의 생산비를 증가시켜 수출가격이 오르고 이에 따라 수출물량이 감소하게 된다. 그러나 수출품의 가격이 오르면서 교역조건이 개선될 수 있다. 왜냐하면 교역조건은 수출품 1단위와 교환될 수 있는 수입품의 양을 나타내기 때문이다. 그리하여 수출물량에 수출가격을 곱한 수출액은 증가할 수 있다. 이처럼 교역조건을 변화시킬 수 있는 경제적 대국의 경우 환경규제로 인한 비용상승부담을 수출품의 가격에 전가시켜 교역상대국과 분담할 수 있다. 그러나 경제적 소국의 경우에는 교역조건과 국제가격에 영향력을 행사할 수 없으므로 환경비용의 상승에 따른 부담을 가격에 반영할 수 없어서 수출품의 양의 감소로 감수해야 한다. 그 결과 국제수지는 악화하게 된다.

### (3) 환경규제와 환율효과

환경규제의 강화는 경제적 소국의 경우 국제수지를 악화시키지만 국제수지의 적자는 일시적일 가능성이 높다. 왜냐하면 수출의 감소로 외환시장에서 외화의 공급이 줄어서 환율(외화가치)이 올라가기 때문이다. 환율이 오르면 채산율이 높은 국내 상품들까지 경쟁력을 가지게 되어 다시 수출이 늘어나게 되고, 이로 인해 국제수지 적자가 해소된다. 우리나라의 입장에서 채산율이란 그 수준보다 원화강세이면 해당 상품은 상대국에 대해 경쟁력을 상실하고, 그것보다 원화약세이면 경쟁력을 가질 수 있는 경계선환율이다. 따라서 경쟁력이 강한 상품일수록 채산율은 낮다. 환율의 변동과정에서 환경오염유발산업들이 퇴출되고 환경친화산업들이 부상하는 산업구조조정이 일어날 수 있다.

**정석 사고**

환경규제의 강화는 생산비의 증가로 국제시장에서 수출경쟁력을 잃어 수출이 감소할 수 있다. 장기적으로는 환경규제의 강화가 자본집약적이고 비교우위를 가진 산업은 노동집약적이라면, 노동이 상대적으로 더 싸져서 수출경쟁력이 더욱 강화될 수 있다. 환경규제의 강화는 경제적 대국의 경우 수출품의 가격이 오르면서 교역조건이 개선될 수 있다. 한편 경제적 소국의 경우 수출물량의 감소효과가 커서 국제수지가 악화될 수 있다. 그러나 수출의 감소로 외환시장에서 외화의 공급이 줄어서 환율(외화가치)이 올라가면 채산율이 높은 국내상품들까지 경쟁력을 가질 수 있다.

## 제3절 환경규제와 국제분쟁

새 환경경제학

우리는 다른 국가들이 환경규제를 하지 않은 상태에서 어떤 국가가 환경규제를 할 때 전통적인 무역이론에서 어떤 결과가 나오는지 살펴보았다. 그러나 여러 국가가 환경규제를 할 경우에는 이 국가들 사이의 이해관계가 매우 복잡하게 얽히게 된다. 이러한 복잡한 관계는 국가마다 환경기준이 다르고 환경규제의 정도가 다르기 때문에 일어난다. 어떤 국가는 자연의 자정능력이 크고 환경오염에 대한 사회적 용인의 정도가 클 수 있는데, 이러한 국가를 환경부국이라고 한다. 이와 같이 환경도 하나의 자원으로 보고, 환경에 국제사회의 분업을 설명하는 헥셔-올린의 이론을 적용해보기로 한다.[87]

생산과정에서 대기오염과 수질오염 등을 일으키기 쉬운 상품을 생각해 보자. 환경부국은 이러한 상품의 생산에 비교우위를 가지는 경향이 있을 것이며, 따라서 그러한 상품의 생산과 수출에 전문화할 것이다. 이것은 환경부국이 공해를 수입하고 환경빈국이 공해를 수출하는 것과 동일하다. 환경빈국은 상품을 수입하는 양만큼 공해도 발생하지 않는다. 이는 또한

제1편
제2편
제3편
제4편

**요소가격 균등화의 정리**와 같다.

국제무역에서 비교우위를 결정하는 요인이 환경부존량만 있는 것은 아니기 때문에 이러한 주장은 물론 하나의 가설에 불과하다. 대체로 보면 후진국들은 선진공업국들에 비해서 환경부국일 가능성이 높다. 산업화가 덜 진척된 관계로 자연의 자정능력이 남아 있고, 환경오염에 대한 사회적 용인의 정도도 클 것으로 예상된다. 이에 비해서 선진공업국들은 환경오염이 심해지고 있고 국민들의 환경의식도 날로 높아지고 있으므로 환경규제를 강화하지 않을 수 없다. 이러한 선진국들의 환경규제 강화는 특히 오염상품에 있어서 후진국의 비교우위를 강화하는 큰 계기가 되고 있다. 그렇지만 선진국의 환경규제 강화가 후진국에 유리한지 불리한지 단정하기는 어렵다. 예를 들어 시버트(B. D. Siebert, 1974)와 맥과이어(M. McGuire, 1982)는 자유무역으로 인해 후진국의 환경이 악화되어 국내의 후생이 감소하는 반면 선진국의 후생은 증대한다고 보고 있다. 그러나 후진국의 수출증가와 GNP증가를 고려하면 유리한지 불리한지 단정할 수는 없다.

각국의 환경규제수준이 다른 국가들 사이에 이루어지는 국제무역에서 교역당사국들의 이해관계 충돌에 관한 유명한 가설의 하나가 **공해안식처가설**(pollution havens hypothesis)이다. 이 가설에 따르면 엄격한 환경규제는 규제가 느슨한 국가들로 국내생산설비를 이동시키거나 규제가 약한 국가들로부터 환경오염상품의 수입을 증가시킨다. 대개 환경부국은 후진국이므로 환경규제가 느슨하고 선진국의 공해기업의 진입을 투자유치로 간주하여 환영하는 경우가 많다. 결과적으로 후진국들은 공해기업의 천국이 될 수도 있다. 그러나 환경자원이 풍부한 곳으로 기업이 이동함으로써 한정된 환경을 보다 효율적으로 이용하게 된다는 장점이 있다. 물론 이 가설이 확실하다는 실증적 근거가 정립되어 있는 것은 아니다.

이 견해와 정반대되는 **포터가설**(Porter hypothesis)이 있다.[88] 이 가설에 따르면 엄격한 환경규제는 기업들의 경쟁력을 강화시켜 국제시장에서 비교우위를 가지게 한다. 포터는 물론 모든 종류의 환경규제가 국제경쟁력을 높일 것이라고 생각하지 않는다. 보다 정확히 말하면 "올바른 환경규제를 설정해야 비교우위로 바뀔 수 있다"고 주장한다.[89] 그의 견해에 따르면 올바른 규제란 오염을 줄이는 동시에 비용을 줄이거나 질을 높여주는 공정을 수반해야 한다고 본다. 이것은 환경규제가 기술혁신을 유발하고 결국 기업의 이윤을 증가시킨다고 보는 것이다. 따라서 포터가설이 제시하고 있는 환경규제는 다음의 기준을 만족해야 한다.

① 환경규제수단은 단순히 공해방지나 정화를 하는 수단이 아니라 보다 근원적으로 공해

를 방지하는 수단을 사용해야 한다.

② 환경규제수단은 기술을 제약시켜서는 안 된다.

③ 환경규제수단은 관련 비용에 탄력적이어야 한다.

④ 환경규제수단은 시장인센티브 수단을 사용하여야 한다.

이러한 조건들이 필요조건인지 충분조건인지는 확실하지 않지만 기술혁신에 우호적인 조건들임은 틀림없다. 포터는 환경규제가 기업의 기술혁신뿐만 아니라 환경 관련 산업의 성장을 촉진한다고 본다. 환경규제에 순응하는 과정에서 환경정화장비산업, 환경정화서비스산업도 성장하여 소득과 고용이 새로 창출된다는 것이다. 이와 함께 적응능력과 비용이 비효율적인 기업은 도태되는 구조조정도 일어나서 경제 전체의 효율성이 증가하는 것으로 생각한다.

한편 오츠 등(W. E. Oates, K. Palmer, and P. R. Portney, 1993)은 공해방지기술혁신이 가능한 단순한 모형에서 포터가설을 검증한 바 있는데, 포터가설과는 달리 환경규제의 강화는 비교우위를 떨어뜨린다는 것이다. 그러나 공해기업과 환경규제당국 사이의 전략적 행위나 공해방지산업의 존재, 환경규제의 강화로 $x$-비효율성이 줄어드는 기술혁신의 가능성이 있다면 포터가설이 타당할 수 있다고 설명한다.[90)]

**정석 사고**

환경에 대한 인식과 규제가 느슨한 환경부국은 환경오염유발상품의 생산에 비교우위를 가지는 경향이 있다. '공해안식처가설(pollution havens hypothesis)'에 따르면 엄격한 환경규제는 환경빈국이 환경부국들로 국내생산설비를 이동시키거나 환경오염상품의 수입을 증가시킨다. 결국 후진국인 환경부국들은 공해기업의 천국이 될 수 있다. 이와 같은 공해안식처가설과 다른 주장으로 '포터가설(Porter hypothesis)'이 있다. 이 가설에 따르면 환경규제의 강화는 기업들의 경쟁력을 강화시켜 국제시장에서 비교우위를 가지게 하므로 공해를 수출할 이유가 없는 것이다.

제1편
제2편
제3편
제4편

# 제4절 국제환경정책

환경규제의 차이에 따른 국제환경문제는 이미 앞 절에서 설명하였다. 그리고 광의로 보아서 월경환경오염의 문제는 범지구적 환경오염문제에 포함될 수 있는 국제환경문제이다. 따라서 이 절에서는 범지구적 환경문제로서 기후변화와 지구온난화, 혹은 통칭해서 기후온난화에 대한 국제환경정책에 초점을 맞추어 살펴보고자 한다.

대다수 과학자들은 기후온난화의 주범이 이산화탄소 배출이라고 믿는다. 온실가스의 반 이상을 차지하는 것이 이산화탄소이다. 지구온난화로 인한 재앙을 방지하기 위하여 온실가스의 배출 감축을 목적으로 하는 국제협약이 기후변화협약이다. 이 협약은 1992년 6월 브라질 리우에서 개최된 유엔환경개발회의에서 160여 개국의 서명을 받아 채택되었다. 이러한 온실가스배출, 특히 이산화탄소배출 감축노력의 구체적인 실천지침으로 1997년 12월 일본 교토에서 선진국들이 서명한 교토의정서가 2005년 2월 발효되었다.

여기에 미국은 1997년 7월 미 상원에서 중국과 인도 등 신흥공업국들을 의무감축대상에서 제외했다는 이유로 이산화탄소 의무감축을 거부하는 미 하원의 버드 헤겔 결의안을 95대 0으로 가결시켜 교토의정서의 비준을 거부했다. 이러한 의회의 비준실패로 미국은 2001년 3월 탈퇴하였다. 환경 관련 국제협약에서 가장 큰 문제는 무임승차자의 이익과 가입에 따른 국가 간 손익의 차이에서 발생한다. 미국의 예도 바로 그런 전형적인 문제를 여실히 보여주고 있다.

교토의정서의 내용을 보면 온실가스 의무감축의 국가들을 부속서I국가로 분류하고 있다. 한편 이 국가들이 자국 내 의무감축을 이행하는 데 한계가 있을 수 있어 배출권거래, 공동이행, 청정개발체제라는 유연성제도를 경제적 유인책으로 도입하고 있다. 이러한 유연성제도에서 **공동이행**은 부속서I로 분류되는 국가 간에 공동으로 배출감축노력을 할 수 있도록 하는 제도이다. 예를 들어 부속서I에 속하는 A국가가 B국가의 산림녹화사업, 저공해발전시설의 건설 등에 투자하여 감축한 배출감축분을 A국가의 배출감축실적으로 인정해 주는 제도이다. **배출권거래제도**도 부속서I에 속하는 국가 간 배출권을 서로 사고팔 수 있도록 한 제도이다. 예를 들어 부속서I에 속하는 A국가가 감축의무를 초과달성할 경우 B국가는 A국가의 잉여배출권을 매입하여 감축의무를 이행할 수 있도록 하는 제도이다.

그리고 **청정개발체제**는 부속서I에 속하는 국가와 거기에 속하지 않는 개도국 간의 온실가스 배출감축노력을 장려할 목적으로 만들어진 제도이다. 예를 들어 부속서I에 속하는 A국가가 개도국인 B국가의 산림녹화사업 등에 투자하여 온실가스배출감축에 기여한다면 이것에 해당하는 배출감축분을 A국가의 감축실적에 반영할 수 있다. 청정개발체제는 이같이 A국가의 감축실적에 반영하는 동시에 개도국인 B국가가 친환경 기술에 대한 해외투자를 받게 되어 자국의 개발을 지속가능한 방향으로 유도할 수 있는 일거양득의 효과를 갖고 있는 제도이다.

교토의정서의 유연성제도로 선진국이 공장을 더 짓고 싶은데 환경규제에 묶일 경우 남의 나라에 나무를 심어주면 공장을 더 지을 수 있다.[91] 또한 남의 나라에 나무를 심어주고 온실가스배출감축분에 해당하는 배출권을 얻어 더 비싼 가격으로 다른 나라나 기업에 팔 수도 있다. 이처럼 교토의정서의 채택은 기후변화협약이 환경협약에서 경제협약으로 대전환한다는 것을 의미한다.[92]

교토의정서의 배출권거래제도는 기본적으로 오염자부담원칙(polluter pay principle)을 기반으로 하는 방법이지만 환경을 많이 오염시키는 나라가 환경을 덜 오염시키는 나라로부터 지원을 받고 오염을 자제하겠다는 양보를 해주는 모양새라면 실제상 희생자부담원칙(victim pay principle)과 다를 바 없다. 대부분의 경우 환경오염에 대해서 오염자부담원칙을 적용하지만 국가 간 양보와 타협을 통해 내용상 희생자부담원칙을 적용한다고 볼 수 있다.

**정석 사고**

범지구적 환경오염의 대표적 예는 지구온난화문제인데, 지구온난화문제를 해결하기 위해 만든 실무지침이 교토의정서이다. 교토의정서에는 가입국 내 감축의무를 이행하는 데 한계가 있을 수 있다는 점을 인정하여 배출권거래, 공동이행, 청정개발체제라는 유연성제도를 경제적 유인책으로 도입하고 있다. 교토의정서의 채택은 환경협약이 경제협약으로 대전환하는 중요한 의미를 담고 있다.

## 연습문제

1. 경제를 성장시키고 개발하는 전통적인 경로의 하나는 경제를 개방하여 무역을 하는 것이다. 그러나 최근에 와서 자유무역주의는 환경보호론자들의 강력한 도전을 받고 있다. 환경보호론자들은 세계의 환경을 보전하기 위해서는 환경을 지나치게 오염시키면서 만들어진 상품이나 환경의 파괴를 초래하는 상품 또는 희귀한 동식물의 멸종을 초래하는 상품의 교역에 높은 관세를 부과해야 하며, 필요에 따라서는 교역금지조치를 해야 한다고 주장한다. 자유무역론자들도 어떤 상황에서는 정부가 전혀 개입하지 않고 환경오염을 방치해야 된다고 주장하지는 않을 것이다. 그러나 이들은 환경규제에 대한 효과가 개별오염기업에 해당될 뿐 한 국가의 전반적인 무역경쟁력에 미치는 영향은 경미하다고 본다. 환경규제가 무역에 미치는 효과를 설명하세요.

**정석힌트** 환경규제의 강화는 경제적 대국의 경우 수출품의 가격이 오르면서 교역조건이 개선될 수 있다. 한편 경제적 소국의 경우 수출물량의 감소효과가 커서 국제수지가 악화될 수 있다. 그러나 수출의 감소로 외환시장에서 외화의 공급이 줄어서 환율(외화가치)이 올라가면 채산율이 높은 국내상품들까지 경쟁력을 가질 수 있다.

2. '공해안식처가설(pollution havens hypothesis)'에 대하여 설명하세요.

**정석힌트** 엄격한 환경규제는 환경빈국이 환경부국들로 국내생산설비를 이동시키거나 환경오염상품의 수입을 증가시킨다. 결국 후진국인 환경부국들은 공해기업의 천국이 될 수 있다.

3. '포터가설(Porter hypothesis)'에 대하여 설명하세요.

**정석힌트** 환경규제의 강화는 기업들의 경쟁력을 강화시켜 국제시장에서 비교우위를 가지게 하므로 공해를 수출할 이유가 없는 것이다.

4. 범지구적 환경오염의 대표적 예는 지구온난화문제인데, 지구온난화문제를 해결하기 위해 만든 실무지침이 교토의정서이다. 이것의 가장 큰 특징을 설명하세요.

**정석힌트** 교토의정서에는 가입국 내 감축의무를 이행하는 데 한계가 있을 수 있다는 점을 인정하여 배출권거래, 공동이행, 청정개발체제라는 유연성제도를 경제적 유인책으로 도입하고 있다. 교토의정서의 채택은 환경협약이 경제협약으로 대전환하는 중요한 의미를 담고 있다.

# 제12장 미래의 전망에 대한 재고찰

우리는 지금까지 여러 장에 걸쳐 경제성장과 환경보전의 관계, 환경문제에 대한 경제학적 접근, 자원의 효율적 관리, 국제환경문제 등의 많은 문제를 다루면서 환경문제에 대한 많은 통찰력을 얻어왔다. 이제 이러한 통찰력을 통해 앞으로의 환경의 미래에 대해 다시 돌아보고 종합판단을 할 필요가 있다.

제1장에서 우리는 유한한 환경 속에서 경제성장의 문제를 보면서 환경의 미래를 전망해 보았다. 이러한 전망에 대해 우리는 다음과 같은 세 가지 중요한 이슈를 제기할 수 있다. 첫 번째 이슈로서, 환경문제는 정확히 개념화되었는가? 두 번째 이슈로서, 우리의 정치경제시스템이 시의적절하고 민주적인 방식으로 제기한 도전에 대응할 수 있는가? 세 번째 이슈로서, 미래세대가 그들의 필요를 충족시키는 정도에 손실을 입지 않으면서 현재세대의 필요 또는 필수욕구를 충족할 수 있는가? 즉 단기와 장기목표가 조화될 수 있는가? 이 장에서는 이러한 세 가지 이슈에 대하여 종합적으로 정리를 해보고자 한다.[93]

# 제12장 미래의 전망에 대한 재고찰

이 장에서 우선 우리가 살고 있는 세계의 묘사가 정확한지 그래서 환경문제 이슈의 초점이 제대로 맞추어져 있는지, 환경문제의 개념화가 잘 되어 있는지를 살펴볼 것이다. 다음으로 자원과 환경문제에서 시장체계와 정부는 적절히 대응하고 있는지, 두 시스템이 서로 보완적인지에 대하여 효율성과 지속가능성 기준으로 살펴볼 것이다. 마지막으로 환경보전과 경제성장이 상충한다는 것은 아직 성급한 결론이며 오히려 문제의 초점은 지속가능발전이라는 점을 살펴볼 것이다. 그리고 미래를 위한 우리의 대응은 어떤 것인지 살펴보도록 하겠다.

**이 장에서 배울 것**

- 환경문제가 이슈의 초점에 맞추어 개념화되어 있는가?
- 환경문제에 시장체계는 잘 대응하고 있을까?
- 환경문제에 정부는 잘 대응하고 있을까?
- 경제성장이 환경보전을 방해할까?
- 빈곤완화와 환경보전의 조화는 가능할까?
- 미래를 위한 우리의 대응전략은 무엇일까?

# 제1절 환경문제의 개념화

이 책을 시작하면서 우리는 좋은 사회의 토대, 더 나아가 성장의 한계로 대표되는 로마클럽이 환경문제를 잘 개념화했다면 유일한 결론은 자원의 유한한 공급과 무한한 수요는 자원이 종국적으로 고갈되고 말 것이라는 것을 의미한다. 만약 자원이 고갈된다면 사회는 자원고갈과 함께 붕괴되고 말 것이다.

그러나 이것이 조금은 과도한 결론이라는 사실을 알게 되었다. 에너지 자원수요의 증가가 그 희소성에 둔감하지는 않지만 에너지 가격의 상승이 희소성보다 정치적인 이유로 더 많이 촉발되고 있다. 에너지가격이 급격히 상승함에 따라 에너지수요도 극적으로 감소하기 시작했다. 예를 들어 1981년 미국의 총에너지소비(73.8 quadrillion BTU)는 인구가 증가하고 소득이 증가했음에도 불구하고 1973년(74.6 quadrillion BTU)의 총에너지소비보다도 더 감소하였다. 석유소비만 보더라도 1981년 32.0 quadrillion BTU인데 1973년 34.8 quadrillion BTU보다 감소하였다. 그 기간 동안 경기침체가 영향을 미쳤을 수도 있지만 에너지가격이 가장 중요한 요인임은 명백해 보인다.

에너지가격 이외에 중요한 역할을 한 요인은 인구성장이 감소하고 있다는 사실이다. 이와 같이 인구성장의 극적인 둔화는 에너지자원의 수요를 급감시키는 요인이 되고 있다. 이러한 측면에서 볼 때 자원이 한정적이라고 묘사한 세계는 과도한 현실묘사일지도 모른다. 이 묘사의 특징을 정리하면 다음과 같다.

① 한정된 자원의 세계는 재생가능자원이 상당할 것으로 생각되는 총량을 무시하고 있다.
② 잘못된 이슈에 초점을 맞추고 있다.
③ 자원의 총량을 측정하는 노력에 잘못된 인식이 존재한다.

진정한 의미에서 말하자면 자원총량은 한정적이지 않다. 에너지를 포함한 재생가능자원이 풍부하게 존재하는 것도 사실이다. 재생불능자원의 희소성이 증가하면 그에 대한 반응은 재생가능자원으로 전환하는 것이다. 가장 극적인 사례는 다양한 형태의 태양에너지로의 전환이다.

이러한 기본시각을 무시한다면 한정적인 자원총량을 측정하는 시도에도 문제가 발생한다. 〈성장의 한계〉에서 보고 있는 사회의 붕괴는 자원고갈을 예측하는 기술에 매우 민감하다. 전통적인 자원지표들은 매우 비관적인데 이것들이 현재의 자원총량을 확대시키는 기술들을 고려하지 않고 있기 때문이다. 현재의 총량을 확대시키는 방법은 많이 존재하는데, 예를 들어 전통적인 자원물질의 새로운 원천을 찾아낸다거나 폐기물이라고 여겨졌던 전통적인 자원물질의 새로운 사용용도를 찾아내는 것이다. 또한 기존용도에 사용되는 상품의 생산을 줄여 자원총량의 유효기간을 확장시키는 것도 생각할 수 있다. 더 놀라운 사례로는 같은 정보량을 처리하는 컴퓨터의 사이즈를 극적으로 줄인다거나 가정에 난방을 공급하는 에너지의 총량을 극적으로 줄이는 것이다.

이렇게 비용절감의 평가에 우리의 능력이 제한적이지만 두 가지 사실은 명백하다. 한 가지 사실은 광물자원의 희소성이 우리를 위협하고 있다는 증거는 거의 없다. 저비용으로 자원을 처리하는 기술의 발전으로 채굴비용이 오히려 낮아지고 있다. 그리고 우리가 사용하고 있는 물질의 총량이 이용 가능한 전체 총량에 아직 많이 부족하다는 사실이다. 역설적으로 한정적이고 환경용량을 초과할 것으로 예상되는 물질은 재생불능자원이 아니라 재생가능자원이다. 인구증가가 바로 이러한 역설적인 현상의 주요 요인이다. 인구증가는 한계토지까지 개간하게 하고 산림자원을 훼손하게 된다. 과도한 토양침식은 토지의 비옥도를 떨어트리고 종국적으로 생산성을 매우 낮게 한다. 산림 혹은 수산자원과 같은 생물학적 자원은 남획되고 있으며 심지어 멸종의 위기에 빠져 있다. 이 자원문제는 자원의 총량이 유한하다는 점이 아니라 그 자원을 관리하는 방식에 문제가 있다는 것이다.

현재 자원의 희소성문제를 정확히 개념화해 본다면, 과도하게 비관적이거나 과도하게 낙관적인 견해 모두 잘못된 것이라는 사실을 알 수 있다. 자원의 물리적 한계가 문제가 아니라 잘못된 유인체계와 정보체계가 더 심각한 문제의 요인이 되고 있다. 그러나 분명한 점은 현재 상태로 계속해서 경제성장을 추진할 만큼 자원총량이 무한하다고 믿는 것이 얼마나 순진하고 어리석은가라는 점이다. 자원의 가격은 이미 오르고 있고 재생가능자원, 재활용자원, 저비용 재생불능자원으로의 전환은 이미 시작되고 있다. 이러한 추세가 계속되지 않을 아무런 이유가 없다.

**정석 사고**

현재 자원의 희소성문제를 정확히 개념화해 본다면, 과도하게 비관적이거나 과도하게 낙관적인 견해 모두 잘못된 것이라는 사실을 알 수 있다. 광물자원의 희소성이 우리를 위협하고 있다는 증거는 거의 없다. 역설적으로 한정적이고 환경용량을 초과할 것으로 예상되는 물질은 재생불능자원이 아니라 재생가능자원이다. 자원의 물리적 한계가 문제가 아니라 잘못된 유인체계와 정보체계가 더 심각한 문제의 요인이 되고 있다. 현재 상태로 계속해서 경제성장을 추진할 만큼 자원총량이 무한한 것은 절대 아니다.

## 제2절 제도적 대응



자원의 희소성이 높아지고 있고 환경피해가 심각해지고 있는 현재의 상태를 어떻게 극복할 수 있을까? 그 핵심은 우리의 사회제도가 이에 대해 어떻게 반응하고 대응할 것인지에 달려 있다. 분권화된 의사결정체계를 강조하는 시장경제체계가 이러한 도전에 잘 대응하고 있는가? 공공의 참여와 과반수 의결제를 강조하는 민주정치체제가 이러한 도전에 잘 대응하고 있는가?

역사적 관점에서 볼 때 우리의 경제와 정치체계가 불완전하고 결함도 있지만 치명적인 결함이 있는 것은 아니다. 시장체계는 신속하고 자동적으로 자원의 가격상승을 가져오는 자원을 다루는 데 잘 대응하고 있다. 재활용시장도 증가하고 있으며 소비자의 습관도 변화하고 있다. 재산권이 잘 설정되어 있는 한 시장체계는 소비자와 생산자에게 자원의 희소성에 대응하는 유인을 제공하고 있다. 이러한 경향은 우리가 앞에서 본 성장의 한계에서 예상한 붕괴현상과는 거리가 멀어 보인다.

이러한 경향이 설득력이 있지만 그렇다고 이 경향이 시장체계가 동태적으로 효율적이라든가 미래의 지속가능한 경로를 밟고 있다는 것을 지지하는 증거는 아니다. 시장체계의 불완전성은 흔히 지속가능한 발전을 못 하게 하고 있다. 가장 심각한 시장체계의 문제점은 우리가 먹고 있는 물고기와 같은 공유자원, 우리가 호흡하고 있는 공기, 우리가 마시는 물 등을 다루는 방식에 있다. 시장체계는 이러한 자원들에 대해 사람들이 과도하게 남용하도록 유인하고 있다는 것이다. 자원의 과도한 남용은 미래세대의 순편익을 감소시키고 종국적으로 지속가능한 발전을 가로막게 된다.

시장체계의 효율성은 지속가능한 발전에 필요하지만 충분한 조건은 되지 못한다. 재생불능자원이 고갈되고 있는 상황에서 지속가능성을 보장하려면 현재세대가 미래세대를 보상하는 체계가 필요하다. 현재세대의 이윤추구행위는 미래세대를 보상하기에는 너무 낮은 수준이다.

다행히 시장체계는 자기교정능력을 가지고 있다. 예를 들어 물고기와 같은 공유자원의 고갈은 사적 소유로 양식을 하는 양식업을 증가시키고 있다. 이처럼 재산권이 잘 설정되지 않은 자원은 사적소유권의 대체자원의 발전을 유인하고 있는 것이다. 그러나 시장체계의 자기교정능력이 항상 적절하게 작용하는 것은 아니다. 예를 들어 우리의 대기가 오염되었을 때 시장체계에서 유인할 어떤 대체재도 존재하지 않는다. 적절한 시장반응을 가져오기 위해서는 때때로 시장의 결과를 보완할 정치적인 어떤 체계가 필요한 것이다.

특히 정부개입은 공해문제에서 매우 적절한 방식이다. 통제할 수 없는 시장체계는 너무 많은 공해를 생산하고 공해유발상품의 가격을 오히려 낮추는 경향이 있다. 공해를 통제하고 환경친화적인 상품을 생산하는 기업들은 오히려 가격의 급증으로 시장에서 퇴출되기 십상이다. 공해유발기업이 오히려 이득을 보는 경우를 방지하기 위해 정부개입이 필요한 것이다.

정부개입에 의한 환경정책은 공해문제에 있어서 많은 발전을 한 것이 사실이다. 버블옵셋(bubble and offset policy)정책이라든지 수자원에 특히 유효한 배출부과금정책이 그 대표적인 사례이다. 그러나 정부개입이 항상 올바르게 사용될 것이라고 믿는다면 너무 순진한 생각이다. 신속하고 엄격한 환경규제가 바람직하다고 생각하지만 이는 생각의 오류이다. 공해유발기업의 입장에서 보면 공해규제에 순응하기보다 정부의 규제를 바꾸는 데에 모든 자원을 쏟아 붓기 때문에 그러한 규제 자체가 불가능하다. 더 확실한 사례로서 정부가 석유나 가스와 같은 천연자원의 가격을 통제함으로서 그러한 자원의 공급을 감소시키는 한편 오히려 과도한 사용을 보조함으로써 수요를 증가시키게 된다. 이것은 시장체계가 재생가능자원으로의 전환을 시도하지 못하도록 가로막는 역할을 한다. 식량과 식품가격의 통제는 어떠한가? 개도국에서는 정부가 도시인들의 생계비를 보조하는 꼴이 되면서 오히려 국내 농업부문을 과소평가하게 만든다. 장기적으로는 식량수입을 촉진하고 외환을 소진하게 만든다.

결론적으로 자원문제를 시장에 맡길 것인가, 정부개입을 할 것인가라는 문제로 귀결된다. 이 두 선택의 관계는 보완적일 때도 있고 선택적일 때도 있어서 케이스에 따라 결정해야 할 것이다. 그리고 케이스에 따라 결정할 때 그 선택기준은 바로 효율성과 지속가능성이 되어야 할 것이다.

**정석 사고**

시장체계의 효율성은 지속가능한 발전에 필요하지만 충분한 조건은 되지 못한다. 그러나 다행히 시장체계는 자기교정능력을 가지고 있다. 그렇다고 모든 환경문제에 잘 반응하고 있는 것은 아니다. 대기오염의 경우 시장체계에서 유인할 어떤 대체재도 존재하지 않으므로 시장의 결과를 보완할 정치적인 어떤 체계가 필요하다. 특히 정부개입은 공해문제에서 매우 적절한 방식이다. 그럼에도 정부개입이 항상 올바르게 사용되지 못할 때도 있다. 자원의 가격을 통제하는 것은 오히려 재생가능자원으로의 전환을 방해한다. 결국 자원과 환경문제는 시장과 정부개입의 적절한 선택과 보완에 의해 결정되어야 하며 그 기준은 효율성과 지속가능성이다.

## 제3절 지속가능발전

역사적으로 기술진보와 투입물의 증가는 경제성장의 가장 중요한 원천으로 알려져 왔다. 미래에는 노동과 같은 투입물이 더 이상 빠르게 증가하지 않을 것이다. 이러한 인구감소가 경제성장에 미치는 효과는 수확체감의 법칙, 대체가능성, 기술진보의 상호작용에 의존한다. 생산성이 감소하는 수확체감의 법칙은 경제성장을 둔화시킨다. 반면에 기술진보와 요소 간 대체가능성은 경제성장을 촉진한다. 그런데 기술진보에 의한 경제성장도 〈성장의 한계〉에서 언급하듯이 열역학의 제2법칙에 의해 경제성장이 정상상태로 제한되다가 종국적으로 제로(0)가 된다고 예측하고 있다.

실증적 증거들을 보면 환경규제가 강화되면 일부 산업은 충격을 받지만 전체적으로 당장 경제에 큰 영향을 미친다고 보기는 어렵다. 환경정책은 단지 약간의 물가상승과 성장둔화를 초래하기는 하지만 비용으로 보면 오히려 고용을 늘리는 효과를 가져다준다. 따라서 환경보전과 경제성장이 상충한다는 견해는 증거로 볼 때 잘못된 관점이다. 에너지에 관한 부분도 마찬가지이다. 에너지가격의 상승이 경제성장을 둔화시킨다고 결론내리기에는 아직 이르다.

그렇지만 경제는 두 가지 측면에서 큰 변화를 겪고 있다. 하나는 인구증가의 둔화이고 다른 하나는 경제의 동력으로서의 정보의 중요성의 증가이다. 이 두 가지 현상이 물리적 한계가 경제성장을 제약한다는 측면을 완화시키고 현재의 복지후생수준이 지속가능할 가능성을 높이고 있다.

전통적인 경제성장의 측정이 후생수준을 제대로 반영하는지에 대해 상당한 의문을 불러일으키고 있다. 경제성장이 빈곤에 빠져있는 사람들에게 자동적으로 혜택을 줄 것이라는 믿음은 너무 순진한 생각이다. 실증적 증거로 볼 대 선진국에서 경제성장이 빈곤한 사람에게 성장의 과실을 주고 있는데 이것이 성장의 효과 때문이 아니라 그 사회의 더 부유한 사람들의 소득이전(기부, 자선, 부유세에 의한 서민복지혜택) 때문이다.

선진국이 아닌 나라들에서는 그 미래의 전망이 불분명하다. 미래의 환경문제를 해결하려면 생활수준부터 끌어 올려야 한다. 그러나 선진공업국이 주도한 공업화의 길은 이제 전 세계적인 환경문제를 심각하게 하고 있기 때문에 더 이상 선진국이 걸어갔던 길을 갈 수는 없다. 개도국과 후진국은 이제 새로운 공업화의 길을 모색해야 하는 것이다.

공업화의 길을 가고 있는 나라들 앞에는 몇 가지 장애물이 놓여 있는데 이를 극복해야만 한다. 지역적으로는 인구증가로 인해 토지와 생산자원에 접근하기 어려워질 수 있고, 국가적 차원에서는 여러 정책들이 빈곤한 사람들에게 차별적으로 불리하게 적용되며, 지구적으로 볼 때 국가채무문제를 일으키면서 수출가격 하락, 해외자본 도피 등에 직면하게 된다.

새로운 지속가능한 발전의 길은 가능할 뿐만 아니라 바람직하지만 저절로 달성되지는 않는다. 성장옹호론자들은 단기적인 성장촉진정책이 환경을 악화시킬 수 있다는 사실을 깨달아 가고 있으며, 환경보호론자들은 빈곤 그 자체가 환경보호의 가장 큰 위협이라는 사실을 깨달아 가고 있다. 이제 더 이상 경제발전과 환경보호가 어느 하나의 선택문제가 아니라는 사실을 직시하게 되었다. 오히려 문제의 초점은 빈곤을 완화하면서 환경을 보호하는 정책과 정책수단으로 전환되고 있는 것이다.

환경정책 중 경제적 유인체계가 유효한 정책수단으로 알려져 있는데, 배출권거래제도나 배출부과금제도가 그 대표적 사례이다. 이러한 경제적 유인제도는 환경피해를 줄이는 방법 혹은 기술을 모색하게 하고 생산공정을 변화시키며 폐기물을 덜 해로운 물질로 변환시키고 부산물을 재활용하는 방법을 발전시키고 있다. 유럽, 특히 네덜란드 같은 나라에서는 배출부과금이 매우 높은데 그 효과가 매우 극적이라는 경험적 사실을 보여주고 있다..

미국 최악의 엑슨 발데즈호 기름유출사고는 국민소득을 오히려 증가시켰다고 알려져 있다. 기름유출이 오히려 국민소득을 증가시킨다니 황당하기는 하지만 기름제거에 들어간 비용이 모두 국민소득의 증가로 더해지고 환경피해비용은 국민소득의 계정에서 빠져있는 국민소득의 개념 자체에 문제가 있었기 때문이다. 현재의 국민소득 개념하에서는 자연자원의 파괴나 훼손으로 인한 경제성장과 자연자원의 가치가 유지되는 지속가능성의 개념을 구분하지 못하고 있다. 물론 환경개선과 파괴를 반영하는 새로운 국민소득 개념이 연구되고 개발되고 있지만 여전히 개선이 느리게 진행 중이다.

이 책의 결론을 내려 보도록 하자. 우리 사회에 일어나는 환경문제의 책임은 우리에게 있으므로 결코 숲 밖에 머물러 있어서는 안 된다. 정부도 우리의 적극적인 참여 없이는 모든 환경문제를 해결해 주지는 못한다. 정부도 모든 행위를 직접적으로 규제한다면 비용이 너무 커서 비효율적일 뿐만 아니라 낭비적이다. 환경에 유해할 수 있는 물질을 사용하여 생산하는 기업들은 자신의 입에 폭탄을 물고 있다고 생각하고 상품생산을 해야 한다. 환경에 안전한 수준의 상품을 개발하는 책임은 궁극적으로 그것을 생산하는 사람들에게 있다. 이때 정부는 환경안전을 지키지 못한 상품 또는 생산자들에게 벌금이나 규제를 통해 환경안전성에 도움을 줄 수 있다. 우리는 환경문제를 이타심으로 풀 수 있다고 믿지는 않지만 그렇다고 이타심의 중요성을 간과해서도 안 된다.

우리는 이 시대의 마지막에 있을지도 모른다. 그러나 우리는 또한 새로운 시대의 시작에 서 있다. 미래에 예상되는 많은 장애물이 존재하겠지만 분명한 사실은 우리는 계속 진보하고 있다는 점이다.

**정석 사고**

환경규제의 강화가 일시적으로 경제성장을 둔화시키지만 그 효과는 미미하다. 따라서 환경보전과 경제성장이 상충한다는 결론을 내리기에는 아직 이르다. 경제는 두 가지 측면에서 큰 변화를 겪고 있는데, 하나는 인구증가의 둔화이고 다른 하나는 경제의 동력으로서의 정보의 중요성의 증가이다. 이 두 가지 현상이 물리적 한계가 경제성장을 제약한다는 측면을 완화시키고 현재의 복지후생수준이 지속가능할 가능성을 높이고 있다. 빈곤은 경제성장이 아니라 소득이전능력과 의지에 의존한다. 성장옹호론자들은 단기적인 성장촉진정책이 환경을 악화시킬 수 있다는 사실을 깨달아 가고 있으며, 환경보호론자들은 빈곤 그 자체가 환경보호의 가장 큰 위협이라는 사실을 깨달아 가고 있다. 이제 더 이상 경제발전과 환경보호가 어느 하나의 선택문제가 아니라는 사실을 직시하게 되었고, 문제의 초점은 빈곤을 완화하면서 환경을 보호하는 정책과 정책수단으로 전환되고 있는 것이다.

# 제4절 우리의 대응



이제 세계는 환경과 무역의 전쟁 속에 있다고 해도 과언이 아니다. 이에 대한 대응전략은 정부의 노력과 기업의 노력, 국민 개개인의 노력이 함께 어우러져야 한다. 지구환경의 문제는 세계 모든 나라의 문제이기 때문에 모든 나라들은 국익과 더불어 이 문제를 해결하려고 집중적 노력을 아끼지 않는 방향으로 나아가고 있다.

### (1) 환경외교력의 강화

정부는 우리가 선진국대열인지 그 반대편인지를 분명히 결정해야 한다. 그에 따라 준수해야 할 의무사항이 다르기 때문이다. 우리가 어느 쪽에 서는가 하는 문제는 국민경제규모와 환경보전능력, 환경기술수준 등을 고려하여야 할 것이다.

### (2) 환경관리의 강화

우리나라의 환경정책 기본법은 환경의 질적 향상과 그 보전을 통한 인간과 환경 간의 조화와 균형의 유지를 기본이념으로 삼고 있다. 이러한 기본법 이외에도 환경오염배출원에 대한 오염물질의 배출을 억제하고 공해방지시설의 설치와 운영을 의무화하고 있다. 문제는 국내 환경관련법령을 국제환경협약이나 외국의 해당 법률에 맞추도록 합리적으로 조정해야 하는 것이다. 따라서 국내 환경관리정책과 산업정책을 조화롭게 시행하지 않으면 환경보전과 경제성장의 조화를 이룰 수 없게 된다.

### (3) 산업구조의 개편

자원 및 에너지 낭비형 산업구조를 절약형 산업구조로 개편하여야 자연환경과 경제성장의 조화를 꾀할 수 있다. 예를 들어 철강, 시멘트, 석유화학의 효율적 생산라인을 도모하는 동시에 유전공학제품, 첨단전자제품 등의 산업을 육성하도록 노력해야 한다.

### (4) 환경산업의 육성

앞에서도 본 것처럼 환경산업이란 자연환경과 인간정착환경을 보전하고 파괴된 그 환경을 복원하기 위하여 경제활동을 수행하는 모든 산업을 말한다. 그 대표적 산업으로서는 산업공해방지산업, 환경오염대체물질개발 및 설비산업, 에너지절약 및 대체에너지개발사업, 생산공정의 그린화 사업, 그린상품개발사업, 재활용 및 재생사업, 환경보전기술과 오염방지기술 등의 기술개발사업 등을 들 수 있다.[63] 이러한 환경 관련 산업을 수출산업으로 육성하고 그 사업의 국제화를 추진해야 할 것이다.

### (5) 기업의 환경윤리 제고

기업은 환경오염을 제공하는 주범이다. 이러한 측면에서 기업은 자연환경과 인간정착환경을 보존하고, 인간의 고귀한 생명을 보호하기 위하여 오염물질이 함부로 배출되지 않도록 공해방지시설을 설치하며, 생산공정을 그린화하고 환경친화상품을 생산해야 할 의무가 있다. 이것은 의무이기도 하지만 기업의 생존을 위해서도 환경경영관리를 철저히 수행해야 할 것이다.

### (6) 국민의 환경지향적 가치관의 확립

최근 우리나라에서도 환경친화적 상품을 선호하고 있다고 하니 여간 반가운 소식이 아닐 수 없다. 국민들은 오염물질의 배출을 억제하는 동시에 환경을 감시하는 감시자의 역할을 하여야 한다. 생활폐수, 생활쓰레기, 자동차 배기가스 등도 산업공해와 폐기물 못지않게 해악을 미치고 있다. 특히 과소비는 과다한 폐기물을 환경에 버리는 것이므로 이를 억제하는 것도 국민의식 중 중요한 부분을 차지할 것이다. 국민의 환경지향적 가치관은 정부와 기업에 하나의 압력으로서 작용할 것이다.

**정석 사고**

미래를 위한 우리의 대응은 환경외교력의 강화, 환경관리의 강화, 환경친화적 산업구조로의 개편, 환경산업의 육성, 기업의 환경윤리 제고, 국민의 환경지향적 가치관 확립을 들 수 있다.

## 연습문제

**1.** 자원이 한정적이라고 묘사한 세계는 과도한 현실묘사일지도 모른다. 이러한 묘사의 특징을 설명하세요.

**정석힌트** ① 한정된 자원의 세계는 재생가능자원이 상당할 것으로 생각되는 총량을 무시하고 있다.
② 잘못된 이슈에 초점을 맞추고 있다.
③ 자원의 총량을 측정하는 노력에 잘못된 인식이 존재한다.

**2.** 현실을 보면 성장의 한계에서 예상한 경제의 붕괴현상과는 거리가 멀어 보인다. 그러한 현상의 주요 특징을 설명하세요.

**정석힌트** 경제가 붕괴되지 않는 이유는 시장체계가 자기교정능력을 가지고 있기 때문이다. 예를 들어 물고기와 같은 공유자원의 고갈은 사적 소유로 양식을 하는 양식업을 증가시키고 있다. 이처럼 재산권이 잘 설정되지 않은 자원은 사적소유권의 대체자원의 발전을 유인하고 있는 것이다. 그러나 시장체계의 자기교정능력이 항상 적절하게 작용하는 것은 아니다. 예를 들어 우리의 대기가 오염되었을 때 시장체계에서 유인할 어떤 대체재도 존재하지 않는다. 적절한 시장반응을 가져오기 위해서는 때때로 시장의 결과를 보완할 정치적인 어떤 체계가 필요하다. 결국 자원과 환경문제는 시장과 정부개입의 적절한 선택과 보완에 의해 결정되어야 하며 그 기준은 효율성과 지속가능성이다.

**3.** 환경규제의 강화가 일시적으로 경제성장을 둔화시키지만 그 효과는 미미하다. 따라서 환경보전과 경제성장이 상충한다는 결론을 내리기에는 아직 이르다. 이러한 시각을 가지게 되는 중요한 이유를 설명하세요.

**정석힌트** 경제는 두 가지 측면에서 큰 변화를 겪고 있는데, 하나는 인구증가의 둔화이고 다른 하나는 경제의 동력으로서의 정보의 중요성의 증가이다. 이 두 가지 현상이 물리적 한계가 경제성장을 제약한다는 측면을 완화시키고 현재의 복지후생수준이 지속가능할 가능성을 높이고 있다.

# Reference


## 제1장 환경경제학의 정의와 방법

1) J. K. Galbraith, *The Good Society*, Houghton Mifflin Co., 1996.
2) 이정전, 《환경경제학》, 박영사, 2000, p. 73.
3) J. Simon, *The Ultimate Resource*, Princeton University Press, 1981, p. 344.
4) 홍종호, 불확실한 우리의 미래 회색빛일까? 장밋빛일까?, 조선일보칼럼, 그린이코노미, 2008. 03. 07.
5) 홍종호, 기름유출 환경피해 금액으로 따져보면…, 조선일보칼럼, 그린이코노미, 2008. 01. 19.
6) 이혁제, '생태'와 '환경'은 어떻게 다를까요?, 오마이뉴스, 2013. 12. 06, http://www.ohmynews.com/NWS_Web/View/at_pg.aspx?CNTN_CD=A0001934081
7) 배리 커머너(고동욱 옮김), 《원은 닫혀야 한다(*The Closing Circle*)》, 이음, 2014, p. 35.

## 제2장 환경과 경제

8) 이 장은 이정전의 《환경경제학 이해》를 주로 참고하였지만 홍종호, 타이텐버그(T. H. Tietenberg) 등 다수 환경경제학자들의 견해도 고려하여 서술하였다.
9) 오재호, 기후변화시대, 우리의 대응은?, 에너지경제연구원, 이슈진단, 2018.
10) 이정전, 《환경경제학 이해》, 박영사, 2011, 이하 참조.
11) 이정전, 《환경경제학 이해》, 박영사, 2011, 이하 참조.
12) 홍종호, 조선일보칼럼, 그린이코노미 9, 2008.3.29
13) T. H. Tietenberg, *Environmental and Natural Resource Economics*, 2000, p. 17.
14) 이정전, 《환경경제학 이해》, 박영사, 2011, p. 33.
15) 양승용, 당진 204억 원 투입, 하수관거 정비공사 본격 추진, 뉴스타운, 2009. 11. 04, http://www.newstown.co.kr/news/articleView.html?idxno=71626
16) 최모란, '죽음의 호수'였던 시화호 주변, 한국판 베네치아 노린다, 중앙일보, 2017. 5. 12.
17) 배민식, 새만금간척사업, 국가기록원, 2007. 12. 01, http://www.archives.go.kr/next/search/listSubjectDescription.do?id=004882&pageFlag=

## 제3장 경제성장과 환경보전

18) 제2장과 유사하게 이정전의 《환경경제학 이해》에서 주로 참고하였지만 홍종호, 타이텐버그(T. H. Tietenberg) 등 다수 환경경제학자들의 견해도 고려하였다.
19) 홍종호, 조선일보칼럼, 그린이코노미 9, 2008. 2. 29.

20) 이정전, 《환경경제학 이해》, 박영사, 2011, 이하 참조.
21) 홍종호, 환경경제 상생을 위하여, 조선일보 칼럼, 그린이코노미, 2018. 05. 30.
22) 안상근, 이스털린의 역설, 오피니언칼럼, 경남일보, 2014. 06. 13, http://www.gnnews.co.kr
23) https://silvernecklace.tistory.com/489 이하 참조.
24) 이정전, 《환경경제학 이해》, 박영사, 2011, p. 51; 브루노 S. 프라이(유정식, 홍훈, 바종현 옮김), 《행복 경제학의 혁명》, 부키, 2015, pp. 86-87.
25) 이정전, 《환경경제학 이해》, 박영사, 2011, 이하 참조.
26) 김지현, *Consumption Patterns as an Emerging Contibutor of the Environmental Degradation in Korea*, 서울대학교 박사학위논문, 1999.
27) 이정전, Economic Growth, *Technological Changes and Environmental Problems in Japan*, Iowa State University 석사학위논문, 1975.

## 제4장 환경에 대한 경제적 분석

28) 임덕호, 《교양경제》, 명경사, 2014, p. 26.
29) 크루소 무인도경제에서 생각해볼 수 있듯이 가격은 사람들 사이에 일정한 분배적 상태를 전제로 하여 상품들의 상대적 희소성을 나타내면서 자원의 배분적 역할을 하는 것이다. 따라서 가격은 상대적 희소성과 상대적 구매력이라는 두 가지 역할을 보여주며, 어떠한 종류의 분배도 시장경제가 이루어낼 수 있음을 의미하므로 시장경제는 분배적으로 중립적이다.
30) A. C. Pigou, *The Economics of Welfare*, Macmillian and Co., St. Martin's Street, London, 1952.
31) R. H. Coase, The Problem of Social Cost, *Journal of Law and Economics*, vol. 3, pp. 1-44, October, 1960. 이 논문의 근본목적은 사적 교섭(협상)이 사실화되도록 하는 제도적, 법적 규정을 연구하는 것이었다.

## 제5장 환경평가의 기준과 환경가치

32) 이러한 의미에서 투자도 미래의 보다 더 많은 소비를 목적으로 지출된다고 볼 수 있다. 따라서 소득을 소비와 투자의 합이라고 볼 때 편익은 소득의 증가를 의미하게 된다.
33) T. H. Tietenberg, *Environmental and Natural Resource Economics*, Addison-Wesley, 2000.
34) R. T. Carson, L. Wilks, and D. Imber, "Valuing the Preservation of Australia's Kakadu Conservation Zone," *Oxford Economic Papers*, Vol. 46, Supplement, 1994, pp. 727-749.
35) T. H. Titenberg, op cit.
36) 박환재, 《정석재정학》, 비앤엠북스, 2013, pp. 240-245.
37) Ibid, pp. 268-269.
38) T. H. Tietenberg, *Environmental and Natural Resource Economics*, Addison-Wesley, 2000.
39) I. K. Fox and O. C. Herfindahl, "Attainment of Efficiency in Satisfying Demands for Water Resources," *American Economic Review 54*, 1964, p. 202.
40) 박환재, op cit., pp. 271-272.

## 제6장 환경의 가치

41) 박환재, 《정석재정학》, 비앤엠북스, 2013, pp. 249-251.
42) 오호성, 《환경경제학》, 법문사, 2002, p. 219.
43) J. V. Krutilla, "Conservation Reconsidered", *American Economic Review 57*, no. 4, pp. 777-786.

44) J. V. Krutilla and A. C. Fisher, *The Economics of Natural Environments: Studies in the Valuation of Commodity and Amenity Resources*, Baltimore, Md., The Johns Hopkins University Press, 1975.
45) D. A. Hagen, J. W. Vincent, and P. G. Welle, "Benefits of Preserving Old-Growth Forests and the Spotted Owl", *Contemporary Policy Issues*, Vol. 10, 1992, pp. 13–26.
46) 박환재, 《정석재정학》, 비앤엠북스, 2013, pp. 252.
47) 소비자잉여를 포함하여 이 두 개념이 일치할 때도 있다. 화폐의 소득효과가 없다면, 즉 화폐보유액의 증가에 따른 한계대체율의 증가가 없다면 모두 일치하게 된다.
48) A. Randall and J. R. Stoll, *Esistence Value in a Total Valuation Framework*, Westview Press, 1983.

## 제7장 환경가치의 경제적 평가방법

49) 박환재, 《정석재정학》, 비앤엠북스, 2013, pp. 252–267, 이하 참조.
50) M. L. Cropper and W. E. Oates, Environmental Economics: A Survey, *Journal of Economic Literature*, 30(2), 1992, pp. 675–740.
51) 박환재, 《정석재정학》, 비앤엠북스, 2013, p. 253.
52) 곽승준 · 전영섭, 《환경의 경제적 가치》, 학현사, 1995.
53) 곽승준 · 전영섭, 《환경의 경제적 가치》, 학현사, 1995.

## 제8장 환경자원: 공기와 물

54) 박환재, 《정석재정학》, 비앤엠북스, 2013, pp. 175–176.
55) 박환재, 《정석재정학》, 비앤엠북스, 2013, pp. 176–177.
56) 오호성, 《환경경제학》, 법문사, 2002, pp. 263–264.
57) 박환재, 《정석재정학》, 비앤엠북스, 2013, pp. 182–183.
58) T. H. Tietenberg, *Environmental and Natural Resource Economics*, Addison–Wesley, 2000.
59) 박환재, 《정석재정학》, 비앤엠북스, 2013, p. 186.
60) 박환재, 《정석재정학》, 비앤엠북스, 2013, pp. 184–185, 이하참조.

## 제9장 자연자원: 지하자원과 수산자원

61) T. H. Tietenberg, *Environmental and Natural Resource Economics*, Addison–Wesley, 2000, pp. 87–91.
62) T. H. Tietenberg, *Environmental and Natural Resource Economics*, Addison–Wesley, 2000, pp. 133–138.
63) T. H. Tietenberg, *Environmental and Natural Resource Economics*, Addison–Wesley, 2000, pp. 91–95.
64) T. H. Tietenberg, *Environmental and Natural Resource Economics*, Addison–Wesley, 2000, pp. 280–302.
65) 박환재, 《정석재정학》, 비앤엠북스, 2013, p. 172.

## 제10장 성장과 빈곤, 환경

66) T. H. Tietenberg, *Environmental and Natural Resource Economics*, Addison–Wesley, 2000, pp. 523–530.
67) G. Jr. Brown and B. Field, "The Adequacy of Measures for Signaling the Scarcity of Natural Resources", *Scarcity and Growth Considered*, V. K. Smith, ed. John Hopkins University Press, 1979; D. B. Humphrey and J. R. Moroney, "Substitution among Capital, Labor, and Natural Resource Products in American Manufacturing", *Journal of Political Economy 83*, 1975, pp. 57–82.
68) E. R. Bernt and D. Wood, "Technology, prices, and the Derived Demand for Energy", *Review of*

*Economics and Statistics 57*, 1975, pp. 259–268.

69) D. W. Jorgenson, "Energy Prices and Productivity Growth", *Scandinavian Journal of Economics 83*, 1981, pp. 165–179.

70) E. R. Bernt and D. Wood, "Energy Price Shocks and Productivity Growth: A Survey", *Energy: Markets and Regulation*, R. L. Gordon, H. D. Jacoby, and M. B. Zimmaman, eds. MIT Press, 1987, pp. 305–342.

71) T. H. Tietenberg, *Environmental and Natural Resource Economics*, Addison–Wesley, 2000, pp. 532–536.

72) J. R. Hicks, *Value and Capital*, 2nd ed. Oxford University Press, 1947, p. 172.

73) H. E. Daly and J. B. Jr. Cobb, *For the Common Good* Beacon press, 1989, pp. 401–455.

74) T. H. Tietenberg, *Environmental and Natural Resource Economics*, Addison–Wesley, 2000, pp. 537–543.

75) 박환재, 《정석교양경제론》, 비앤엠북스, 2018, pp. 197–199.

76) 헨리 조지(김윤상 역), 《진보와 빈곤》, 비봉, 2016, p. 155.

77) T. H. Tietenberg, *Environmental and Natural Resource Economics*, Addison–Wesley, 2000, pp. 548–549.

78) T. H. Tietenberg, *Environmental and Natural Resource Economics*, Addison–Wesley, 2000, pp. 550–554.

79) P. S. Dasgupta and G. M. Heal, *Economic Theory and Exhaustible Resources*, Cambridge University Press, 1979.

80) John Pezzey, *Sustainable Development Concepts: An Economic Analysis*, World Bank Environment Department, 1992.

## 제11장 국제무역과 환경

81) 박환재, 《정석재정학》, 비앤엠북스, 2013, pp. 193–195

82) 이정전, 《환경경제학》, 박영사, 2000, p. 536.

83) 이정전, 《환경경제학》, 박영사, 2000, p. 537.

84) 오호성, 《환경경제학》, 법문사, 2002, p. 459.

85) J. A. Tobey, "The Effect of Domestic Environmental Policies on Patterns of World Trade: An Empirical test", *Kyklos 43*, pp. 191–209.

86) Kym Anderson, "Trade, Environmental Issues and Asian Pacific Economic Growth", *Paper presented to Conferences on Trade and Environmental Issues*, 1994.

87) 박환재, 《정석재정학》, 비앤엠북스, 2013, pp. 191–192.

88) 박환재, 《정석재정학》, 비앤엠북스, 2013, pp. 190–191.

89) Michael E. Porter, "America's Green Strategy", *Scientific American*, 1991, p. 168.

90) W. E. Oates, K. Palmer, and P. R. Portney, "Environmental Regulation and International Competiveness: Thinking About the Porter Hypothesis", *Discussion paper 94-02*, Resources for the Future, 1993.

91) 오호성, 《환경경제학》, 법문사, 2002, p. 352.

92) 이정전, 《환경경제학》, 박영사, 2001, p. 587.

## 제12장 미래의 전망에 대한 재고찰

93) T. H. Tietenberg, *Environmental and Natural Resource Economics*, 2000, pp. 576–586.

94) 신현종, 《세계환경, 무역전쟁》, 형설, 1995, p. 210.

# INDEX

## [국문]

### ㅅ



### ㅇ



### ㅈ

## [영문]

**A**

## 저 · 자 · 약 · 력

**박환재**

경북대학교 경제학과를 졸업하고 미국 오하이오 주립대학에서 경제학 석사학위를, 미국 노스캐롤라이나 주립대학교 경제학 박사학위를 받았다. 현재 대구가톨릭대학교 경상대학 경제통상학부 교수로 있다. 마르퀴즈 후즈후(Marquis Who's who) 세계인명대사전과 세계 3대 인명대사전(Who's Who, IBC, ABI), 21세기 위대한 지성인 2000인(2000 Outstanding Intellectuals of the 21th Century-ABI, IBC)에 등재되었으며, 21세기 업적상(The 21st Century Award of Achievement-IBC)과 2006-2016 세계선도교육자(Leading Educators of the World 2006-2016-IBC), 올해의 국제교육자(International Educator of the Year 2006-2016 IBC)로 선정되었다. 통계청 사무관, 미국 SAS연구소 연구원, 오하이오 주립대학교와 캘리포니아 주립대학교 객원교수, 경제통상학회 이사, 재정학회 이사, 한국은행 대경본부 자문위원을 역임했으며, ABI 세계인명대사전 자문연구위원과 KDI 경제전문가 모니터위원으로 활동하고 있다.

저자와의
협의하에
인지생략

**새 환경경제학**

2019년 9월 2일 초판 인쇄
2019년 9월 6일 초판 1쇄 발행

저　자 : 박환재
발행인 : 정광식
발행처 : **비앤엠 북스**
서울특별시 금천구 가산디지털1로 70 B1-103
등　록 2004. 12. 29. / 제313-2004-00298호
전　화 (02) 2627-5710~13, 팩스 (02) 2627-5720
홈페이지 www.대학교재.net
이 메 일 bnmbook@daum.net



**정가 25,000원**　　ISBN 978-89-6821-096-9

※ 2019년도 대구가톨릭대학교 교내연구비 지원에 의한 책입니다.